シリーズ・福祉新時代を学ぶ

新選・児童の社会的養護原理

編集

神戸賢次

喜多一憲

(株)みらい

■執筆者一覧

●編　者　（五十音順）

神戸（かんべ）　賢次（けんじ）	元・愛知東邦大学	
喜多（きた）　一憲（かずのり）	元・中部学院大学	

●執筆者　（五十音順）

伊藤佐陽子（いとうさようこ）	京都西山短期大学	第5章
伊藤（いとう）　貴啓（たかひろ）	名古屋芸術大学	第6章
太田（おおた）　一平（いっぺい）	児童養護施設　八楽児童寮	第8章第1節
加藤（かとう）　秀郷（ひでさと）	児童養護施設　静岡恵明学園　児童部	第11章
神戸（かんべ）　賢次（けんじ）	元・愛知東邦大学	第4章
喜多（きた）　一憲（かずのり）	元・中部学院大学	第3章
鈴木（すずき）　まや	児童養護施設　尼崎学園	第5章
関谷みのぶ（せきや　みのぶ）	名古屋経済大学短期大学部	第13章
徳広（とくひろ）　圭子（けいこ）	岐阜聖徳学園大学短期大学部	第9章
丹羽（にわ）　正子（まさこ）	元・修文大学	第10章
服部（はっとり）　次郎（じろう）	椙山女学園大学	第12章
松尾（まつお）　昌之（まさゆき）	元・愛知江南短期大学	第8章第3・4節
森（もり）　俊之（としゆき）	仁愛大学	第1章
役田（やくでん）　亨（とおる）	元・大垣女子短期大学	第8章第2節
山中（やまなか）　明世（あきよ）	児童家庭支援センター　すみれ	第5章
萬木（ゆるぎ）　智鈴（ちすず）	元・児童養護施設　アメニティホーム広畑学園	第5章
横川（よこかわ）　聖（きよし）	児童養護施設　麦の穂学園	第7章
吉田祐一郎（よしだ　ゆういちろう）	四天王寺大学	第2章

はしがき

　今日、子どもの生活保障から権利擁護・発達保障・自立支援へと子ども家庭福祉や社会的養護に求められる理念と養護実践に新たな使命と役割を創造することが求められている。

　社会的養護を必要とする子どもの増加、被虐待、発達障害等の子どもの抱える背景の多様化を踏まえ、社会的養護の質の充実、体制整備を図るために、児童福祉法や次世代育成支援対策推進法等の法的整備が進められている。

　2009（平成21）年4月施行の改正児童福祉法では、①「乳児家庭全戸訪問事業」や「地域子育て支援拠点事業」等の子育て支援サービスの法定化、②子どもを守る地域ネットワーク（要保護児童対策地域協議会）の機能強化、③里親制度の見直し、④小規模住居型児童養育事業（ファミリーホーム事業）の創設、⑤児童自立生活援助事業の追加見直し、⑥被措置児童等虐待の防止規定の創設が規定された。

　また、社会保障審議会が「第10回児童部会社会的養護専門委員会」を2010（平成22）年12月に開催し、厚生労働省雇用均等・児童家庭局家庭福祉課が「児童養護施設等の社会的養護の課題に関する検討委員会」を2011（同23）年1月に立ち上げて、児童福祉施設最低基準の見直しや児童養護施設の小規模化、里親制度の充実等、社会的養護の在り方の見直しに向けて鋭意検討議論を重ねている。

　さらに、従来の要保護児童対策に限らず、広く一般子育て家庭を視野に入れた、地域（地方自治体・市町村を含む）における子ども家庭支援ネットワークの一機関として、社会的養護に携わる職員は、地域の子ども家庭福祉問題に協働することが求められている。

　本書は、このような社会的児童養護をめぐる新時代に向けて、社会的養護、児童福祉施設各分野が抱えている福祉施策の現状とその問題点を整理しつつ、各分野の課題と展望を明らかにした。

　本書が、これらの福祉新時代に学ぶ福祉系・保育系の大学や短期大学、専門学校の学生をはじめ、社会的児童養護の各分野で働きはじめた実践者にわかりやすい、使いやすい学びの書となれば幸いである。

　なお、ご多用のなか、児童福祉法等の最新動向を見極めつつ、ご執筆いただいた先生方をはじめ、㈱みらいの方々に深く感謝申し上げたい。

2011年2月

編　者

目　次

はしがき

第1章　児童の社会的養護の現状

1 ── 子どもを取り巻く環境……9
1　家族形態の変化／9
2　情報化社会のなかの子どもたち／14
3　現代の子どもたち／16

2 ── 社会的養護を必要とする子どもたち……17
1　家庭における養育環境に問題のある場合／17
2　子どもの心身に障がいがある場合／19
3　子どもに情緒・非行などの問題行動がある場合／20
4　健全育成のためのよりよい環境を必要とする場合／21
5　多様な支援と統合的な視点／22

3 ── 児童養護の概念……23
1　養護とは／23
2　子どもの特性と児童養護／24
3　児童養護の体系／25
4　児童養護の定義と「社会的養護」という科目の位置づけ／25

第2章　児童の社会的養護の歴史と今日的課題

1 ── 古代から戦前までの児童救済・児童保護……27
1　古代社会における児童救済／27
2　封建社会における児童救済／27

2 ── 明治・大正期、昭和戦前期までの児童保護……28
1　明治期の児童保護／28
2　大正期の児童保護／30
3　昭和（戦前）期の児童保護／30

3 ── 昭和戦後処理期から高度成長期の児童保護・養護……31
1　孤児・浮浪児収容保護対策／31
2　児童福祉法の制定と実施体制の整備／31
3　ホスピタリズム論の提起と養護理論の確立／32
4　家庭的処遇論と積極的養護論の台頭／34

4 ── 高度成長期以降の児童養護……35
1　高度成長期における新たな養護ニーズ／35
2　児童家庭福祉改革と子どもの権利条約／36

　　　　3　権利条約下の児童福祉・児童養護／37
　5——児童福祉法等の改正と要保護児童対策……42
　　　　1　児童虐待の防止等に関する法律の一部改正／42
　　　　2　児童福祉法改正／43

第3章　新たな児童の社会的養護の体系

1——児童の社会的養護とは……46
2——児童の社会的養護の検討の流れ……46
3——児童の社会的養護体系づくりの法・施策・提言等……49
　　　1　「次世代育成支援対策推進法」と「少子化社会対策基本法」／49
　　　2　「児童養護施設近未来像Ⅱ」と児童の社会的養護体系／49
　　　3　「社会的養護体制の充実を図るための方策について」
　　　　　社会保障審議会児童部会の報告から／50
4——児童虐待防止法・児童福祉法の改正の流れ……52
　　　1　児童虐待の防止等に関する法律の改正の流れ／52
　　　2　児童福祉法の改正の流れ／54
5——これからの児童の社会的養護体系……56
　　　〜新たな構築を求めて〜
　　　1　市町村の児童相談支援体制の充実／57
　　　2　児童の社会的養護体系のこれから／57

第4章　児童養護の理念と施設養護の原理・原則

1——要保護(養護)児童に対する
　　　社会的養護の基本的視点……59
　　　1　ウェルビーイング（人権保障と自己実現）の視点／59
　　　2　乳幼児・障がい児への特別支援の視点／60
　　　3　次世代育成支援対策と児童の社会的養護の視点／60
2——施設養護の基本原理（原則）……62
　　　1　基本的人権の尊重と情緒安定性の原理／62
　　　2　集団と個の統一的原理／64
　　　3　生活支援と学習支援保障の原理（原則）／66
　　　4　親・家族関係の調整の原理／68
　　　5　積極的社会参加促進の原理／69
3——施設養護実践における専門性の課題……71
　　　1　地域での協働子育てシステムの構築／71
　　　2　児童援助指針・自立支援計画策定に必要な
　　　　　職員研修の機会の確保／72
　　　3　職員チームによるケア水準の向上／72
　　　4　第三者評価・苦情解決機関を設置し、
　　　　　積極的に活用する／73

第5章　発達課題と児童養護

1──発達課題と養護のあり方……74
　　1　子どもの発達と養護／74
　　2　自立支援と児童養護／74
　　3　発達段階と養護／75

2──要養護児童の発達課題の特徴……81
　　1　要養護児童と発達課題／81
　　2　要養護児童と心的外傷／82
　　3　要養護児童と発達障がい／86
　　4　諸症状と子どもへの養護／87

第6章　子どもの権利擁護

1──子どもの権利……90
　　1　子どもの権利条約／90
　　2　子どもの最善の利益と児童養護／92
　　3　意見表明権と児童養護／93
　　4　子どもの権利条約と日本における法的整備／95

2──子どもの権利擁護の取り組み……98
　　1　権利ノート／98
　　2　ケア基準／99
　　3　苦情解決・第三者評価等の意義と児童養護の関係／101
　　4　施設内虐待（被措置児童等虐待）の防止／103

第7章　施設養護の実践と方法

1──日常生活・自立援助……108
　　1　施設養護の意義と目的／108
　　2　生活指導／110
　　3　学習指導／111
　　4　集団での育ち合い／112
　　5　自立援助／113

2──治療的援助・障がい児に対する援助……115
　　1　治療的援助／115
　　2　障がい児に対する援助／116
　　3　情緒・行動上に問題のある児童に対する援助／117

3──親子関係、学校、地域との関係調整……118
　　1　施設による親子関係の調整／118
　　2　施設と学校との関係づくり／120
　　3　地域ぐるみでの子育て支援／121

第8章　児童の社会的養護の領域と概要

1 ── 養護系施設……124
　1　乳児院／124
　2　母子生活支援施設／126
　3　児童養護施設／128

2 ── 障がい系施設……130
　1　知的障害児施設／131
　2　盲ろうあ児施設／133
　3　肢体不自由児施設／135
　4　重症心身障害児施設／136

3 ── 情緒・行動系施設……138
　1　情緒障害児短期治療施設／139
　2　児童自立支援施設／141

4 ── 里親による養護……144
　1　里親制度の概要／144
　2　養育里親と養子縁組を前提とする里親／147
　3　里親制度の課題／149

第9章　地域における児童の社会的養護機関

1 ── 地域の相談機関……152
　1　地域の相談援助の仕組み／152
　2　援助機関／154

2 ── 事例に学ぶ児童養護の関係機関……159
　1　虐待の事例（地域子育て支援センターがかかわる例）／159
　2　障がい児の家庭支援（保育所に通う年齢の子ども）／160

第10章　次世代育成支援と地域の子育て支援

1 ── 少子化対策と次世代育成支援……163

2 ── 地域の子育て家庭支援施策……164
　1　地域の要保護児童施策／164
　2　次世代育成支援と児童健全育成施策／167
　3　認定こども園と「就学前の子どもに関する教育、保育等の総合的な提供の推進に関する法律」／170

第11章　施設養護の職員と求められる倫理

1 ── 専門職（職種）と職務……173

            1　児童福祉施設の種類と職員／173
            2　主な職種の職務内容／173
    2——専門性と職員倫理……180
            1　施設養護の課題と専門職員に求められているもの／180
            2　児童福祉の基盤と専門職員に求められる資質／181
            3　専門職員に求められる倫理／183

第12章　職員の専門性の課題

    1——専門職に求められる技術……187
            1　ケースワーク／187
            2　グループワーク／189
            3　援助の実際／189
            4　記録／193
    2——スーパービジョンとチームワーク……194
            1　スーパービジョンの形態／194
            2　職員間のチームワーク／195
    3——子育て支援と要保護児童対策地域協議会
        （子どもを守る地域ネットワーク）の構築……196
            1　相談機関および社会資源に関する正確な情報の入手／197
            2　関連する機関との人的信頼関係の確立／197
            3　相談に来た人のプライバシーの保護／198
            4　必要に応じて関係機関を訪問すること／198
            5　要保護児童対策地域協議会（子どもを守る地域のネットワーク）
                について／201

第13章　施設運営と財政措置

    1——運営・評価……203
            1　設置・運営主体／203
            2　運営費／203
            3　管理／205
            4　評価／207
    2——利用にかかわる制度……212
            1　措置制度／213
            2　利用／214
            3　その他／214
    3——児童福祉施設最低基準等……215
            1　児童福祉施設最低基準／215
            2　今後の課題／217

索引／219

児童の社会的養護の現状

1 ── 子どもを取り巻く環境

　子どもを取り巻く環境が、その子どもの育ちにとって大きな影響を及ぼすことは、これまでの多くの研究の示すところである。本節では、現代の子どもを取り巻く環境がどのような環境であるかを概観するとともに、現代の子どもにみられる特徴を考える。

1　家族形態の変化

　産業構造という観点から社会の変化を考えると、先進国とよばれる多くの国々では、農業社会から工業社会へ、そして脱工業化社会へと歴史的に変化しているといわれている。日本もまた、その例外ではなく、脱工業化社会のなかにあるといえる。産業構造の変化は、家庭のあり方や子育てのあり方にも大きな影響を及ぼしている。

(1)　核家族化

　住居や生計を一緒にして生活しているものを世帯という。国勢調査によれば、施設等の世帯を除く一般世帯数は、1960（昭和35）年の2,254万世帯から2005（平成17）年の4,906万世帯へと実に倍以上に増加している。一方、それに反比例するように、1世帯の構成員数は減少している。1960（昭和35）年には4.14人であった平均世帯人員は2005（平成17）年には2.55人にまで減少している。家族構成をみてみると、三世代家族が減少し、単独世帯や核家族が増加している。子どもを含む世帯と高齢者だけの世帯が、ますます分離しているといえる。

　三世代家族などいわゆる大家族の場合、家族内の高齢者が豊富な経験を生かして子育てを手伝ったり、また、アドバイスをしたりしていた。しかし、核家族化により、そうしたことが不可能となり、若い親たちは子育てに関して孤軍奮闘しなければならなくなっているのが現状である。

図1−1　家族類型別一般世帯数の推移

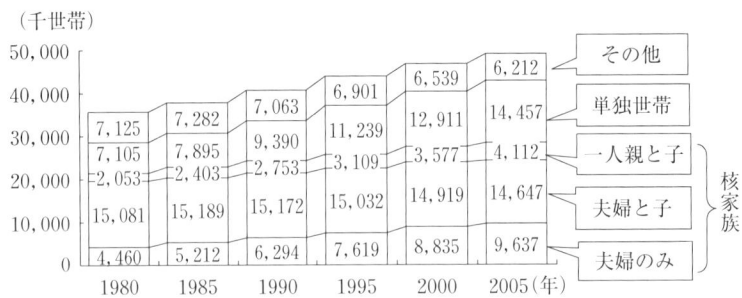

資料：総務省「国勢調査」

(2) 都市化と地域社会からの疎遠化

　今日増加している世帯の多くは、都市に就労先をもつ雇用労働者の世帯である。都市には大きな会社や工場・商店も多く、さまざまな職業があり就職の機会も多いことから、日本では1960〜1970年代の高度成長期を通して、多くの者が農村地域から都市に出て、商工業分野の仕事に従事するようになった。こうした都市化された社会では、農村社会とは異なり、基本的に個々人の勤務先が違うため、生活スタイルなどが異なったり、共通の話題をもちづらかったりする。勤務先や住宅事情の変化によって引越しをすることも多く、その地域に住み続けるという定住性も弱い。そのため、地域社会の連帯感は形成されにくく、お互いに疎遠になっている。

　農村社会では、近隣の者が皆、顔見知りであり、地域社会全体で子どもを育てるという風潮が自然とあったが、都市化された現代社会では、こうしたことが少なくなっている。核家族化により世代間の交流というタテのつながりが弱まっただけでなく、都市化により世帯間の交流というヨコのつながりも弱まり、子育てをする親の孤立感はより一層高まっていると推察される。

(3) 女性の社会参加の増大

　女性の就業率は近年約5割にまでのぼり、女性の社会参加が増大している。その背景として、一つには、長引く不況のなかで家計収入を支える一員にならなければならないという事情も大きい。また、個人としての生きがいや自己実現をめざして仕事を続けるという女性が増加してきたことも大きな要因の一つであろう。

　女性の社会参加それ自体は非常に好ましいことである。しかし、女性の社会参加が子育てに影響を及ぼす可能性も否定できない。育児休業法などが制定され、さまざまな取り組みがなされているとはいえ、まだまだ仕事と育児を両立させることは困難である。子どもにとって親を必要とするときに親が

側にいることができないという環境を作り出してしまうという危険性がある。また、男性が家事や育児を分担するという家庭が増加しているとはいえ、就労しても家事や育児は女性が担当するという家庭がまだまだ多く、こうした女性たちの負担感が大きくなっている。

(4) 離婚率の増加

わが国の離婚件数は、戦後しばらくは7～8万件の間で推移していたが、1970年頃から徐々に増加し、2002（平成14）年には約29万件にまでなった。ここ最近は毎年減少しているものの、それでも2009（同21）年において約25万件にのぼっている。

離婚をする夫婦の年齢層をみると、20代から30代と小さい子どものいる世代での離婚が最も多く、親権が問題となる20歳未満の子どものある夫婦の離婚が、離婚総数の約6割となっている。離婚により母子家庭や父子家庭となった場合、所得や住居の問題、乳幼児を養育する能力の限界などさまざまな問題を引き起こす。実際、子どものある夫婦の離婚により生じた悩みとして、男性では「子どものこと」「仕事と子育ての両立のこと」「家事のこと」が、女性では「経済的なこと」「子どものこと」「仕事と子育ての両立のこと」が多くあげられている（人口動態調査）。

また、夫婦の離婚は、多くの研究の結果、子どもにさまざまな影響を及ぼすことが指摘されている。多くの子どもは、両親の離婚の直後は、家族システムの崩壊による混乱のため、一時的にストレスを高め、チックや緘黙、引きこもりなど、さまざまな情緒障害を引き起こす。多くの子どもは、その後数年で徐々に落ち着きを取り戻すが、悪条件がそろうと影響は長期化するともいわれている。

離婚が必ずしも子どもに悪影響ばかりを及ぼすわけではない。ドメスティック・バイオレンス（DV）[*1]などが繰り広げられる家庭や、親がアルコールや薬物に依存しているような家庭の場合、そうした環境のストレスから解放されることで、子どもに好影響を及ぼすということもありうるからである。離婚の是非は一概にはいうことは難しい。

*1 ドメスティック・バイオレンス（DV）
第3章 52ページの*2を参照。

(5) 少子化

子どもの出生数は、第2次ベビーブーム（1971～1974年頃）以降、ほぼ毎年減少し続けている。合計特殊出生率（女性一人が一生の間に生む子どもの数に相当するもの）は、2005（平成17）年の段階で1.26にまで下がった。出生率の低下していく背景には、子育ての負担増や、夫婦の意識の問題の変化

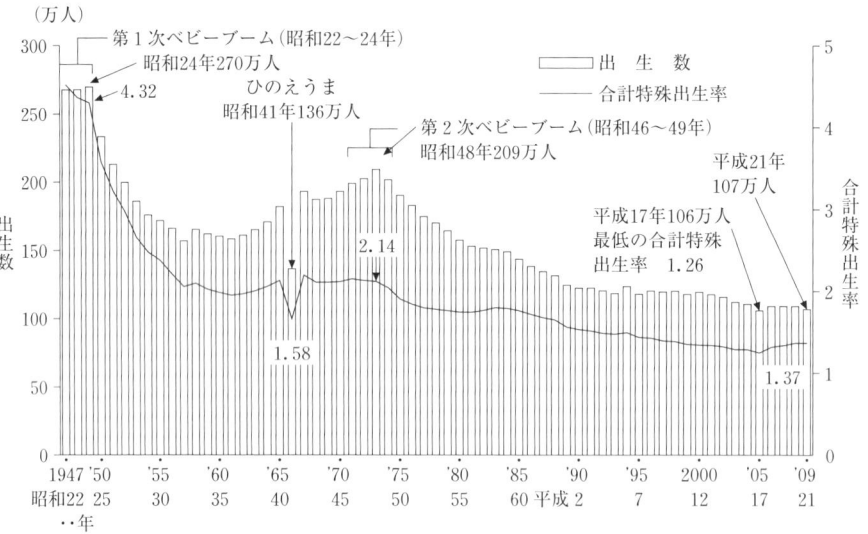

図1－2　出生数と合計特殊出生率の推移

資料：厚生統計協会『国民の福祉の動向』

などさまざまな原因があるとされている。1989（平成元）年のいわゆる「1.57ショック」以降、国はエンゼルプランなどさまざまな少子化対策を打ち出している。2006（平成18）年以降、出生率の低下に歯止めがかかり、やや回復の兆しはみられるものの、2009（同21）年は1.37であり、決して高い値とはいえない。

　少子化は、人口の減少をもたらし、産業の衰退などさまざまな社会的影響をもたらすといわれているが、子どもの育ちにも大きな影響を及ぼすと考えられる。少子化は家庭内の兄弟数の減少をもたらし、ひとりっ子の増加をもたらす。このことは、兄弟姉妹が助け合い、競い合い、お互いが教え、また、教えられるという体験ができないとともに、親の愛情が特定の子どもに集中して過保護になるという問題を引き起こしている。また、近隣地域の子ども集団の縮小化につながり、社会性を育むのに必要な人間関係を体験する場をなくしている。

(6) 親の子育て意識の変化と親による教育力の低下

　家庭は本来、生活習慣やしつけを中心とした家庭教育の重要な場である。しかし、現在では、家庭における親の教育力が低下しているといわれている。東京都が実施した都政モニターアンケート（平成11年度）によると、家庭でのしつけに関して、「子どもを甘やかし過ぎている」（80.2％）、「しつけについて学校や他人任せにしすぎである」（71.9％）、「父親が子育てやしつけに

対する役割を果たしていない」(67.8%)、「親が子どもの育成や教育に対する自信と力を失っている」(61.9%)、「親が子どものしつけに無関心である」(54.9%)、「母親が子育てやしつけに対する役割を果たしていない」(51.4%)などの項目で、半数以上のものが「そう思う」と回答している。

親による教育力の低下の一因として、親自身が親として十分に成長しておらず、自己中心的であり、親としての責任感や心構えが弱いこともある。幼児開発協会の調査によれば、「子どもを居酒屋やカラオケに一緒に連れていく」「子どもを抱くときもハイヒールを履く」「スタイル維持のため母乳を止める」など、一昔前の世代の母親が「かなり問題がある」とした行動について、現在の若い母親は問題であると感じるものが少なくなっている。

こうした親意識の低下とそれに伴う家庭教育力の低下は、児童虐待問題の増加を引き起こすとともに、子どもの発達にさまざまな影響を及ぼしている。

(7) 児童虐待の増加

全国の児童相談所における児童虐待にかかわる相談処理件数をみると、児童相談所が統計を取り始めた1990（平成2）年度は1,101件であったものが、2009（同21）年度には4万4,211件となっており、約40倍にも増加している。これらの数値はもちろん、表に明るみに出たケースであり、潜在的にはもっと多くの虐待が行われている可能性もある。近年の急激な増加の理由としては、児童虐待に対する社会全体の認識が高まったことにより相談件数が増えたことなどが考えられ、実際にこの近年でここまで虐待の実数が急激に増加しているかどうかはわからない。しかし、虐待の背景には、家庭の経済的問題、夫婦関係の不和、親役割（母性）の喪失、家庭の社会的孤立化など、さ

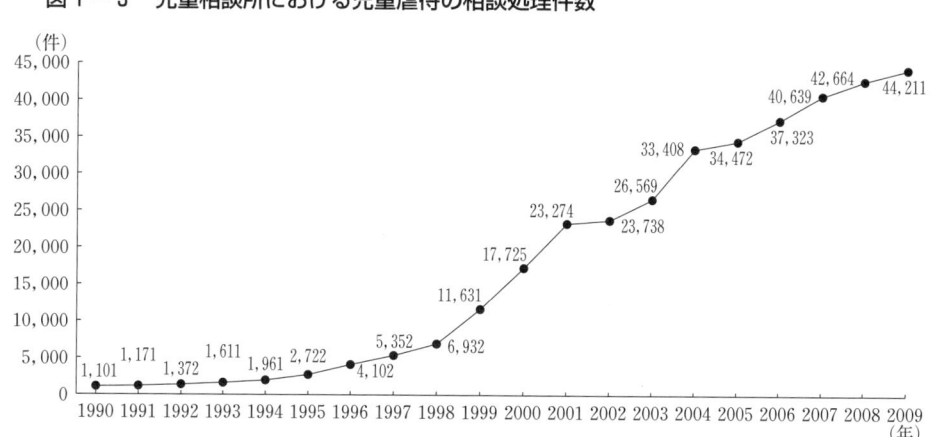

図1-3　児童相談所における児童虐待の相談処理件数

資料：厚生労働省「社会福祉行政業務報告」

まざまな要因が絡み合っているといわれ、やはり、現代の社会は虐待を引き起こしやすく、増加させている可能性は否定できないであろう。

2　情報化社会のなかの子どもたち

　脱工業化社会の特徴はいくつかあるが、その一つとして、多様な情報とサービスがあふれる社会であるということである。特に近年は、さまざまな電子情報機器の進歩が著しく、子どもの育ちにも大きく影響を及ぼしている。

(1)　テレビ視聴時間の増大

　子どもの生活に影響を与えるといわれている情報機器・メディアの代表的なものとして、旧来からテレビがいわれている。子ども部屋にテレビが備えられている家庭は、小学校2年生の段階から既に、男子75.2％、女子73.5％と7割を超えているという結果もあり、小さい頃からテレビが身近な存在となっていることがうかがえる。NHKによると、2009（平成21）年の調査で、子どもたちのテレビ視聴時間は、週平均1日あたり2～6歳では2時間7分となっている。

　テレビ視聴が子どもの発達に及ぼす影響については、いまだに議論の分かれている問題であるが、日本小児科学会が2004年4月に、「テレビ等の長時間視聴は言語発達等が遅れる危険性が高まるため、2歳以下の子どもにはテレビを長時間見せないようにしよう」という提言をするなど、子どもの発達への影響を示唆する意見も多い。

(2)　パソコンの普及

　総務省の通信利用動向調査によると、パソコンを保有している世帯は、1996（平成8）年の段階では約2割であったのが、2009（同21）年の段階では87.2％に増加しており、パソコンが急激に一般家庭に普及していることがうかがえる。個人のパソコン利用率も、2009（同21）年の段階で66.2％と、3人に2人の割合でパソコンを利用した経験があることが示されている。世代別にみると、若い世代での利用が高く、6～12歳で62.7％、13～19歳で92.1％と多くの子どもたちが利用していることになる。同調査によると、インターネットの普及率も年を追うごとに増加しており、6～12歳の子どもでも68.6％が、13～19歳の子どもに至っては96.3％のものがインターネット（パソコン以外の媒体を含む）を利用している。

　パソコンは非常に有用な情報機器である。しかし、子どもの育ちの点から考えると、いろいろな問題点があげられる。部屋に閉じこもってパソコンに

図1-4 世帯における情報機器の保有率

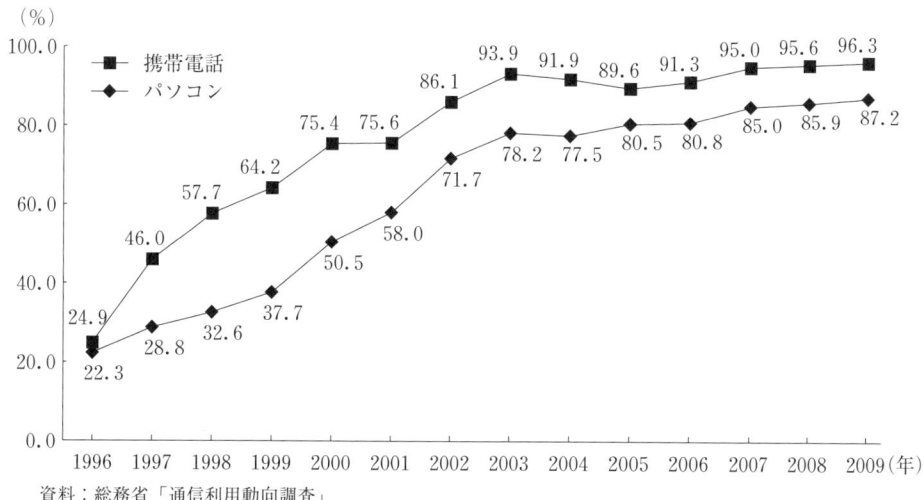

資料:総務省「通信利用動向調査」

熱中することで、親子や友だち同士のコミュニケーションが少なくなっている。一方で、電子メールやインターネット上の掲示板などを使ったコミュニケーションは活発化しているが、これらは匿名性をもった交流になりがちで、表面的な希薄なコミュニケーションとなったり、過激で自己中心的なコミュニケーションとなったりする。また、インターネットを使うと、世界中の無数の情報が簡単に手に入ってしまうため、子どもが悪影響な情報を目にする場合もある。

(3) 携帯電話の普及

　総務省通信利用動向調査によると、1996（平成8）年の段階で携帯電話を所有している世帯が約25％であったのが、2009（同21）年の段階では、96.3％となっており、ほとんどの世帯に携帯電話が普及していることになる。個人の携帯電話の利用率も2009（同21）年で74.8％と7割を超えており、13～19歳の子ども世代では84.0％と8割を超える利用率がある。

　近年の携帯電話は、インターネットやゲームなどの端末としても利用することができ、前述したパソコン利用による子どもへの影響と同じような影響が考えられる。さらに大きな問題点として、パソコン等の場合、特定の場所でしか使用することができないのに対し、携帯電話はいつでもどこでも利用ができるという点があるということがあげられる。親が知らないところでひそかに情報のやりとりが行われることで、子どもが危険な状況に陥ったり、四六時中携帯電話に依存してしまうという問題も生じている。

3 現代の子どもたち

社会や家庭環境の変化に伴い、子どもたちの行動にさまざまな問題も起こっている。ここでは現代の子どもにみられる問題的な現象のいくつかを概観する。

(1) 不登校

小中学生の不登校は、1980年代頃から徐々に増加している。文部科学省によれば、不登校とは、何らかの心理的、情緒的、身体的あるいは社会的要因・背景により、登校しないあるいはしたくともできない状況にあるために年間30日以上欠席した者のうち、病気や経済的な理由による者を除いたものをいう。

当初、不登校は、不安性や神経質など特定の子どもの性格や傾向に原因があるとみなされていたが、現在では、不登校はどの子どもにも起こりうるものと考えられている。学校の保健室や学校外の施設（適応指導教室など）で不登校の子どもを受け入れる体制を整えたり、各学校にスクールカウンセラーや心の教室相談員を配置したりするなど、子どもたちの心の居場所づくりなどの教育的対応が進められている。近年は不登校の増加傾向に歯止めがかかっている。

図1－5　全児童・生徒数に占める不登校児童・生徒の割合

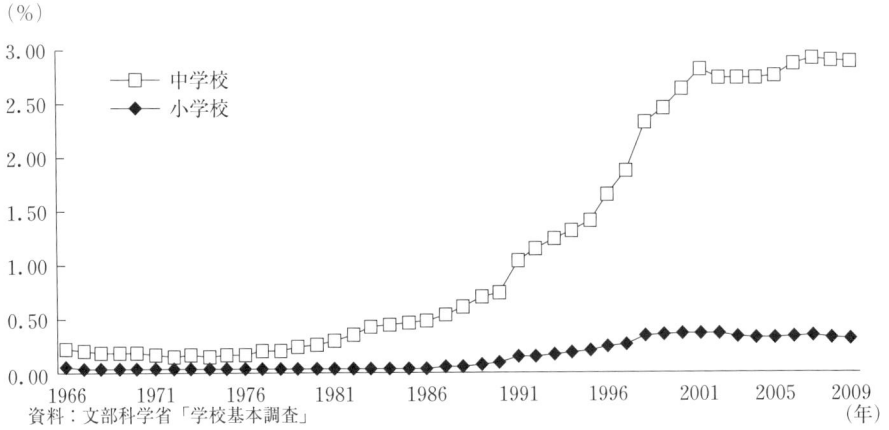

資料：文部科学省「学校基本調査」

(2) キレる子ども

近年、家庭や学校で「突発性攻撃的行動及び衝動」を示す子ども、いわゆる「キレる」子どもが増えたといわれる。国立教育政策研究所の調査によれば、「キレる」子どもの性格的傾向としては、耐性欠如型、いわゆる耐える

ことのできない性格の子どもに多いことが示されている。また、家庭内の不適切な養育や家庭内の緊張状態に起因するとされている。たとえば、「過度の統制」「過保護」「過干渉」「過度の要求」、一方、「放任」「言いなり」という両極にある養育態度や、両親の離婚、夫婦不仲、貧困、再婚などが「キレる」ことの要因と考えられている。

(3) 少年犯罪・いじめ

近年、子どもによる犯罪がニュースなどでよく取り上げられる。子どもによる犯罪は近年では横ばい傾向にあるが、戦後、1951年のピーク（16万6,433人）、1964年のピーク（23万8,830人）、1983年のピーク（31万7,438人）というように、いくつかの大きな波を経ながら、全体的には徐々に増加してきた。殺人・強盗などの凶悪犯として検挙されたり、覚醒剤の乱用などで補導されたりする子どもが多いことも近年の特徴である。

また、近年、いじめを苦にした自殺や、いじめによる殺傷事件、いじめに対する報復による殺害事件が発生するなど、陰湿ないじめが深刻な社会問題となっている。学校が把握しているいじめの認知件数だけでも、ここ数年、やや減少傾向にあるものの、小学校で3万4,766件、中学校で3万2,111件、高等学校で5,642件、特別支援学校で259件にのぼっている（平成21年度「児童生徒の問題行動等生徒指導上の諸問題に関する調査」文部科学省）。いじめの態様も、全般的には「冷やかしやからかい、悪口や脅し文句、嫌なことを言われる」や「仲間はずれ、集団による無視をされる」などが多いが、高校生では「パソコンや携帯電話等で誹謗中傷や嫌なことをされる」というものも多い。

2 ── 社会的養護を必要とする子どもたち

子どもたちは、基本的には親を中心とした家族（家庭）によって養育される。しかし、前節でみてきたように、子どもの育ちという観点からみると現代社会にはさまざまな問題が存在しており、家族による養育が不可能または困難な場合がある。本節では、家庭での養育が困難なケースを4つの観点からとらえ直す。

1 家庭における養育環境に問題のある場合

家庭で子どもの養育ができない場合として、第1に、親またはそれにかわる家族が死亡、あるいは行方不明などによって存在しないという事情があげ

られる。1945年までは、わが国でも戦争によって親・家族を失った子どもたちが非常に多かった。現在では戦争によって家族を失うということはほとんどないが、事故や病気等によって、不幸にして親が亡くなって家族を失った子どもがいなくなったわけではない。一昔前のように家族形態が大家族であり、親族同士のつながりも強かった頃は、親が亡くなったとしても祖父母や

表1-1　養護問題発生理由別児童数　　　　　　　　　　　　　　　　　（平成20年2月1日現在）

養護問題の発生理由	里親委託児	養護施設児	情緒障害児	自立支援児	乳児院児
総数	3,611 (100.0)	31,593 (100.0)	1,104 (100.0)	1,995 (100.0)	3,299 (100.0)
父、または母の死亡	238 (6.6)	775 (2.5)	24 (2.2)	34 (1.7)	37 (1.1)
父、または母の行方不明	517 (14.3)	2,197 (7.0)	16 (1.4)	44 (2.2)	144 (4.4)
父母の離婚	136 (3.8)	1,304 (4.1)	52 (4.7)	203 (10.2)	82 (2.5)
両親の未婚	－ (－)	－ (－)	－ (－)	－ (－)	260 (7.9)
父母の不和	21 (0.6)	252 (0.8)	19 (1.7)	49 (2.5)	42 (1.3)
父、または母の拘禁	173 (4.8)	1,611 (5.1)	25 (2.3)	48 (2.4)	176 (5.3)
父、または母の入院	190 (5.3)	1,833 (5.8)	14 (1.3)	20 (1.0)	127 (3.8)
家族の疾病の付添	－ (－)	－ (－)	－ (－)	－ (－)	14 (0.4)
次子出産	－ (－)	－ (－)	－ (－)	－ (－)	22 (0.7)
父、または母の就労	181 (5.0)	3,055 (9.7)	22 (2.0)	91 (4.6)	245 (7.4)
父、または母の精神疾患等	289 (8.0)	3,377 (10.7)	152 (13.8)	173 (8.7)	629 (19.1)
父、または母の放任・怠だ	353 (9.8)	4,361 (13.8)	181 (16.4)	446 (22.4)	289 (8.8)
父、または母の虐待・酷使	258 (7.1)	4,542 (14.4)	293 (26.5)	339 (17.0)	303 (9.2)
棄児	134 (3.7)	166 (0.5)	3 (0.3)	12 (0.6)	50 (1.5)
養育拒否	579 (16.0)	1,378 (4.4)	52 (4.7)	116 (5.8)	256 (7.8)
破産等の経済的理由	210 (5.8)	2,390 (7.6)	22 (2.0)	24 (1.2)	188 (5.7)
児童の問題による監護困難	36 (1.0)	1,047 (3.3)	117 (10.6)	148 (7.4)	21 (0.6)
その他・不詳	296 (8.2)	3,305 (10.5)	102 (9.2)	248 (12.4)	414 (12.5)

※（　）の数値は、総数に対する割合。
資料：厚生労働省「児童養護施設入所児童等調査」

他の親族などが親にかわって子どもを養育するということも容易であった。しかし、現在のように家族形態が核家族化してくると、他の家族・親族が親にかわって養育するということも困難となる。こうした子どもたちには、親や家族にかわって社会が養育をしていく必要性がある。

そして、第2に、親は生存していて親自身は子育てをしたいと思っていたとしても、現実的に親が養育をできないという場合もある。たとえば、親が病気のため長期間にわたって入院治療をしなければならない場合であるとか、親が犯罪等により刑務所などに拘禁されている場合などである。こうした場合も、親にかわって他の親族が子の養育をすることができれば問題はない。しかし、親が病気の際に他の親族がその介護に追われて子の養育が困難となることはあるであろう。また、親が犯罪等で拘禁されている場合、親戚づきあいも悪くなってしまうということも少なくない。

一方で、親自身は存在するし、物理的には子の養育も可能な状況にあるのだが、その養育態度が不適切であるために、子どもの養育を親には任せられない場合もある。親による児童虐待が今日大きな社会問題となっていることは前節で述べたが、まさにこうしたケースが現在の児童の社会的養護を必要とする最大の理由となっている。

2 子どもの心身に障がいがある場合

家庭環境に問題がない場合でも、家庭での家族による養育が難しい場合がある。それは、専門的な知識や技術などがないと、養育が難しい場合である。その代表的な例が、子どもが障がいをもっている場合であり、知的な発達の遅れ、視覚や聴覚など感覚器官の障がい、手足の欠損、身体の麻痺などによる運動障がいなどさまざまな障がいがある。

一口に障がいといっても、実際は、一人ひとりがそれぞれにまったく異なる生活の状態にあるという視点をもつことが重要である。世界保健機関（WHO）は、2001年にこれまでの国際障害分類（ICIDH）にかわるものとして国際生活機能分類（ICF）を発表した。ICFとは、すべての人の生活機能（障がいを含む）を、「健康状態と背景因子とのダイナミックな相互作用」としてとらえようとするものである。すなわち、「心身機能と身体構造」および「活動と参加」という複数の要素から生活機能の健康状態をとらえるとともに、その原因を「個人因子」と「環境因子」という2つの背景因子からとらえようとする。それゆえ、障がいへの支援にあたっては、一人ひとりの生活状態に合わせたさまざまなレベルからの支援が求められるとともに、障がいをもった特定個人への支援だけではなく、社会環境の整備拡充という視

点も求められる。

これらのことをふまえ、障がいへの支援を考えるにあたっては、大まかには次のような3つの視点からの支援が必要である。

第1は、心身機能と身体構造（Body Functions & Structures）障がいへの支援という視点である。心身機能と身体構造の障がいとは、たとえば、「目が見えない」とか「手足が動かない」という状態（impairment）のことである。こうした障がいそれ自体に対して医学的な治療やリハビリテーション、訓練などをすることで、障がいを軽減化したり、残存能力を開発したりすることが大切である。

第2は、活動（activity）制限への支援という視点である。活動制限とは、心身機能と身体構造の障がいにより引き起こされる活動や能力の制限あるいは欠如のことである。健常児だと自然と身につくような能力でも、障がいをもっていることで困難になることも多い。たとえば、目が見えない子どもはいろいろなものを見るという体験ができず、その結果として物事に対する理解が健常児と比べて劣るということがあるかもしれない。足が不自由な子どもは、外出をして友達と一緒に遊ぶということが少なくなり、その結果、友人関係などが育ちにくいということもあるであろう。こうした可能性を想定して、発達の初期の頃から専門的に支援することで、こうした副次的な障がいを少なくすることが必要である。

第3は、参加（participation）制約への支援という視点である。心身機能と身体構造の障がいや活動制限のために社会からこうむる不利益感をなくすことである。こうした参加制約は、人びとの障がいに対する理解や、生活環境の整備状況等によって大きく左右される。たとえば、足が不自由で車いすを使用しなければいけない子どもがいたとしても、生活環境が車いすを使用することを前提に整備されており、人びとも皆、それを普通だと感じていれば何ら問題は生じない。障がい者も社会のなかで障がいを意識することなく生活できる社会、あらゆることに参加できる社会を形成していくことは重要である。また、障がい者自身が自分の心身機能と構造の障がいをどのようにとらえているかによって、個人によって障がいとなったり障がいとならなかったりすることもある。自分の障がい（impairment）を正しく受容し、自分の能力を最大限に伸ばしていけるような支援も必要であろう。

3　子どもに情緒・非行などの問題行動がある場合

前節でも紹介したように、人を殺傷するなど凶悪な行動をとる子どもも少なくない。しかし、どんなに凶悪な行動をとったとしても、現在の刑法のも

とでは14歳未満の子どもの行為は犯罪とされることはないし、刑罰を科せられるということもない。また、14歳以上の子どもであっても、少年法という法律のもとで大人とは異なる手続きがとられることになる。それは、少年（未成年者）は、いまだ発達の途上にあり、十分に責任能力がないということ、刑罰を科すよりも、その将来に向けて健全に育成していくことが好ましいという考えに基づいているためである。しかし、少年法の改正により、厳罰化の方向に進んでいる実態がある。

少年法では、社会規範から逸脱した非行少年を3つに分類してとらえている。第1に、罪を犯した14歳以上20歳未満の者のことで、一般に犯罪少年とよばれる。第2に、刑罰法令に触れる行為をした14歳未満の者のことで、触法少年とよばれる（14歳未満の者の行為は犯罪とはならないので「罪を犯した」という表現ではなく、「法令に触れる」という表現が用いられる）。第3は、虞犯少年とよばれているが、性格または環境に照らして、将来罪を犯したり刑罰法令に触れる行為をしたりするおそれのある少年のことである。

一方で、非行などのように反社会的行動ではないが、情緒障がいも問題行動としてあげることができる。情緒障がいとは、家庭や学校などでの人間関係、特に親の過保護や期待過剰、放任などの態度が原因となって、不安定な心理状態にあることをいう。不登校や引きこもり、口をきかない、落ち着きがないなどとして現れる。

子どもがこうした問題行動を引き起こす理由はいろいろあるだろうが、一つにはその子どもの養育環境の影響が大きい。こうした子どもに対しては、親や家族では養護が困難であったり不適切であったりするため、家族にかわって、あるいは家族とともに、専門家による治療的かかわりが必要となる。

4　健全育成のためのよりよい環境を必要とする場合

子どもやその養育環境に特に問題はなく、前述の3つの場合ほど緊急性はないものの、子どものより健全な育成を考えた場合、社会的な支援があったほうが好ましい場合も考えられる。

まず、原則として家庭で子どもを育てることは可能であるが、就労等のため、一定時間のみ子どもを育てることができない場合がある。特に、女性の就業率が高くなり、共働き家庭が増加している現在、日中の子どもを預かる保育所のニーズは非常に高まりつつある。

また、共働き家庭ではなく、ふだんは、家庭環境で子どもを育てることができるが、一時的に子どもを家庭で養育できなくなるということもある。たとえば、親戚・知人の冠婚葬祭や介護、見舞いなど、子どもを同伴すること

が難しい突発的な出来事というものは誰にでも起こりうることである。かつてのような大家族であるならば、家族の誰かが子どもの世話をすることはできるかもしれない。また、近隣同士の関係が非常に親密であるならば、ちょっとお隣さんにお願いをするということも可能かもしれない。しかし、核家族化や地域コミュニティの希薄化の進んでいる社会においては、こうしたことも難しい。地域での子育て相談・支援ネットワークの構築の必要性が高まっている。

　全く別の観点で、家族だけでは解決できない問題もある。子どもの発達にとって、遊びなどを中心とした友達との交流は非常に重要である。しかし、近隣同士のつきあいの希薄化や少子化の影響もあって、小さな子どもたちが自然と交流を深めるということが困難となりつつある。また、特に大都市などにあっては、空き地は少なく、道路は自動車であふれているということで、戸外で安全に友だちと一緒に遊ぶということすら困難となっている。地域内での通り魔殺人や不審者が学校に侵入し事件を起こすといった子どもの安全を脅かす事件が多発している。そんな子どもたちのために、安全な遊びや憩いの場、友だちとの交流のきっかけを提供することも、社会の役割として今後はますます必要である。その意味で、児童館活動、放課後児童健全育成事業（学童保育）をはじめ、子ども会、スポーツ少年団活動、地域ボランティア活動などの取り組みが期待されている。

5　多様な支援と統合的な視点

　以上、記述してきたように、家庭での養育が困難で社会的な支援の必要なケースは、従来から4つの視点でとらえられてきた。さらに近年では、子どもの養育に対して、より多くの視点からの社会的支援が必要とされている。

　2003（平成15）年7月に、急速な少子化の進行への対策として、次世代育成支援対策推進法が成立した。この法律では、地方自治体等に次世代育成支援のための行動計画を策定することが義務づけられており、2005（同17）年から5年間の前期行動計画に引き続き、2009（同21）年3月23日告示の行動計画策定指針をもとに2010（同22）年度から5年間の後期行動計画が策定されている。その行動計画策定指針のなかで、行動計画の策定にあたっては以下の7つの内容について含めることが求められている。

①地域における子育ての支援
　　地域における子育て支援サービスの充実、保育サービスの充実、子育て支援のネットワークづくり、児童の健全育成など
②母性並びに乳児及び幼児等の健康の確保及び増進

子どもや母親の健康の確保、食育の推進、思春期保健対策の充実、小児医療の充実など
③子どもの心身の健やかな成長に資する教育環境の整備
　　次代の親の育成、子どもの生きる力の育成に向けた学校の教育環境等の整備、家庭や地域の教育力の向上、子どもを取り巻く有害環境対策の推進など
④子育てを支援する生活環境の整備
　　良質な住宅の確保、良好な居住環境の確保、安全な道路交通環境の整備、安心して外出できる環境整備など
⑤職業生活と家庭生活との両立の推進等
　　仕事と生活の調和の実現のための働き方の見直し、仕事と子育ての両立のための基盤整備など
⑥子ども等の安全の確保
　　子どもの交通安全を確保するための活動の推進、子どもを犯罪等の被害から守るための活動の推進、被害に遭った子どもの保護の推進など
⑦要保護児童への対応などきめ細かな取組の推進
　　児童虐待防止対策の充実、母子家庭等の自立支援の推進、障がい児施策の充実など

　これら7つの内容をみても、子どもの養育のために社会が行うべきとされている支援が非常に多岐にわたっていることがうかがえる。
　また、これまでは、児童相談所や児童養護施設などが中心となり「要保護児童対策」をしたり、市町村が中心となり「仕事と子育ての両立を支援する保育対策」をしたりと、それぞれ別々に行われてきたところがある。しかし、子育ての問題は、本来、分離できるものではない。「次世代育成支援」をキーワードに、さまざまな子どもの養育のための支援を一体的にとらえていこうとする視点が重要である。

3 ── 児童養護の概念

1　養護とは

　養護とは、「養い」「護る」というその漢字があらわすように、弱者を保護しながら生活の世話をするという意味である。弱者といってもさまざまな弱者があり、その意味では養護の対象もさまざまである。たとえば、身体的に健康なものに対して、病気やケガをしていたり病弱で体の弱いものは弱者と

いえる。小中学校のいわゆる「保健室の先生」の正式な名称は「養護教諭」というが、まさにこの意味で養護という言葉が使用されている。また、「特別養護老人ホーム」では自分で生活していくことが困難な老人が生活している。

　子どももまた、大人と比較すると弱者であり、養護される対象といえる。このように、子どもを対象とした養護を児童養護という。

2　子どもの特性と児童養護

　子どもは、心身ともに未成熟で自分では何もできない弱者であるという特徴をもつとともに、これから徐々に成長していく発達途上にあり、養護しだいでは将来に無限の可能性を秘めているという特徴ももっている。こうした子どものニーズに応じて、児童養護には、大きく4つの側面があると考えられる。児童養護は、主として親を中心とした家庭によって行われることから、これら4つは、児童養護に関して家庭の果たすべき基本的役割ということもできる。

　第1に、子どもの基本的欲求を満たすことにより、子どもの生命維持の役割を果たすという役割である。いうまでもなく、人間の子どもは、とてもか弱い存在として誕生し、大人の助けがなくては生命を維持することすら難しい。衣食住という生活の最も基本となるものを提供していくことが、まずは児童養護には必要である。

　第2に、無限の愛情を子どもに与えることで、親子間の基本的信頼関係を築き、情緒的な発達を促す役割である。物質的な充足だけでは健全な成長が難しいことは多くの心理学的な研究が明らかにしている。「人はパンのみにて生きるにあらず」とは聖書の有名な言葉であるが、まさに子どもは愛情なくして成長していくことはできないのである。

　第3に、生活していくうえで必要となる基本的な知識や技術を習得させる役割である。日々のちょっとした日常生活習慣はもちろんのこと、高度に産業の発達した社会においては、一定の知識や技術の習得は、職業について自分で生計を立てていくために必要不可欠である。

　第4に、社会化の第1ステップとしての役割である。人間は社会性の動物といわれ、さまざまな人間関係のなかで一定の社会的規範にのっとって生活している。こうした複雑な人間関係も、親子関係や兄弟関係など家族内の人間関係を基礎として、徐々に形成されていくものである。

3　児童養護の体系

児童養護は、養護の主体や方法・形態等によって、いくつかに分類できる。

まずは、誰が子どもを養護するかという養護の主体によって、家庭養護と社会的養護に分類することができる。子どもは多くの場合、自分の親とともにその家庭で生活しながら養育されるものであり、これを家庭養護という。一方で、子どものなかには、前節で述べたようなさまざまな理由から、親に代わって、または親を補完する形で子どもを養育することが必要となってくる場合がある。児童福祉法第2条では、「国及び地方公共団体は、児童の保護者とともに、児童を心身ともに健やかに育成する責任を負う」と規定しており、こうした場合、国や地方公共団体が養護の役割を担うことになっている。これらは総称して、社会的養護とよばれている。

なお、社会的養護はさらに、どのように養護されるかという養護の方法・形態によって、いくつかに分類される（第3章　48ページ図3－1参照）。

4　児童養護の定義と「社会的養護」という科目の位置づけ

児童養護は、いくつかの定義でとらえることができる。最も広義には、これまで述べてきたように、子どもの健全な発達を援助して自立した社会人になるために大人側から行われるすべての活動というとらえ方である。このなかには、家庭で親をはじめ、祖父母やおじ、おばなどの大人が子どもを養育する家庭養護も含まれるであろうし、近所のおじさん、おばさんが子どもに声かけをしたり、悪いことを叱ったりする地域養護も重要な支援である。一方で、家庭における養護はいわば自然発生的な側面が強く、福祉サービスという概念ではとらえることは難しい。そのため、家庭養護を除いた社会福祉サービス（意図的に組織した近隣の支えあいなども含む）である社会的養護を児童養護と定義するとらえ方もできる。

さらに最も狭義のとらえ方として、保育所を除いた児童福祉施設におけるサービスを児童養護と定義するとらえ方もある。保育所において昼間のみ行われる社会的養護は、「保育」という形で特化して概念化されており、保育原理のなかで中心的に扱われている。そのため、実際的には、「社会的養護」という科目においては、最狭義の定義に基づいて、保育所保育を除く施設養護のあり方について論じられていることも多い。

しかし、たとえ狭義なとらえ方で児童養護を考える際にも、広義な児童養護を視野においておくことが必要である。子どもや家庭の状態によって、養護形態が入れ替わるということもあり得る。しかし、主体や形態がかわろう

とも、子どもに対する養護は、一貫した連続的なものでなければならない。子どもの発達は途切れることのない連続的なものだからである。

【参考文献】
1）厚生統計協会『国民の福祉の動向』2009年
2）厚生労働省監『平成21年　厚生労働白書』ぎょうせい　2009年

第2章 児童の社会的養護の歴史と今日的課題

1──古代から戦前までの児童救済・児童保護

1 古代社会における児童救済

　日本の慈善救済事業の始まりは、聖徳太子が593（推古天皇元）年に建立した四天王寺四箇院*1（敬田院・施薬院・悲田院・療病院）の悲田院であるとされている。それは、子どもに限らず、身寄りのない棄児や孤児、貧困者を老若男女の区別なく混合収容・救済したものであり、その後の孤児院、今日の児童養護施設の原形といわれている。

　本来、生活困窮者の救済は、血縁、地縁による共同体内部の相互扶助で行うこととされていたが、仏教文化の流入が国家宗教として確立される過程では、仏教思想の慈悲・慈愛による孤老・寡婦・孤児・病者・不具者（障がい者）などへの収容保護事業であった。その例として、奈良時代の723（養老7）年に光明皇后が建立した悲田院での棄児・孤児の収容保護や、戦乱による飢えや疫病の蔓延に起因する棄児や孤児のみを救済保護した764（天平宝字8）年の和気広虫（出家して法均尼）による83人の孤児養育をあげることができる。後に和気広虫はこれらの孤児たちを、養子とし、この孤児たちともども天皇から葛木首の姓を下賜している。これに対して、天皇は私墾田100町歩を提供し、それを養育資金にあてさせた。しかし、棄児・孤児の増大に伴い、預り、雑使、乳母、養母のもとに委託養育させるようになった。こうした預りなどのなかで、僧賢義は孤児を養育すること18人におよんだ。

　このように、古代社会の児童養護は、仏教思想に基づく聖徳太子の悲田院以降、主に宗教的もしくは政治的立場から、仏教の慈悲の思想を基盤にした寺院中心の棄児・孤児などに対する慈善救済が中心であった。

2 封建社会における児童救済

　鎌倉・室町時代も仏僧（叡尊、忍性、重源など）を中心として、捨て子・病者などの生活困窮者への収容保護・救済が行われた。そして室町時代末期には、ジェスイット会（イエズス会、ヤソ会ともいう）が来朝し、キリスト

*1　四箇院
聖徳太子が大阪の四天王寺に創建したもの。敬田院・施薬院・悲田院・療病院の四院をさす。悲田院は仏教思想に基づき、孤児や貧困者を救済する目的で建立された。このほか敬田院では仏教修養を、施薬院では薬草を栽培・調合し傷病人の救済を行い、療病院では傷病者などの治療にあたった。

教の宣教師・教徒によるキリスト教の伝道とともに、養老、孤児・難民の救済、救済院の設置、葬祭援助、奴隷や娼妓の廃止、殉教者遺族の保護などの慈善事業が始まった。なかでも、ポルトガルの商人でキリスト教徒のアルメーダは、堕胎、間引きの防止のために豊後府内（現在の大分県）に貧困不具児のための育児院や癩*2救護のための病院を創設して救育した。その他、小西行長、細川ガラシャなどのキリスト教徒による救貧・病者保護などの事業が行われたが、その後のキリシタン禁令により消滅の途を歩むことになった。

江戸時代には、五人組制度*3を確立し、社会統制、治安対策のための近隣相互扶助を義務づけた。そのなかで、棄児・孤児の保護、貧困病者・老幼孤児の扶助および申告、行旅病者および行旅死亡者取り扱いなどの慈恵救済に関する規定もあった。しかし、現実には、堕胎、間引き、親子心中、棄児、人身売買などが農村および下層民の間で頻繁に起きたため、松平定信は子どもの堕胎・圧殺を厳重に取り締まるとともに、養育米補給制を実施し、また、町会所を設けて町費の余剰金を貯蓄して、棄児・貧児・孤児の救恤費にあてるなどの児童保護対策に努力した。これは、明治政府にも引き継がれた。

*2 癩
現在のハンセン病。

*3 五人組制度
江戸時代に当時の幕府が町村に作らせた隣保組織。近隣の五戸を一組として、火災・キリシタン・浮浪人の取り締まりを中心に連帯責任として相互扶助にあたらせた。

2 ── 明治・大正期、昭和戦前期までの児童保護

1　明治期の児童保護

明治政府が発布した児童保護に関する救済立法は、それまでの堕胎、圧殺、棄児への取り締まりを受け継いで、1868（明治元）年「堕胎禁止令」を制定し、1871（同4）年には太政官布告「棄児養育米給与方」により、棄児を養育する者に対して、棄児が15歳に達するまで毎年米7斗（98キロ）を支給し、棄児養育の奨励を図った。これは、救護法が施行されるまで実施された。また、1872（同5）年には人身売買禁止令を制定し、1873（同6）年には「三子出産の困窮者に対して一時金5円を養育料として給与」し、国策として出産の奨励保護対策を打ち出した。そして、1874（同7）年の「恤救規則」のなかで、13歳以下の極貧の孤児に対して年に米7斗を給付することが定められた。これは、家族の扶養を受けられない70歳以上の老衰者、70歳以下で疾病により産業を営めない者も救済の対象とし、食費相当の金銭の支給が定められている。

維新期の救済施設は、主に、治安対策や外交上の体面から設置された。1872（明治5）年、ロシア皇太子の来日を控えて、東京養育院が設立されたよう

に、収容者の処遇は、乞食・浮浪者を街から一掃するための治安隔離的保護、懲罰的・取り締まり的性格の強いものであった。

明治10年代から、日本の資本主義は、日清・日露両戦争を契機に産業革命を完了し、帝国主義国家の道を歩んでいく過程で、貧富の差を著しく助長するとともに、地方の離脱下層農民の都市流入とスラム街の発生や貧児・不良児問題に対する社会的関心が高まった。その結果、明治20年代末までに、宗教的慈善思想に支えられて民間の育児施設が38か所設立された。その代表例は、1869（明治2）年の松方正義による日田（大分県）の養育館や、1872（同5）年の横浜慈仁堂、1874（同7）年の浦上養育院をはじめ神戸女子教育院、函館聖保禄女学校、東京の日本聖保禄会育児部童貞院、長崎の鯛之浦養育院、奥浦村慈恵院、京都天主教女子教育院などのキリスト教徒による育児施設が有名である。仏教関係では、1879（同12）年の東京の福田会育児院をはじめ長野の善光寺養育院、愛知育児院などがある。

その後、1887（明治20）年に石井十次によって設立された岡山孤児院をはじめ暁星学園、大阪博愛社、神戸孤児院、上毛孤児院などが知られている。

特に石井十次の岡山孤児院は、1891（明治24）年の濃尾大震災、1894（同27）年の日清戦争、1896（同29）年の三陸津波、1897（同30）年の東北大飢饉、1904（同37）年の日露戦争、1905（同38）年の東北凶作などによる孤児・貧児の無差別収容に努め、1906（同39）年には院児数1,200人に達した。さらに拡張して日向茶臼原に分院を設けて、後に移転した。石井十次は、熱心なキリスト教徒で、ルソーやペスタロッチ、バーナード・ホームに学んだ彼の孤児教育論は「岡山孤児院十二則」に著されている。

　①家族主義、②委託主義、③満腹主義、④実行主義、⑤非体罰主義、
　⑥宗教主義、⑦密室教育、⑧旅行教育、⑨米洗教育、⑩小学教育、
　⑪実業教育、⑫托鉢主義　　（柴田善守『石井十次の生涯と思想』より）

非行児対策施設としては、先進諸外国の感化教育や教護思想が導入され、1880（明治13）年、小崎弘道の建議により感化事業の重要性が唱えられ、1884（同17）年に池上雪枝による神道祈祷所、1885（同18）年に高瀬真卿による錦華学院の前身である私立予備感化院、1899（同32）年、日本の矯正教護事業の先駆者といわれる留岡幸助による東京家庭学校が開設されて、キリスト教を基盤に家庭的な雰囲気のもとで訓育をし、現在の北海道家庭学校の前身となった。

知的障がい児のための最初の施設としては、1891（明治24）年、石井亮一により滝乃川学園の前身の孤女学院が設立された。盲ろうあ施設については、1878（同11）年の京都市の盲啞院、1880（同13）年の東京訓盲院がある。

この頃から、保育事業も始められ、1900（明治33）年には野口幽香が東京に二葉幼稚園を開始したように、虚弱児施設（現　児童養護施設）や乳児院、肢体不自由児施設にしても、明治末期から大正期にかけて、その前身となるそれぞれの施設が設立された。

2　大正期の児童保護

上記のように、今日の児童福祉施設の多くが明治時代に先駆的に創設された。大正期には、1914（大正3）年に始まった第1次世界大戦による未曾有の好景気をもたらしたが、大戦後の経済恐慌による不景気は多くの失業者を生み出し、物資不足や物価の値上がりが国民生活に深刻な事態を生じさせ、米騒動、労働争議が噴出した。必然的に、経済不安は家庭崩壊、乳児死亡の増大、労働のため就学できない子ども、棄児・孤児らの問題を引き起こし、政府としても、それまで民間の慈善宗教者に任せていた慈善事業では対応できない事態に追い込まれ、妊産婦保護、乳幼児保護、貧児保護、労働児童保護、病弱児保護、義務教育終了児保護、児童虐待防止事業、感化事業、障がい児保護などの予防的側面をもった各種の児童保護事業の拡大と児童保護施設の増加を余儀なくされた。1925（同14）年末には、孤児院数119施設、収容人員4,145人と報告されている。

しかし、非行児・障がい児、乳児・虚弱児のほとんどは、分類収容が行われる戦後の児童福祉体系が整うまで、児童養護施設の原形である孤児院・育児院で混合的に収容保護されていた。

3　昭和（戦前）期の児童保護

昭和初期の経済恐慌などによる国民生活の窮乏化が進む一方、子どものなかには、虐待されたり、欠食児童、人身売買、母子心中などの被害・犠牲を受ける者が頻発した。それが、1929（昭和4）年の「救護法」の成立につながったが、財政ひっ迫のために、1932（同7）年からの実施となった。救護法は、65歳以上の老衰者、13歳以下の児童、妊産婦、疾病者などの貧困による生活困窮者が対象となり、当時の育児施設は救護法による救護施設として法的に位置づけられた。この頃より施設維持のための職業訓練と称した強制労働がなくなり、学齢児の多くは近隣の小学校に通学したり、成績優秀な者は上級学校への進学が認められることになった。

また、1933（昭和8）年には、児童虐待防止法が成立した。さらに、1931（同6）年の全国児童保護大会、1934（同9）年の第5回方面委員会で被虐待児保護や母子心中事件が議題に上り、貧困母子の救済を目的とした1937（同

12）年の母子保護法が制定された。母子保護法は、13歳未満の児童の養育を目的とし、母親に労働能力があっても生活・養育・生業の3扶助を行い、さらに埋葬費の支給も考えられた。同年の軍事扶助法では、戦争遂行の国家目的を達成するための配慮として、政府は戦争犠牲者の遺族や母子家庭を対象とした援護を開始した。

3 ── 昭和戦後処理期から高度成長期の児童保護・養護

1　孤児・浮浪児収容保護対策

　太平洋戦争（第2次世界大戦）の全面降伏による終結は明治期以来形成されてきた天皇制国家を崩壊させ、日本は外国軍による占領・統治を経験することになった。戦争による社会経済秩序の混乱は、国民の生活はもとより、子どもの生活状態に大きな打撃を与えた。戦災孤児・浮浪児・欠食児童の氾濫とともに、子どもの人身売買や親子心中などが頻発した。この状況下で政府は、1945（昭和20）年9月に「戦災孤児等保護対策要綱」を決定するなど各施策を決定し、戦災孤児や浮浪児対策を実施した。このように、戦後のわが国の児童福祉は、戦後処理的施策が中心に進められた。

　1948（昭和23）年2月の全国一斉孤児調査によれば、両親を失った18歳未満の児童数は、12万3,504人もいた。そのうち、公私の児童福祉施設に保護された者が1万2,216人、親戚や知人のもとで養育された者が10万7,000人ほどいた。孤児・浮浪児等の養護児童の激増に対応して、戦災などのため激減していた施設の復旧作業が行われた。空き工場、兵舎、寮、寺などを利用して児童養護施設が急速に設けられ、終戦直前は86施設程度に減少していたものが、1年間で2倍の171施設に増加し、2年後の1950（同25）年には394か所に至った。これは、不幸な孤児を一人でも多く収容保護したいと願った民間有志者を中心とする驚嘆すべき献身的な努力が背景にある。

2　児童福祉法の制定と実施体制の整備

　占領政策の基本である日本の民主化・非軍国化の方針に基づき、GHQ（連合国軍総司令部）の強力な指導に従って、1946（昭和21）年、主権在民・個人尊重・法のもとの平等・戦争の放棄等をうたった日本国憲法が公布され、翌年5月から施行された。特に、第25条において、「すべて国民は、健康で文化的な最低限度の生活を営む権利を有する」としたことは、戦後の社会保障・社会福祉・公衆衛生諸施策の基本的な理念となった。この日本国憲法の

理念に基づく最初の社会福祉立法は1947（同22）年12月公布、翌年1月から一部を除き施行された「児童福祉法」であった。この児童福祉法の制定によって、その推進のための法体系、行政の体制も整備されていった。1947（同22）年には厚生省（現　厚生労働省）に児童局が設置され、翌年には各都道府県に児童相談所が設置された。1948（同23）年には児童福祉法を受けて、妊産婦乳幼児保護指導要領、児童福祉司及び児童委員活動要領、母子衛生対策要綱、さらには収容児童に対する保護基準を整備し、法の目的にそった子どもの健全育成を図るための児童福祉施設最低基準などが施行された。このような児童福祉理念にそった実施体制が整備されたのは、GHQ関係の児童福祉の専門家たちによる指導の影響や、ララ救済委員会の児童収容施設への援助による効果があったことも認識する必要がある。施設整備の面では、子どもの要保護性に適した処遇を行うために専門分化が進められた。つまり、これまでの児童養護にかかわる施設は、法制上、孤児院（育児院）、教護院（現　児童自立支援施設）、母子寮（現　母子生活支援施設）しかなかったが、同法によって、助産施設、乳児院、母子寮、保育所、児童厚生施設、養護施設（現　児童養護施設）、精神薄弱児施設（現　知的障害児施設）、療育施設[*4]、教護院の9施設となった。

1951（昭和26）年には里親、保護受託者（職親）も児童福祉法に追加、制度化された。同年、児童憲章が制定・宣言され、さらに社会福祉事業法（現　社会福祉法）が公布された。この法により、民間児童福祉施設の多くは社会福祉法人化され、民間児童福祉事業の自主性および特性を活かすとともに公共性を高めることとなった。

3　ホスピタリズム論の提起と養護理論の確立

1950（昭和25）年頃より欧米のホスピタリズム（施設症）論がわが国にも紹介され、それが発端となって、アメリカ的養護思想としての里親第一主義や、養護方法論としてのケースワーク、グループワークの積極的な導入が打ち出された。さらには、日本的な養護理論の確立と、施設近代化に向けての動きが活発化したのは注目に値する。

ホスピタリズムというのは、施設で育てられている子どもたちに共通してあらわれる発達上の問題の総称である。当初、乳児院に収容されている乳幼児の死亡率が異常に高い事実が注目され、栄養の工夫・感染の防止・施設の改善などの対策が効果をあげることができなかったところから、次第に施設生活の問題性に目が向けられるようになった。アメリカでは、小児科医チャピンが1908（明治41）年に、家庭的な環境と個人的な看護が十分に与えられ

*4　療育施設
現在は、身体障がい児のための各施設（肢体不自由児施設、盲ろうあ児施設、重症心身障害児施設など）となっている。

れば、施設で慢性的な栄養障害に陥った予後の絶望的に近い乳児の多くが救われると述べ、今日の里親制度を提唱した。そして、翌1909（同42）年に開かれた児童福祉に関するホワイトハウス会議で、子どもから家庭生活を奪ってはならないとする宣言（養護の原則）を示し、やむを得ない場合の児童養護は里親制度を中心に進められることとした。

ホスピタリズム研究では、J・ボウルビィの1950年の調査研究報告書『母性的養育と精神衛生』が有名である。そのなかの「乳児期から施設で生活している児童は、身体的にずんぐりむっくり型で、①学習意欲に乏しい、②発表がへたである、③すべてが消極的である、という性癖の共通欠陥があり、このような性癖は、施設の特殊な環境、つまり集団育成によるもので、ホスピタリズム（施設病）である」との指摘は、当時の児童養護施設関係者・精神科医師・小児科医師に大きな影響を与えた。

わが国におけるホスピタリズム研究は1950（昭和25）年、堀文次（養護施設　石神井学園長）によって最初に紹介された。彼はロレッタ・ベンダーやリブルなど、1940年代にアメリカでなされた諸研究を参考にして、自らの施設における観察や経験に基づいて、施設で育つ子どもたちに共通してあらわれる身体・情緒・性格・行動上の諸問題を『養護理論確立への試み』において指摘した。子どもたちは施設の生活において一定のものは充足されているが、「何もかも共同のものを使用するため、所有のけじめと使用してはならないものの見極めができなくなっている。一定の決まった人との密着がなくその子どもにとって甘えたり、きっちりと叱られる経験が育たない。抱っこしないで育てるため、抱っこすると、びくついたりする。強い指吸いで指にタコができている子どもが多い」などが話題になった。

こうしたことの問題を解決するために、施設経営者は厚生省（現　厚生労働省）に施設の直接処遇職員の増員を何度も要求し続け、施設最低基準における職員数の増員に努めた。一方、食糧難とインフレのため、この時期の児童福祉施設の子どもたちの生活は、施設運営費用は共同募金の配分金に、食料等はララ物資[*5]に、そして衣服等は民生委員等の民間の支援活動援助に頼らざるを得ない状況のなかで、保健所での野犬の餌代が1日100円であったことから、「せめて野犬並みの食費を」という要求が各種大会で出されていた。

当時の児童養護施設等の子どもたちの生活費は、1957年度で1日の事業費が飲食物費61円68銭、間食費5円、その他事業費19円45銭である。教育費は月額小学生平均166円、中学生平均324円、給食費は実費分、葬祭費1件2,000円であった。1日の飲食物費が日常諸費をあわせ100円のラインを超えて102円39銭となったのが1961年度で、飲食関係だけで111円42銭になったのが1963

*5　ララ物資
第2次大戦後の食料難対策として、アメリカの民間団体から提供された救援物資のこと。ララ（LARA）は、1946年、アメリカの社会事業・宗教団体・教育団体・労働組合などの13団体が、アジアの生活困窮者を救済する目的で結成した組織である。日本にも学校給食用ミルクやハム、チョコレートなどを提供した。当時、わが国の児童養護施設なども、入所していた子どもたちの食料などとしてララ物資を活用していた。

年度からであった。

その一方で、後述する家庭的処遇論の台頭があったり、ホスピタリズムそのものに疑問を抱く施設長からは「施設入所前の問題形成を無視しては論じられない」とか「工夫のない施設のあり方とその従事者たちの不勉強が子どもたちをそのような状態に導いているのではないか」といった反論などが出された。いずれにしても、この論争は、施設養護のあり方に反省と改良を促す程度で、抜本的改革には至らなかった。

4　家庭的処遇論と積極的養護論の台頭

前述のように、ホスピタリズム論争を契機として、それまでの集団養護方式に対する反省のうえに、潮谷総一郎（しおたにそういちろう）は1953（昭和28）年に「養護施設における家庭的処遇の必要性について」の論文で、ホスピタリズム予防論としての小舎制の導入を打ち出し、「家庭こそ子どもにとって最良の場である。養護施設はそのような場所をなくした子どもを収容する所である。故に、養護施設を家庭に近づける努力と、家庭的な処遇は当然の為すべきことである」と論じた。その一方では、GHQの後押しを受けて、ホスピタリズム克服には里親制度の充実が不可欠であるといったことからの里親開拓運動も起きた。しかし、里親の確保等は難しく停滞していた。また、戦災孤児の「第1回この子たちの親を探そう運動」（朝日新聞社と全国社会福祉協議会等の共催による）が1956（同31）年に行われた。そのなかで、家庭的処遇論、集団主義的処遇論、治療的教育的処遇論などの新たな養護論論争が展開された。

その先陣を切ったのが、沼津の松風荘（まつかぜそう）園長の積惟勝（せきこれかつ）の著作『集団に育つ子ら』（1956（昭和31）年）や、その後の『生活を創る子供たち』『裸の教育』の実践記録であった。積惟勝は、当時の全国養護施設協議会の全国大会や著書を通して、施設養護における「集団の優位性」を問う積極的な集団主義的養護論の必要性を強調した。とりわけ、子どもたちの、①自主性、②創造性、③批判性を豊かにするといった指導理念を述べるとともに、集団の弊害が強調されるなかでの仲間意識の向上、集団愛への高まりの必要など、個と集団の育ち合いの大切さを強調したことは、施設界に大きな波紋を投げかけた。

このような論争のなかで、一部にみられていたホスピタリズムに対する宿命論も姿を消し、施設養護の特質である集団形態をいかに積極的に活用していくかという姿勢が明らかになってきた。それによって、その後の高度成長期以降の養護ニーズの多様化・複雑化に向けて、当時の児童養護施設の社会的役割や施設養護機能の見直しの転換期を迎えることとなる。

4 ── 高度成長期以降の児童養護

1 高度成長期における新たな養護ニーズ

　1960（昭和35）年、池田内閣が国民所得倍増計画を発表した頃から1973（同48）年の石油危機に至るまでの高度経済成長期は、一般的国民生活水準の向上をもたらしたが、同時にさまざまな社会変動をも引き起こした。その結果、養護施設（現　児童養護施設）に措置される子どもも、高度経済成長以前の家庭崩壊（親の死亡、経済的貧困）のような単純な理由ではなく、子ども自体の発達の遅れ、学力低下、情緒的問題・非行化等の問題がからみあい、施設養護機能も単純に生活の場を保障するだけでは問題解決ができなくなった。当然、親自身が抱える問題も施設にもち込まれ、教育治療・社会的調整治療の役割の必要性を生じさせた。それだけに、社会的養護を営む養護施設の今日的な要養護問題に対応できる重大な役割・使命があるのである。

　しかし一方では、孤児や浮浪児が減少し、養護施設には待機児童がいなくなったとして、厚生省（現　厚生労働省）は1967（昭和42）年「定員未充足状態の児童福祉施設に対する定員減および施設の転換」を指示した。そして、1972（同47）年度から児童福祉施設の児童の定員に対し、入所児童の現員との開きが17％を超える場合は、定員の改定または暫定定員の設定を行うように指示することなどにみられるように、潜在的にうずもれている要養護ニーズの掘り起こしをしないまま、公的責任を施設責任に転嫁するわが国の社会的養護対策は、養護施設を危機状況に追い込んだのである。

　このような状況のなかで、コミュニティ・ケア[*6]の拠点としての「開かれた施設」をめざした実践の取り組みが行われた。子どもの日常生活圏である小・中学校区を基本に、従来いわれてきた自己完結式、また閉鎖的な施設から脱皮し、地域での育ち合いや子ども同士の交流を図り、地域で起こり得る児童問題・家族問題に施設が積極的にかかわろうという姿勢のあらわれであった。当然、養護施設の生活・文化水準と、地域の一般生活・文化水準とに格差がみられ、施設環境条件整備の必要性が施設最低基準の見直しの運動に広がった。そして1979（昭和54）年の児童福祉施設最低基準の改正では、児童養護施設における栄養士の必置と、児童指導員および保育士の総数は満3歳未満の幼児おおむね2人につき1人以上、満3歳以上の幼児おおむね4人につき1人以上、少年おおむね6人につき1人以上に改められた。

　なお、1973（昭和48）年度より養護施設入所児童の高校進学の費用が「特

*6 コミュニティ・ケア
ノーマライゼーションの理念に基づいて、福祉サービスの利用者などの要援護者が、地域社会において自立した地域生活を送ることを可能にすることをめざした地域福祉の体系。

第2章　児童の社会的養護の歴史と今日的課題

別育成費」の名目で予算化されるようになり、高校進学率が年々向上する傾向をみせた。また、1988（同63）年には、中学卒業後に就職する子どもに対する措置の継続が可能となるなど、自立援助ホームに対する援助も受けられるようになった。さらに、1989（平成元）年には特別育成費が増額されるとともに、私立高校進学者分の単価設定もされ、私立高校進学の道も確保されるようになった。一方、このことは、1983（昭和58）年3月現在の厚生省（現　厚生労働省）調査での入所児総数3万2,040人中の42.6％を12歳以上児が占める結果の一因となった。そのため、それまでは顕在化していなかった高校生の処遇における喫煙、異性問題等の思春期の発達問題や、生活空間の拡大に伴うアルバイト問題、プライバシー保護に伴う個室の確保などの多くの課題を背負うこととなり、高年齢児童の処遇問題が論議されるようになった。

　また、当時の労働基準法の改正による職員の労働時間短縮化の動き等により、施設での職員の受け持ち児童数の増加や、職員と子どもとの関係に希薄化等の変化が生じ、これにより職員の子どもの援助へのさらなる専門性の必要性や、集団的力量の必要性が一層叫ばれるようになった。

2　児童家庭福祉改革と子どもの権利条約

　1985（昭和60）年頃から、いわば福祉の転換期に入った。ベビーホテル問題に代表される営利的福祉サービスが登場し、児童福祉事業の一部を補完するという現象が発生した。この問題は今後拡大が予測される有料福祉サービスの問題と合わせ、福祉ニーズへの適切な対応が検討されなければならない政策的課題を含んでいた。同時に、措置制度のあり方や、今日の子どもや家族の問題の複雑化・多様化に対応する今後の児童家庭福祉の根幹を揺るがすような、保育所・保育制度を児童福祉法から切り離す考えも浮上してきた。それが、1990年代になって浮上してきた児童家庭福祉改革・保育制度改革・児童福祉施設改革の一連の動きである。

　国際連合において1989年に採択された「児童の権利に関する条約」（子どもの権利条約）は日本でも1994（平成6）年に158か国目に批准され、児童養護の基盤ともなっている。そのなかで、全国養護問題研究会の「児童養護の実践指針」や「北海道養護施設ケア基準」などにみられるように、子どもたちの社会的自立をめざす人権保障・発達保障の原理・原則が打ち出された。とりわけ、子どもの「権利主体」の考え方において、これまでの弱点であった「権利行使」の主体者としての意見表明権、養護請求権の視点をどのように法制化するのか、また「……子どもの最善の利益が第一義的に考慮される」

といった養護内容の充実が大きな課題である。

その具体化の方向が、1995(平成7)年「養護施設の近未来像」報告書(全養協制度検討特別委員会)や「児童福祉施設再編への提言」(全社協児童福祉施設のあり方委員会報告)などであった。

本来、日本国憲法第13条で「すべて国民は、個人として尊重される」と規定し、児童福祉法第1条で「すべて国民は、児童が心身ともに健やかに生まれ、且つ、育成されるよう努めなければならない」と規定しているほか、同法第2条および第3条並びに少年法第1条、母子保健法第3条等の法律についても、各々児童の最善の利益を考慮することが前提にあってはじめて成り立つものだが、明確な規定になっていないのが実状であった。その意味で、児童福祉法改正の実施内容に児童福祉関係者らの期待が高まった。

3　権利条約下の児童福祉・児童養護

(1)　児童福祉法大幅改正と児童家庭福祉サービスの整備

1997(平成9)年6月11日に児童福祉法が制定後50年ぶりに大幅に改正された。この改正児童福祉法は1998(同10)年4月1日から施行された。

改正の要点は、①保育所利用方式の変更、②市町村や保育所に対する情報公開の義務づけや努力要請、③施設の機能や名称の見直し、④児童相談所の相談機能強化および児童家庭支援センター創設、⑤児童養護施設等の措置における児童および保護者の意向尊重、⑥母子家庭の自立や雇用の促進の6点があげられる。

そして、改正児童福祉法に伴って児童福祉法施行令、児童福祉法施行規則および児童福祉施設最低基準が各々改正された(1998(平成10)年2月18日付)。

その児童福祉法施行令および施行規則の一部改正では、①保母の名称を保育士に改めるとともに男女共通の名称とし、あわせて保母試験の名称を保育士試験に改め、②児童自立支援施設(旧教護院)に児童自立支援専門員(旧教護)・児童生活支援員(旧教母)を置いた。

児童福祉施設最低基準の一部改正では、①児童福祉施設の長への懲戒に係る権限の濫用の禁止規定を新たに整備、②母子寮を母子生活支援施設に、養護施設を児童養護施設に、教護院を児童自立支援施設に改称。虚弱児施設は児童養護施設に移行、③乳児院の医師・薬剤師や、看護婦(現看護師)と保育士・児童指導員の配置基準の見直し、④母子生活支援施設(旧母子寮)、児童自立支援施設(旧教護院)や児童厚生施設などの職員の資格要件についての規定の整備、⑤児童養護施設および児童自立支援施設の生活指導等の充実について、児童の自立の支援を目的とする旨を明確にし、家庭環境の調整

や関係機関との連携に関わる規定を整備、⑥児童家庭支援センターの設備基準、職員の資格、支援についてなどの規定が整備された。

　このような法令・最低基準の改正等に伴って、①子ども虐待防止および、相談関連の一般国民による通告義務の周知徹底、児童相談所における対応強化に関する通知、②社会的養護を必要としている子どもたちの自立支援（計画）、体罰禁止をうたった懲戒権の濫用禁止や、児童自立生活援助事業（自立援助ホーム）の実施に関する通知、③保育所への入所の円滑化、調理業務の第三者委託や、幼稚園と保育所の施設の共用化、幼稚園における預かり保育等、地域の実情に応じた弾力的な運用を図ることに関する通知、その他、延長保育、産休・育休明け入所、低年齢児保育、地域子育て支援センター、障害児保育等の特別保育事業関連の通知、④一般に学童保育と呼ばれる放課後児童健全育成事業関連の通知などが厚生省児童家庭局から出され、児童家庭福祉サービス体制の整備強化が図られた。

　とりわけ、被虐待児の入所増に伴い、それまでの不登校児指導費（事業費）を吸収する形で、1999（平成11）年4月より、児童養護施設に心理療法担当職員を配置する雇上費が加算された。また、母子生活支援施設に対する広域入所促進事業費（施設機能強化推進費）や、乳児院への家庭調整等担当職員雇上費が加算された。

　さらに、1999（平成11）年10月より児童養護施設の特例単価として、地域小規模児童養護施設を推進するよう予算化するなど、ノーマライゼーションの理念に基づく小規模化・グループホーム化の方向を積極的支援する施策が提示されるようになった。

(2)　**社会福祉法等の改正と子どもの権利擁護サービス**

　1990年代後半、子どもに関連する法令等の法制度改正が次々となされた。すなわち、国連「児童の権利に関する条約」批准から児童福祉法の改正がなされ、その後「児童虐待の防止等に関する法律」（通称・児童虐待防止法）の施行（2000（平成12）年11月）に続き、社会福祉基礎構造改革の流れでの「社会福祉の増進のための社会福祉事業法等の一部を改正する等の法律」によって、2000（同12）年6月に「社会福祉法」が公布・施行された。

　児童虐待の防止等に関する法律では、虐待とは何かが規定され、その防止のための国の役割、児童の保護措置などを定め、児童の権利擁護の推進、地域の子育て支援体制の整備・促進を図っている。特に児童虐待では早期発見・対応が必要であり、児童相談所を核とし、市町村、福祉事務所、保育所、市町村保健センター、主任児童委員をはじめとする児童委員、児童福祉施設、

家庭裁判所、学校（幼稚園を含む）、警察、医療機関、人権擁護機関等、それぞれの体制整備や関係機関同士の連携を求めている。

また社会福祉法では、これまでの社会福祉事業法の目的に「福祉サービスの利用者の利益の保護及び地域における社会福祉（地域福祉）の推進を図ること」が追加され、児童の社会的養護を中心的に担うサービス事業者（社会福祉法人）にもサービス利用者と対等な関係を形成できるように、権利擁護制度、苦情解決の仕組み、利用契約等の仕組みづくりを積極的に導入することの努力義務が課せられた。

児童福祉法関連としては、①児童福祉施設のなかでも、母子生活支援施設と助産施設の入所方式が保育所と同様、市町村に委譲され、契約方式に2001（平成13）年4月より移行された。②障がい児に対する児童居宅支援（児童居宅介護・児童デイサービス・児童短期入所）が支援費支給方式（利用者が福祉サービスの提供者と直接契約し、市町村が利用者に対し支援費を支給する方式）に2003（同15）年4月1日から改められた。③障がい児の地域生活を支援する事業として、障害児相談支援事業が追加された。

しかし一方、虐待死、自殺、親子心中事件などが相次いでおり、今日の福祉改革の谷間で、制度・施策が十分機能していない事態に、厚生労働省は「福祉の援護が届かない人」の対策に緊急に取り組む方針を固め、「向こう三軒両隣」のような地域社会の集団性や共同性の再構築の必要性を打ち出した。そして、従来の救貧福祉から「自立支援」「選べる福祉」に主眼を置いた政策への転換に向けた施策の検討が始まっている。また、児童の社会的養護の体系や施設のあり方についての検討が全国児童養護施設協議会等の団体を中心に、以下の視点で始められ、次項および次節の児童福祉法関連の改正へとつながった。

(1) 子育て支援と子ども支援の一体化
(2) 地域福祉と子育て支援施策
(3) 福祉・教育・保育・保健医療・司法等の関係機関との連携・協働
(4) 地域小規模児童養護施設、グループホーム化（ケア単位の縮小・個別化・連続化）、里親支援の拡充、ケア担当職員の質的・量的充実（家庭支援専門相談員、被虐待児個別対応職員の配置）、児童自立生活援助事業（自立援助ホーム）の拡充
(5) 権利擁護確立に向けた取り組み
　① 子どもの権利ノート、児童ケア基準の策定
　② 処遇評価項目の策定およびサービス評価・苦情解決委員会の設置

(3) 児童福祉関連法の改正と次世代育成支援対策基盤の整備

　次世代育成支援対策基盤の整備に向けた児童福祉関連法の制定、改正が相次いで行われた。その改正概要を列挙すると、以下の通りである。

❶2001（平成13）年：児童福祉法の一部改正

　この改正では、①認可外保育施設に対する監督の強化、利用者への情報提供の強化、②効率的な認可保育所設置（公設民営化、多様な事業者による設置・運営）の推進、③保育士資格の法定化に伴い、保育士業務に地域社会での子育て支援への努力義務、信用失墜行為の禁止等を規定化、④主任児童委員の法定化、児童委員の資質向上、児童委員の職務に地域の子育て支援機能を位置づけるなど、子どもが地域のなかで安心して健やかに成長できる環境の整備に必要な改正が行われた。

❷2001（平成13）年：DV防止法制定

　2001（平成13）年に公布された「配偶者からの暴力の防止及び被害者の保護に関する法律」（通称・DV防止法）は、配偶者からの暴力の防止と被害を受けた者の保護を目的として制定された。

❸「里親の認定等に関する省令」「里親が行う養育に関する最低基準」

　2002（平成14）年9月に公布されたこれらの省令は、同10月1日に施行された。そこでは、新たに専門里親と親族里親が創設された。なかでも専門里親は、子どもの養育経験があり、子どもの教育・福祉・保健・医療等に従事した経験があり、かつ専門的訓練を受けた者等がなり、被虐待児へのより専門的ケアを行うとしている。

❹2003（平成15）年：児童福祉法の一部改正

　この改正では、地域における子育て支援の枠組みの強化を図るために、①保護者からの相談に応じ、情報の提供と助言を行う事業、②保育所等で子どもの養育を支援する事業、③居宅において子どもの養育を支援する事業を法定化するとともに、市町村がその必要な措置の実施に努めるものとした。

(4) 少子化対策・次世代育成支援と「児童養護施設近未来像Ⅱ」

　第1章で述べた通り、少子化傾向の進展は、年金などの社会保障費用にかかわる現役世代の負担の増大、若年労働力の減少等による社会の活力の低下等の影響が懸念されている。

　2002（平成14）年1月発表の「日本の将来推計人口」において、晩婚化・未婚化に加え、結婚した夫婦の出生力そのものの低下という新たな少子化要因が認められ、さらに少子化が進展する見込みが示されたことを受け、厚生労働省は従来の取り組みにもう一段の取り組みを加えた「少子化対策プラ

ワン」*7を同年9月に発表した。翌2003（同15）年には「次世代育成支援対策推進法」*8を成立させ、少子化対策を国や自治体、企業等の社会全体が積極的、かつ計画的に進めることを求めた。

　一方、議員立法による「少子化社会対策基本法」*9を同年に成立させた。これは、少子化社会で実施する施策の基本理念を明らかにするとともに、国、地方公共団体の責務などを定めたもので、それを受けて2004（同16）年に「少子化社会対策大綱」と、大綱の重点施策の具体的実施計画として「少子化社会対策大綱に基づく重点施策の具体的実施計画について」（子ども・子育て応援プラン）を策定した。

　そして今日の要保護児童問題への対応は、一般子育て支援サービスと連続した制度として、子育て支援システム全体の改革を検討すべきとした、「子どもを未来とするために—児童養護施設近未来像Ⅱ—」（2003年4月）や、社会保障審議会児童部会「児童虐待の防止等に関する専門委員会」報告書（2003年6月）、同部会「社会的養護のあり方に関する専門委員会」報告書（2003年10月）において、まさに、ウェルビーイング（人権保障と自己実現（第4章　59ページ参照））に最も必要とされることと示されている。

　その場合、子どもの権利条約第3条の「子どもにかかわるすべての活動において、その活動が公的もしくは私的な社会福祉機関、裁判所、行政機関または立法機関によってなされたかどうかにかかわらず、子どもの最善の利益が第一義的に考慮される」に基づき支援を実施していくことが必要である。

①児童養護施設近未来像Ⅱでは、乳児院、児童養護施設、児童自立支援施設、情緒障害児短期治療施設それぞれの施設の役割・機能や専門性がボーダーレス化しつつあることを踏まえ、母子生活支援施設や自立援助ホームの6施設の再編・統合を提言している。同時に、今日の家庭機能の脆弱化や児童虐待の拡大増加の現状から、従来の要保護児童問題に限らず、広く一般子育て家庭を視野に入れた新たな児童の社会的養護の構築を提起している。

②児童虐待の防止等に関する専門委員会は、ⓐ発生予防から虐待を受けた子どもの自立に至るまでの切れ目ない支援、ⓑ「待ちの支援」から要支援家庭への「積極的なアプローチによる支援」、ⓒ家族再統合や家族の養育機能の再生・強化をめざした親を含めた家庭への支援、ⓓ虐待防止ネットワークの形成など、市町村での取り組みの強化を打ち出している。

③社会的養護のあり方に関する専門委員会は、児童の社会的養護のあり方について、取り組みの方向性を整理している。具体的には、児童の社会的養護を子育て支援の一翼を担うものとして位置づけ、家庭的養護（里親）と施設養護（児童養護施設等）の協働に加え、地域社会全体による養護を重

*7　少子化対策プラスワン
総合的、計画的な少子化対策として「保育に関する施策を中心とするもの」であり、①男性を含めた働き方の見直し、②地域における子育て支援、③社会保障における次世代支援、④子どもの社会性の向上や自立の促進の4本の柱を掲げている。

*8　次世代育成支援対策推進法
少子化対策基本法とともに、少子化対策の両輪となる法律であり、自治体に対しては、①地域での子育て支援策や教育環境の整備、②教育環境・居住環境の確保、③職業と家庭生活との両立の推進などの計画を定めるよう義務づけ、従業員300人以上の企業に対しても行動計画の届出を義務づけている（平成21年4月1日からは、従事員100人以上の企業に行動計画の届出が義務づけられている）。

*9　少子化社会対策基本法
総合的な少子化対策を目的とした法律であり、①育児休業制度の充実、労働時間短縮などによる雇用環境の整備、②保育サービス等の充実、③不妊治療を望む者への情報提供や不妊相談、不妊治療研究への助成、④児童手当や奨学金の充実など経済的負担の軽減、等が盛り込まれている。

視する視点から、子どもの権利擁護、治療やケアの機能を充実させる方向性を示している。

詳細は、第3章「新たな児童の社会的児童養護の体系」を参照されたい。

また、国は2010（平成22）年1月に「子ども・子育てビジョン」*10を閣議決定した。それによると、これまで国が全面的に打ち出してきた少子化対策を中心とした施策から、当事者である子どもや子育て支援を行う施策へと大幅に方針転換を行った。そのなかで近年の社会構造の変化に伴う状況を鑑み、「子どもが主人公（チルドレン・ファースト）」という視点と、子育て家庭や若者世代の雇用環境の整備などをはじめとした「生活と仕事と子育ての調和」を通して、子どもと子育てを応援する社会に向けての方向性を示した。同ビジョンにおける児童養護関連の施策として、児童扶養手当の支給を父子家庭に拡大すること、社会的養護を必要とする子どもの増加や多様化に対応するため、家庭的養護の促進や施設機能の見直しなど、児童の社会的養護の充実を図ることなどが盛り込まれた。

5 ── 児童福祉法等の改正と要保護児童対策

政府は社会福祉法にある地域福祉の理念をもとに、これまでの児童福祉法の一部改正、児童虐待の防止等に関する法律（児童虐待防止法）、DV防止法などにより、特に市町村レベルを基盤とした子どもや家庭への支援体制の強化を図っている。特に児童虐待防止法施行後、児童相談所に寄せられる虐待相談件数は急増し、児童虐待問題の実態が明らかになった。そのような背景のなか、2004（平成16）年4月と2007（同19）年5月に、児童虐待防止法の一部改正が行われ、昨今の児童虐待問題の現状を踏まえ、児童虐待を受けた児童の保護と自立の支援を図るための施策を講ずることとなった。

1　児童虐待の防止等に関する法律の一部改正*11

2004（平成16）年の改正では「児童虐待の予防及び早期発見」と「迅速かつ適切な児童虐待を受けた児童の保護及び自立の支援」などの児童虐待への支援を加えたものとなっている。そのうえで「親子の再統合への配慮」も視野に入れた援助を行うことが示された。この改正の際に附則のなかで同法施行後3年以内に児童の居所等における安全の確認または安全の確保を実効的に行うための方策、親権の喪失等のあり方その他必要な事項について検討し、必要な措置を講ずるように規定された。

2007（平成19）年の改正では、法律の目的に「児童の権利利益の擁護を資

*10　子ども・子育てビジョン
2010（平成22）年1月29日閣議決定。少子化社会対策基本法第7条の規定に基づく「大綱」として定めるもの。これまでの家族や親が子育てを担うなかで懸念されてきた個人に過重な負担を見直し、「社会全体で子育てを支える」こと、社会全体で子育てを支え「希望がかなえられる」ことを基本的な考え方として策定された。同ビジョンのなかでめざすべき社会に向け「子どもの育ちを支え、若者が安心して成長できる社会へ」「妊娠、出産、子育ての希望が実現できる社会へ」「多様なネットワークで子育て力のある地域社会へ」「男性も女性も仕事と生活が調和する社会へ（ワークライフ・バランスの実現）」の4本柱を立て、具体的に12の主要施策を提示している。

*11
改正の流れについては第3章 52ページ参照。

すること」が明記された。また、主な内容としては、国及び地方公共団体は児童虐待を受けた児童に対する医療の提供体制の整備と児童虐待を受けた児童が心身に著しい被害を受けた事例の分析の実施が加えられた。さらに、これまでの虐待を受けたと思われる児童の安全確認について、努力義務から安全確認のために必要な措置を講じることとされた。

この他には虐待が行われているおそれがあると認められる時に保護者に対して子どもを同伴して児童相談所への出頭要求ができるようになった点、虐待を行った保護者に対する指導および当該児童との面会の制限に関する事項、施設入所措置を解除するときに保護者の指導を行った児童福祉司等に意見を求める点、地方公共団体の関係機関等に対して虐待防止に関する資料提供を可能にさせた点、都道府県知事に対して重大な被害を及ぼした事例等に関して児童福祉審議会への報告義務などを示した。

2　児童福祉法改正[*12]

2008（平成20）年の児童福祉法等の一部を改正する法律において、以下のとおり児童福祉法が改正された。

(1) 新たな子育て支援サービスの創設
❶子育て支援事業の法律上への位置づけ
　これまで国・地方公共団体が行ってきた子育て支援事業を児童福祉法上において明確化させた。
❷家庭的保育事業の法律上への位置づけ
　これまで「保育ママ」事業として行われてきた、保育に欠ける乳幼児を家庭的保育者（市町村長が行う研修を修了した保育士その他省令で定める者として市町村長が適当と認めるもの）の居宅等において行われる事業を児童福祉法上で位置づけ、これらの基準を省令で定めることとさせた。
❸その他の地域子育て支援等の実施
　地域のすべての子どもを対象とした一時預かり事業、乳児家庭全戸訪問事業（こんにちは赤ちゃん事業）、養育支援訪問事業、地域子育て支援拠点事業等を法律上創設し、市町村における子育て支援サービスの実施・促進等を図っていく。

(2) 困難な状況にある子どもや家庭に対する支援の強化
❶里親制度[*13]の改正
　これまでの養育里親と養子縁組を前提とした里親を区別し、養育里親の要

[*12] 改正の流れについては第3章 54ページ参照。

[*13] 詳しくは、第8章 144ページ参照。

件について一定の研修を行うこととする。

❷小規模住居型児童養育事業の創設

要保護児童の委託先として小規模住居型養育事業（ファミリーホーム）を創設し、養育者の要件等を定め都道府県の監督等必要な規定を設ける。

❸要保護児童対策地域協議会の機能強化[*14]

これまで要保護児童等を対象としてきた要保護児童対策地域協議会の協議対象に、養育支援が特に必要な児童やその保護者、妊婦に拡大するほか、要保護児童対策調整機関に一定の要件を満たす者を置く努力義務を課す。

❹年長児の自立支援策の見直し

児童養護施設退所後の児童等を対象としてきた児童自立生活援助事業について、対象者の利用の申し込みに応じて提供するとともに、義務教育終了後の児童のほか、20歳未満の者を支援対象として追加する等の見直しを行う。

❺施設内虐待の防止

児童養護施設等の施設内における虐待を発見した者の通告義務と、通告があった場合の都道府県や都道府県児童福祉審議会等が講ずべき措置等、施設内虐待の防止のための規定を設ける。

❻その他の事項

児童相談所における保護者指導を児童家庭支援センター以外の一定の要件を満たす者にも委託できることとなったこと、児童家庭支援センターについて児童福祉施設への附置要件の廃止等の実施が盛り込まれた。また2010（平成22）年4月より、都道府県における里親や児童養護施設等の提供体制の計画的な整備について、必要な措置を講じるとされた。

*14 詳しくは、第12章 201ページ参照。

【参考文献】
1) 浦辺史編『児童問題講座6　児童養護問題』ミネルヴァ書房　1975年
2) 伊藤清編『社会事業基本文献集⑬　児童保護事業』日本図書センター　1995年
3) 児童養護研究会編『養護施設と子どもたち』朱鷺書房　1994年
4) 浦辺史・積惟勝編『新版・施設養護論』ミネルヴァ書房　1977年
5) 神戸賢次編『いと小さき者のために』日本児童育成園　1995年
6) 吉田久一『昭和社会事業史』ミネルヴァ書房　1971年
7) 厚生省児童局編『養護施設運営要領』日本少年教護協会　1954年
8) 全社協養護施設協議会編『全養協20年の歩み』全社協養護施設協議会　1966年
9) 厚生省児童家庭局編『児童福祉五十年の歩み』厚生省児童家庭局　1998年
10) 柴田善守『石井十次の生涯と思想』春秋社　1964年
11) 菊池正治・室田保夫他編著『日本社会福祉の歴史』ミネルヴァ書房　2003年
12) 全国児童養護施設協議会『第58回全国児童養護施設長研究協議会大会資料集』2004年
13) 全国児童養護施設協議会制度検討特別委員会『子どもを未来とするために（児童養護施設近未来像Ⅱ報告書）』同委員会　2003年

14）社会保障審議会児童部会『児童虐待の防止等に関する専門委員会報告書』2003年
15）社会保障審議会児童部会『社会的養護のあり方に関する専門委員会報告書』2003年
16）社会保障審議会児童部会『「児童虐待等要保護事例の検証に関する専門委員会」第1次報告』2005年
17）社会保障審議会児童部会『「児童虐待等要保護事例の検証に関する専門委員会」第2次報告』2006年

第3章 新たな児童の社会的養護の体系

1 ── 児童の社会的養護とは

　子どもは社会の基礎的集団である家族のなかで生まれ育つのが自然の姿である。ここでは、依存関係を基盤に身体的にも精神的にも安全と安心が図られ、自立への過程で育ちの場が確保されていくものとなる。しかしこの過程のなかで、何らかの事情で子どもを物理的に家庭で育てられない、または子どもの最善の利益が図られないという生活上の困難が生じることがある。これらが最も先鋭化してあらわれてくるのが、子どもへの虐待問題である。このように家族によって適切な監護や養育を受けられない子どもを、養護を要する子どもといい、その場合は家族に代わって公的責任において社会的に保護され養育される必要がある。これらの制度・施策を児童の社会的養護、要保護児童対策という。

　児童の社会的養護は家庭における実親子関係を中心とする私的な養護・養育に対して、家庭で養育できない児童を、国・地方公共団体が社会的責任として実施する制度で、里親や施設で養護・養育する仕組みといえる。この概念は確立したものではなく、次に述べるように法改正や施策によって多少の変動もみられるなか、広義に考えれば、「社会全体で子育てを支える」という今日的流れからして、近隣の支えあいという子育て支援型の養護も想定される（図3-1参照）。しかし、ここでは保育所を除く施設型養護、里親や他の家庭型養護等狭義の社会的養護についてみていく。

2 ── 児童の社会的養護の検討の流れ

　児童福祉法が戦後半世紀を経て1997（平成9）年、大幅に改正された。ここでは児童自立支援を重要課題として、施設名称の変更や児童家庭支援センターの創設等で子育て家庭支援・地域支援推進の枠組みが広がり、新たな児童の社会的養護の体系化が図られてきた。しかしそれ以降も、特に子ども虐待を中心に子どもと家族をめぐる状況がさらに困難さを増し、それが顕在化し深刻化している。

「虐待されている児童」の受け皿として児童福祉法上、唯一明文化されている児童養護施設にあっても、厚生労働省令の児童福祉施設最低基準による人的配置や建物・設備等の基準は現在に至っては実態との落差を生じさせ、変革を迫られてきている。児童虐待問題が児童の社会的養護の専権事項ではないが、子どもの生命と育ちから考えると喫緊の課題であり、児童養護問題は児童虐待問題を軸にした児童の社会的養護体系の見直しを想定したあり方が模索されなければならなくなってきた。

　そういうなかで2000（平成12）年5月、社会の声を背景にして議員立法で「児童虐待の防止等に関する法律」（以下、児童虐待防止法という）が成立した。3年に一度を目途に見直しを図るとして同年11月に施行したが、その後も虐待相談件数が増加し、それに見合うだけの条件整備の不十分もあって、矛盾も多く指摘されるようになっていた。そこで2004（同16）年4月、改正児童虐待防止法が成立している。

　また、2001（平成13）年11月には主任児童委員の法定化、保育士資格の法定化などを含む児童福祉法改正が行われ、2002（同14）年9月には里親制度の見直しが行われた。ここでは養育里親、専門里親、親族里親、短期里親の区別が厚生労働省令によって発令されたもので、これらの背景には虐待問題対応も想定されている。

　さらに2004（平成16）年12月の改正では、児童相談の体制を充実させるとして、市町村が相談を担う役割を明確にしている。現在の児童相談所は専門性の高い困難事例への対応や、市町村の後方支援に重点化するとしている。また、里親の権限の明確化、乳児院と児童養護施設の年齢要件を見直してケアの連続性を図るとし、加えて家庭裁判所等の司法関与を強化する仕組みを導入した。

　少子化問題対策では、「少子化社会を考える懇談会」が中間まとめを発表し、続いて厚生労働省が「少子化対策プラスワン」を発表している（2002（平成14）年9月）。

　さらに2003（平成15）年7月に「次世代育成支援対策推進法」が2005（同17）年度からの10年間を時限立法として成立し、同時期に「少子化社会対策基本法」（議員立法）が成立している。

　一方、児童福祉団体では全国乳児福祉協議会（全乳協）が「21世紀の乳児院の在り方を考える特別委員会最終報告」を2003（平成15）年3月に、全国児童養護施設協議会（全養協）が「子どもを未来とするために―児童養護施設の近未来像Ⅱ」を同年4月に発表している。

　これら団体の報告も加味して、厚生労働省の社会保障審議会児童部会が、

図3-1　児童の社会的養護体系（試案）

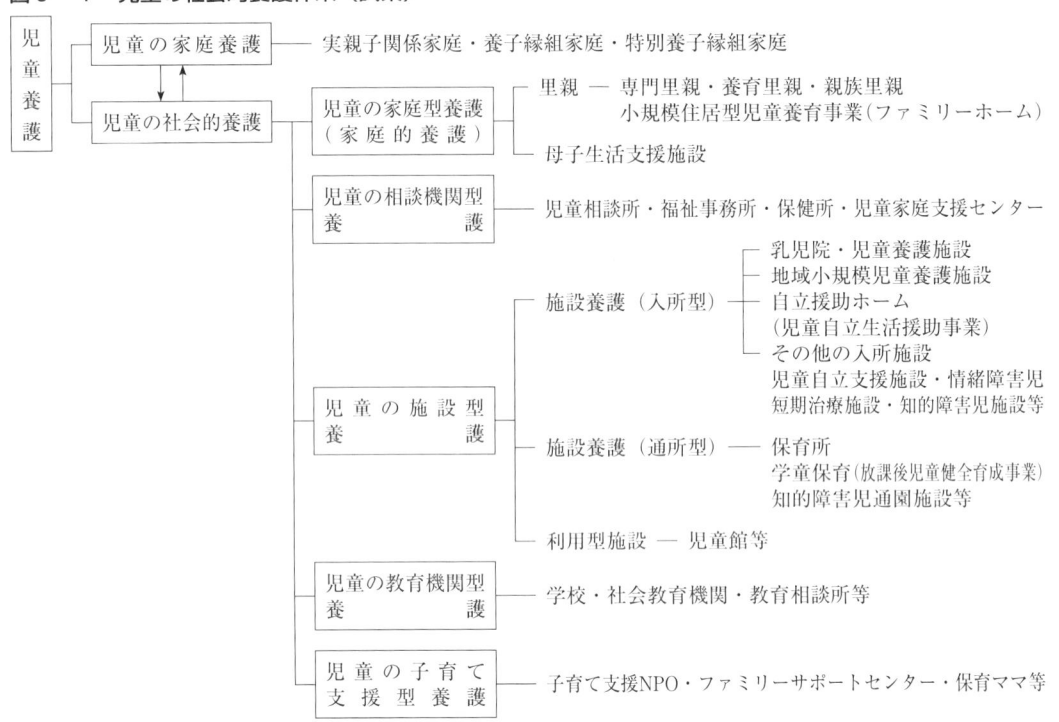

```
児童養護 ┬ 児童の家庭養護 ── 実親子関係家庭・養子縁組家庭・特別養子縁組家庭
         │       ↕
         └ 児童の社会的養護 ┬ 児童の家庭型養護 ┬ 里親 ── 専門里親・養育里親・親族里親
                           │ （家庭的養護）   │       小規模住居型児童養育事業（ファミリーホーム）
                           │                 └ 母子生活支援施設
                           │
                           ├ 児童の相談機関型養護 ── 児童相談所・福祉事務所・保健所・児童家庭支援センター
                           │
                           ├ 児童の施設型養護 ┬ 施設養護（入所型）┬ 乳児院・児童養護施設
                           │                 │                   ├ 地域小規模児童養護施設
                           │                 │                   ├ 自立援助ホーム
                           │                 │                   │ （児童自立生活援助事業）
                           │                 │                   ├ その他の入所施設
                           │                 │                   └ 児童自立支援施設・情緒障害児
                           │                 │                     短期治療施設・知的障害児施設等
                           │                 ├ 施設養護（通所型）── 保育所
                           │                 │                     学童保育（放課後児童健全育成事業）
                           │                 │                     知的障害児通園施設等
                           │                 └ 利用型施設 ── 児童館等
                           │
                           ├ 児童の教育機関型養護 ── 学校・社会教育機関・教育相談所等
                           │
                           └ 児童の子育て支援型養護 ── 子育て支援NPO・ファミリーサポートセンター・保育ママ等
```

資料：『児童養護への招待』ミネルヴァ書房　p.4　竹中哲夫試案を一部修正

　「児童虐待の防止等に関する専門委員会」と「社会的養護のあり方に関する専門委員会」の議論を踏まえ、「児童虐待への対応など要保護児童および要支援家庭に対する支援のあり方に関する当面の見直しの方向性について」（以下、児童部会報告書という）を、2003（平成15）年11月に報告書として提出している。

　そして、これらに基づいて2004（平成16）年2月、「児童福祉法の一部を改正する法律案」が国会に提出され、同年12月に公布されている。また、同年4月には「児童虐待の防止等に関する法律の一部を改正する法律」が成立して、児童の社会的養護体系が徐々に整備されてきている。

　つづいて2008（平成20）年11月の児童福祉法の一部改正の児童の社会的養護関連では、①里親制度の改正、②小規模住居型児童養育事業（ファミリーホーム）の創設、③要保護児童対策地域協議会の機能強化、④家庭支援機能の強化、⑤年長児の自立支援策の見直し、⑥施設内虐待の防止、⑦後期行動計画の策定があげられて、一部を除いて2009（平成21）年4月から施行されている（詳細は、第4節「2　児童福祉法の改正の流れ」を参照）。

　児童虐待防止法の2007（平成19）年5月の改正では、児童虐待対策の強化を図るとし、①児童の安全確認等のための立入調査の権限強化、②保護者に

対する面会・通信等の制限強化、③保護者に対する指導に従わない場合の措置の明確化等を掲げ、2008（同20）年4月から施行された（詳細は、第4節「1　児童虐待の防止等に関する法律の改正の流れ」を参照）。

3 ── 児童の社会的養護体系づくりの法・施策・提言等

1　「次世代育成支援対策推進法」と「少子化社会対策基本法」

「次世代育成支援対策推進法」は少子化対策の基盤となるもので、「子どもを育成」し、「育成しようとする家庭に対する支援」の「環境整備」に取り組むとしている。これによってすべての都道府県、市町村および従業員100人以上の企業等が関係7大臣の連名によって告示された「行動計画策定指針」に即して行動計画を策定すること、一般の子育て支援はもとより児童虐待等の要保護児童やその家族へも対応できる取り組みが期待されている。

「少子化社会対策基本法」は、少子化に対処するための施策について国、地方公共団体、事業主の責務を明文化し、基本的施策として雇用環境の整備や経済的負担の軽減等8分野にわたる施策を講ずることとしている。

これに基づき、「少子化社会対策大綱」が2004（平成16）年6月に閣議決定している。大綱策定の目的のなかで少子化の進行によって「子どもにとって健全に育ちにくい社会」となっているが、「こうした現実に対する危機感が社会で十分共有されてきたとはいえない。次代を託す新たな生命が育ちにくくなっており、虐待なども起きている現状を社会全体の問題として真摯に受け止め、子どもが健康に育つ社会、子どもを生み、育てることに喜びを感じることができる社会へ転換することが喫緊の課題」であり、「少子化の流れを変えるための施策を強力に推進する」としている。ここで重点課題に取り組む当面の具体的行動を28項目掲げている。その大きな項目としては、①若者の自立とたくましい子どもの育ち、②仕事と家庭の両立支援と働き方の見直し、③生命の大切さ、家庭の役割等についての理解、④子育ての新たな支え合いと連携となっており、ここで児童虐待防止対策、要支援家庭への支援、妊娠・出産への支援等も盛り込まれている。

2　「児童養護施設近未来像Ⅱ」と児童の社会的養護体系

2003（平成15）年4月、全国児童養護施設協議会が「児童養護施設近未来像Ⅱ」を発表した。ここで特徴的な点をあげてみる。

1つには、現行の入所型社会的養護サービスからケアの個別化とケア単位

*1 地域小規模児童養護施設
児童養護施設に入所し、被虐待児や長期にわたり家庭復帰が見込めない子どもを、地域のなかの家庭的な環境のもとで生活体験を積むことによって社会的自立を促進するための施設である。その定員は本体施設と別で6人とし、2000（平成12）年度より実施している。国の2004（同16）年度予算では全国で100か所を計上している。

の小規模化、そして地域化の重要性を強調している。先駆けて国が2000（平成12）年度から地域小規模児童養護施設*1を創設したことは、今後の児童の社会的養護体系の方向性を示唆していたものといえる。

2つめには、生活と治療の有機的連携である。児童養護施設は家庭環境を奪われた子どもの社会的受け皿であり、子どもの育ちはこの生活の総合性のうちにあると確認しなければならない。しかし同時に、特に虐待を受けた子どもの場合、虐待のメカニズムを理解した対応、子どもの心性に応じた治療的対応が必要になってくる。現在一定条件下で児童養護施設に心理療法担当職員が配置されていて、その有機的連携の実効性が期待されている。治療施設には情緒障害児短期治療施設があるが、全国にまだ30か所ほどしかなく、厚生労働省は各都道府県に設置を求めているところである。治療機関としては児童精神科や心理治療クリニック等があり、通院や必要であれば入院治療を視野に入れた援助が想定される。しかし、あまりにも絶対数が少ない。医師等の専門家の数や治療施設・機関の充実が求められる。

3つめに、児童養護施設以外の社会的養護体系間の連携である。社会的養護の施設の他に、特に里親制度とのパートナーシップやフォローアップも重要な位置づけとしている。また、訪問・通所型社会的養護サービスの改革を提言し、児童養護施設もその担い手として期待されるとしている。

これが次の社会保障審議会児童部会での論議に大きく反映されることとなった。

3 「社会的養護体制の充実を図るための方策について」社会保障審議会児童部会の報告から

前節で述べたように、虐待防止等の専門委員会と社会的養護の専門委員会の報告を受けて、本体の児童部会が報告書を提出したのが2003（平成15）年11月である。ここでは、児童虐待を軸に据えながら今後の新たな児童の社会的養護の体系の方向性を提言している。

さらにその後、社会保障審議会児童部会社会的養護専門委員会が2007（平成19）年11月に報告書を提出している。ここではさらに踏み込んで体制整備のための具体策を提案している。

以下、2本の報告書の要点を概説する。

●社会保障審議会児童部会報告書（2003（平成15）年11月）
「児童虐待への対応など要保護児童及び要支援家庭に対する支援のあり方に関する当面の見直しの方向性について」
①今後の児童虐待防止対策のあり方では、発生予防から虐待を受けた子どもの自立に至るまでの切れ目のない支援、家族再統合を目指した支援、市町

第3章 新たな児童の社会的養護の体系

　　村の虐待防止ネットワークの取り組みをするとしている。
②今後の都道府県・市町村の役割、児童相談所のあり方では、市町村の児童相談のあり方や児童相談所の機能や職員の配置等にも言及している。
③今後の児童の社会的養護のあり方では、家庭的養護、施設養護のあり方、年長の子どもや青年に対する自立支援、社会的養護の質の向上などもあげている。

●社会保障審議会児童部会社会的養護専門委員会報告書（2007（平成19）年11月）

　2007（平成19）年11月提出の報告書は、「社会的養護体制の充実を図るための方策について」としている。その「基本的考え方」では、「社会的養護を必要とする子どもの数の増加」、「虐待等子どもの抱える背景の多様化」等が指摘されるなか、現行の児童の社会的養護体制の質・量が不足していること、わが国の家族政策関連支出は諸外国と比較して低いことにふれたうえで、児童の社会的養護体制の拡充について、社会的資源の投入等具体的な対応策について提案している。

　「社会的養護体制の拡充のための具体策」の、「1．子どもの状態に応じた支援体制の見直し」では、「(1)家庭的養護の拡充」として「①里親制度の拡充」で、「養育里親」と「養子縁組里親」と区別する、里親ファミリーホーム、養育里親の里親手当の増額、里親支援機関の創設等を掲げている。ほかにも「②小規模グループ形態の住居による新たな養育制度の創設」「③施設におけるケア単位の小規模化等家庭的養護の推進」などをあげている。「(2)施設機能の見直し」では、「現在施設内で行われているケアの現状を詳細に調査・分析し、その結果を十分にふまえて、ケアのあり方とこれに必要な人員配置や措置費の算定のあり方について検討する必要がある」としている。

　次に「2．社会的養護に関する関係機関等の役割分担と機能強化及び地域ネットワークの確立」では「(1)児童相談所のアセスメント機能等の強化、(2)家庭支援機能の強化」に言及し、「3．自立援助ホームの見直し等自立支援施策の拡充」「4．人材確保のための仕組みの拡充」では「(2)基幹的職員（スーパーバイザー）の配置」に言及している。

　さらに、「5．措置された子どもの権利擁護の強化とケアの質の確保のための方策」では、「(1)措置された子どもの権利擁護を図るための体制整備」として、「措置された子どもが都道府県児童福祉審議会に対し意見を述べること」等の仕組みを整備する、「(3)施設内虐待等に対する対応」では職員や里親による虐待だけでなく、子ども同士の行為も、職員等が放置した場合も虐待（ネグレクト）として位置づける、「施設内虐待等を受けた子どもが、

都道府県」等に届け出ることができるようにする、職員等の通告義務等の対策を講じる必要があるとしている。

最後に「6．社会的養護体制の計画的な整備」では、都道府県が計画を作成し、これを公表することとし、国はそのための基本指針を作成する必要がある、としている。

4 ── 児童虐待防止法・児童福祉法の改正の流れ

1　児童虐待の防止等に関する法律の改正の流れ

児童虐待の防止等に関する法律（児童虐待防止法）が2000（平成12）年に成立・施行されて国民的関心が高まったことは事実であるが、児童相談所等の実務や子育て支援の制度的課題も明らかになってきた。そこで3年後の見直しを受けて、2004（同16）年4月に児童虐待防止法が改正された。

さらにその後の児童虐待をめぐる状況や先の改正法附則をふまえ、児童虐待防止対策の強化を図る観点から、2007（平成19）年5月に改正法が成立、翌年4月から施行することとなった。

(1)　2004（平成16）年改正の概要
①児童虐待の定義の見直しでは、同居人による児童虐待も児童虐待に含まれる、DV[*2]も心理的外傷を与えるとして児童虐待に含まれるとしている（法第2条関係）
②児童虐待の予防及び早期発見から児童虐待を受けた子どもの自立の支援まで、国及び地方公共団体の責務を強化した（法第4条関係）
③児童虐待を「受けたと思われる」子どもを通告義務の対象とし、その範囲を拡大している（法第6条関係）
④警察署長に対する援助要請（法第10条関係）
⑤面会・通信制限規定の整備の規定（法第12条の2関係）
⑥児童虐待を受けたために学業が遅れた子どもへの施策、進学・就職の際の支援を規定するものとするとしている（法第13条の2関係）

(2)　2007（平成19）年改正の概要
①目的（法第1条関係）
この法律の目的として、「児童の権利利益の擁護に資すること」を明記した。
②国及び地方公共団体の責務等（法第4条関係）

*2　ドメスティック・バイオレンス（DV）
女性に対する配偶者からの暴力の問題は、近年深刻な社会問題となって、2001（平成13）年4月、「配偶者からの暴力の防止及び被害者の保護に関する法律」（DV防止法）が成立した。同法は配偶者からの暴力の防止と被害者である女性の保護を目的とし、2004（同16）年6月一部を改正している。配偶者からの暴力は重大な人権侵害であり、その定義も心身に有害な影響を及ぼす言動にも拡大し、家庭裁判所は被害者の申し立てによって、接近禁止や退去命令もできることとしている。

・児童虐待を受けた子どもに対して「医療の提供体制の整備」を加えた。
・「児童虐待を受けた児童がその心身に著しく重大な被害を受けた事例の分析」を加えた。
・親権を行う者は、「できる限り児童の利益を尊重するよう努めなければならない」ものとされた。

③安全確認義務（法第8条関係）
・福祉事務所や児童相談所の長による安全確認が努力義務から安全確認のために必要な措置を講ずることを義務化するものとした。
・福祉事務所の長は、立入調査、一時保護等の実施が適当とした時、都道府県知事又は児童相談所長に通知することとした。

④出頭要求（法第8条の2関係）
・都道府県知事は、児童虐待が行われているおそれがあると認められた時は、保護者に対して児童を同伴しての出頭を求めることができる。
・出頭の求めに応じない場合、立入調査その他の必要な措置を講ずるものとされた。

⑤再出頭要求（法第9条の2関係）
・都道府県知事は、出頭要求を拒み、妨げ、忌避した場合、児童虐待が行われているおそれがあると認められた時は再出頭を求めることができる。

⑥臨検・捜索等（法第9条の3から法第10条の6まで関係）
・再出頭要求を拒否した場合、裁判官の許可状により児童相談所職員等に居所に臨検させ、子どもを捜索させることができるとしている。

⑦保護者への指導（法第11条関係）
・児童虐待を行った保護者が指導・勧告に従わない場合は、一時保護、強制入所、親権喪失宣告の請求を行うものとした。

⑧面会等の制限（法第12条から法第12条の4までおよび法17条関係）
・同意にもとづく施設入所でも面会及び通信を制限することができるとした。
・この命令の違反につき、罰則を設けるものとした。

⑨都道府県児童福祉審議会等への報告（法第13条の4関係）
・都道府県知事は、都道府県児童福祉審議会等に、立入調査、臨検・捜索、一時保護の実施状況等を報告しなければならないとした。

(3) 改正の問題点と課題

　ここで「児童虐待の防止等に関する法律」の一部改正の問題点と課題について考えてみる。
①第6条の通告において、「児童虐待を受けたと思われる児童」を対象とし

ていてそれだけ安全が確保されることになるが、一方では、通告された側の疑心暗鬼がつのったり、通告を受けた相談機関が曖昧な通告にどのくらい速やかな対応ができるかどうか、難しい業務が課せられることになりかねない。

②児童虐待防止法を直線的にすすめようとしたとき、その名称からも取り締まり的、管理的になりがちである。仮に加害者であっても基本的人権を侵害してもいいということにはならない。2007（平成19）年改正は「児童虐待防止対策のさらなる強化」といえる。「臨検・捜索」は警察権力を想起させる。児童相談所は権限の強化がなされる一方、保護者や子どもへの支援・援助が十分保障されなければならない、この一見矛盾する機能をどのように統合していくのか、現場職員の悩みは尽きない。

③この法で児童福祉関係者の職務はさらに広がり、責任は重くなってきた。特に児童の社会的養護体系の施設や機関が適切に対応していくには、児童福祉施設最低基準の改善や体制整備が早急に図られなければならない。

2　児童福祉法の改正の流れ

「次世代育成支援対策推進法」や「少子化社会対策基本法」を受けて次世代育成支援対策を推進するため、児童虐待防止対策等の充実・強化と新たな小児慢性特定疾患対策の確立等の措置を講ずるとして児童福祉法の一部改正案を国会に提出し、2004（平成16）年12月3日公布となった。

その後児童虐待防止法の改正等と連動させながら、児童の社会的養護関連の施策がすすめられてきたが、社会保障審議会児童部会社会的養護専門委員会報告書（2007（平成19）年11月）（51ページ参照）が提案され、2008（同20）年11月、「児童福祉法等の一部を改正する法律」の成立、翌年2009（同21）年4月1日からの施行となった。

(1)　2004（平成16）年改正の概要

①児童虐待防止対策における児童相談に関する体制の充実
・児童相談に関し市町村が担う役割を法律上明確化するとともに、児童相談所の役割を要保護性の高い困難な事例への対応や市町村に対する後方支援に重点化するとしている（法第10・11・12条関係）。
・要保護児童対策地域協議会を設置できることとするとともに、その運営に関し必要な規定を整備することとした（法第25条の2・5関係）。

②児童福祉施設、里親等の見直し
・乳児院と児童福祉施設の入所児童の年齢要件の緩和等（法第37条および41

- 条関係)。
- 児童福祉施設及び児童自立生活援助事業（自立援助ホーム）の業務として、退所した児童に対する相談その他の援助を位置づけることとしている（法第6条の2第1項関係）。

③要保護児童に関する司法関与の見直し
- 家庭裁判所の承認を得て行う児童福祉施設への入所措置について、有期限化する。（法第28条第2項関係）・児童相談所長の親権喪失請求権を18歳以上の未成年まで拡大すること。（法第33条の7関係）

(2) 2008年（平成20）年改正の概要

1 児童福祉法の一部改正①（子育て支援事業）
　(1) 子育て支援事業を法律上位置づけ（2009（平成21）年4月施行）
　(2) 家庭的保育事業を法律上位置づけ（2010（平成22）年4月施行）

2 児童福祉法の一部改正②（社会的養護関係）
　(1) 里親制度の改正（2009（平成21）年1月施行）
　・養子縁組を前提とした里親と養育里親を区別し、養育里親の要件について一定の研修を修めることとする等里親制度を見直す（法第6条の3関係）。
　(2) 小規模住居型児童養育事業の創設（2009（平成21）年4月施行）
　・要保護児童の委託先として、養育者の住居で要保護児童を養育する事業（ファミリーホーム）を創設する（法第6条の2第8項関係）。
　(3) 要保護児童対策地域協議会の機能強化（2009（平成21）年4月施行）
　・要保護児童対策地域協議会の協議対象を、養育支援が特に必要である児童やその保護者、妊婦に拡大するほか、要保護児童対策調整機関に、一定の要件を満たす者を置く努力義務を課す（法第25条の2関係）。
　(4) 家庭支援機能の強化（2009（平成21）年4月施行）
　・児童家庭支援センターについて、児童福祉施設への附置要件が削除され（法第44条の2関係）、一定の要件を満たす医療機関やNPO等、地域で相談支援を行う機関が児童家庭支援センターになることを可能とする（法第26条の第1項2号関係に伴う児童福祉法施行規則の一部改正）。
　(5) 年長児の自立支援策の見直し（2009（平成21）年4月施行）
　・児童自立生活援助事業について、対象者の利用の申し込みに応じて提供するとともに、義務教育修了後の児童（18歳未満）のほか、20歳未満の支援を要する者を追加する等の見直しを行う（法第6条の2第1項関係、法第33条の6関係）。

(6) 施設内虐待（被措置児童等虐待）の防止（2009（平成21）年4月施行）
- 施設の長や職員、里親等が行う暴行、わいせつな行為、ネグレクトおよび心理的外傷を与える行為等を被措置児童等虐待と位置づける（法第33条の10関係）。
- 被措置児童等虐待を発見した者に通告義務を課すこと、被措置児童等虐待を受けた子どもが届出できること、通告や届出先に都道府県のほか都道府県児童福祉審議会を定める（法第33条の12関係）。
- 通告、届出があった場合の事実確認や保護、施設の立入調査、質問、勧告、業務停止等の都道府県や都道府県児童福祉審議会が講ずべき措置等を明確化する（法第33条の14関係）。

(7) その他（2010（平成22）年4月施行）
- 次世代育成支援対策推進法に基づく都道府県行動計画の社会的養護の提供体制に関する事項を記載事項として追加する（次世代育成支援対策推進法第7条第2項関係）。

(3) 改正の問題点と課題

①小規模住居型児童養育事業（ファミリーホーム）は家庭的養育環境の一つとして創設されたことは一定評価できるが、要保護児童の養育経験のある人材を登用するとしても、スタッフ数や養育の困難さを増す子どもの援助、独立家屋等、運営面からを考えても課題が多いといえる。現行の地域小規模児童養護施設、分園型グループホームは本園との協力関係はあるが運営面では十分ではない、ともに特にスタッフ数の増員をはじめ運営の充実を図ることが必要であろう。

②施設内虐待は、施設への専門性・倫理観が期待されているなかにあって、決してあってはならないことである。その対策は必要であるが職員や施設管理が先行して強化されることは避けたい。児童福祉施設最低基準の抜本的改善と児童福祉施設の原点、すなわち子どもや家族への援助方法の質と量の拡大と施設運営の民主化ができる対応を図ることが必要である。

5 ── これからの児童の社会的養護体系〜新たな構築を求めて〜

　以上の児童虐待防止法および児童福祉法の改正は、主に虐待対応にシフトしている。児童虐待防止法は児童福祉法の補完法として議員立法で制定されたが、ここにきて、政府提案の児童福祉法改正が成立し、虐待対応で相補するものとなった。すなわち、虐待を子どもの人権侵害と明記して、発生予防

と早期発見・早期対応、子どもの保護・自立支援、保護者指導等のステージがトータルな課題であると確認されて一定の改正がなされたものであり、児童福祉法はこれらのステージの予算化を含めた施策の充実と強化を図るものとなっていた。

1 市町村の児童相談支援体制の充実

　市町村の児童相談の役割を法定化し、従来の児童相談所は、要保護性が高くより専門性が高い困難事例に対応することと、市町村に対する後方支援を重点化するとし、児童福祉司の任用資格要件の見直し等専門性確保を図るとしているが、このことは、都道府県児童相談所と市町村児童相談の機関・部署の役割分担や実効性のある予防、初期対応のあり方が問われることとなる。これにより、児童相談は地域住民にとって、より身近なものになろうが、一方で市町村の力量も問われ、地方間格差が生じることにもなりかねない。子どもの人権侵害に対して国および地方公共団体の責務を十分に果たすよう強く求められる。

2 児童の社会的養護体系のこれから

　前節でも述べたとおり、これからの児童の社会的養護体系の保護・自立支援のステージではケアの小規模化と個別化、連続性を予算化し政策にのせつつあり、さらに今後の方向性を示すものとなっている。施設養護においては小規模グループケア、地域小規模児童養護施設、被虐待児個別対応職員、家庭支援専門相談員（ファミリーソーシャルワーカー）、心理療法担当職員、看護師の配置、自立援助ホーム等の拡充が図られてきた。

　さらに、里親の権限の明確化と家庭的養護の一形態のファミリーホームの新設では、ケアの連続性、パーマネンシー*3をどう保障していくか課題へ向けての大きなスタート地点から進みつつあるといえる。

　一方、児童虐待に関連して親権制度の見直しを求める声が高まってきているなか、法務省が2009（平成21）年6月「児童虐待防止のための親権制度研究会」を発足し、翌2010（同22）年1月、子どもを虐待した親の親権を家庭裁判所の審判によって一時的に制限する制度などの創設などを求める報告書をまとめた。これまでは親権喪失を宣告されるとすべての親権が失われるため、一時的制限により親子関係の修復が図れるとしている。法務省はこれを受けて法制審議会に諮問し、2011（同23）年の通常国会に提出したいとしている。

*3 パーマネンシー
永続的な家庭環境や大人（養育者）との関係性の保障。親子関係が分断された場合、子どもの発達にとって愛着関係をできるだけ早く形成して持続させることが必要となる。その場合、わが国では里親、養子縁組、未成年後見の制度等がある。

いずれにしても子どもの育ちの環境づくりは、社会・大人の責任である。子ども虐待やDVが急増しているということは、大人社会の歪みのあらわれである。少子高齢化がすすんで子どもたちは明日の時代を担わなければならない。しかしそのために、今の子どもを競争原理に組み込んだり、社会の一歯車として送り込むような発想は避けなければならない。あくまでも「子ども期」を豊かに過ごせる社会づくりが制度政策面から図られなければならない。その前提となるのがあくまで子どもの人権保障であることを確認し、子どもを真ん中に据えた議論からの児童の社会的養護体系の構築が望まれる。

【引用・参考文献】
1）全国児童養護施設協議会「子どもを未来とするために─児童養護施設の近未来像Ⅱ」2003年
2）社会保障審議会児童部会「児童虐待の防止等に関する専門委員会報告書」2003年
3）社会保障審議会児童部会「社会的養護のあり方に関する専門委員会報告書」2003年
4）社会保障審議会児童部会「児童虐待への対応など要保護児童および要支援家庭に対する支援のあり方に関する当面の見直しの方向性について」2003年
5）社会保障審議会児童部会社会的養護専門委員会報告書「社会的養護体制の充実を図るための方策について」2007年
6）厚生労働省雇用均等・児童家庭局家庭福祉課「全国児童福祉主管課長会議資料」2008年
7）厚生労働省雇用均等・児童家庭局総務課虐待対応室「全国児童福祉主管課長会議資料」2008年
8）厚生労働省雇用均等・児童家庭局家庭福祉課「社会的養護の現状と取り組みの方向性について」2009年

第4章 児童養護の理念と施設養護の原理・原則

1──要保護(養護)児童に対する社会的養護の基本的視点

1　ウェルビーイング[*1]（人権保障と自己実現）の視点

　要保護児童のための施策は、在宅での支援と施設による通所・入所による支援に分けられる。当然、他のサービスも併用する総合的な視点が重要である。つまり、地域の公的なそして民間の社会資源の活用を重視するとともに、児童福祉施設そのものが、地域の社会資源としての機能を発揮することが期待されている。

　特に、児童の権利に関する条約（以下、子どもの権利条約）が1989（平成元）年の第44回国際連合総会で採択され、わが国は1994（同6）年4月に批准して以降、児童福祉法大幅改正（1997（同9）年）により、児童の社会的養護の基本理念が「保護から自立支援へ」「ウェルフェアからウェルビーイング（人権保障と自己実現）へ」「児童福祉から児童家庭福祉へ」と大幅転換した。それを加速させる新たな国際的動向が、①国連・子どもの権利委員会「乳幼児期の子どもの権利」に関する一般的見解第7号（仮訳・2005年9月採択）と、②国連・障害者権利条約（2006年の第61回国連総会にて12月に採択され、日本政府も批准する意向）である。これまで障がいをもつ児童や、幼い児童を十分に権利保有者として考えてこなかった反省の上に、「乳幼児期の子どもの権利」で、「幼い子どもたちは、特別な保護措置を受ける資格とともに、その発達しつつある能力に応じて、次第にその権利を行使していく資格を持っている」と規定し、児童の権利条約が乳幼児期（出生から8歳までの期間）において全面的に適用されるべきであることを強調している。
　また、「国連・障害者権利条約」では、「すべての人に保障される人権が障害者にも等しく保障され、障害者の社会参加をすすめるための環境整備、インクルーシブ教育[*2]、虐待防止・差別禁止など」がうたわれている。その意味で、子どもの権利条約が「児童を権利行使の主体者」として明確にしたように、以下の視点で、施設養護の原理（原則）に位置づける必要がある。
①福祉の諸施策を求めることが児童の権利であることを、法律で具体的かつ

*1　ウェルビーイング
[well-being]
現代的ソーシャルサービスの理念として使われている用語。個人の権利や自己実現が保障され、身体的、精神的、社会的に良好な状態にあることを意味する概念である。生活保障や最低限度の生活保障のサービスのみでなく、人間的に豊かな生活の実現を支援し、人権を保障するための多様なサービスにより達成される。

*2　インクルーシブ教育
「万人のための教育」を推進していたユネスコが、1994年にスペインのサラマンカで開催した「特別なニーズ教育に関する世界会議」で採択された「サラマンカ宣言」でインクルーシブ教育の必要性が主張された。障がい児を含む特別な教育的ニーズをもつ子どもたちをはじめから分離したり排除してしまうのではなく、そうした子どもたちを包含（包括）できるように学校教育がカリキュラムや指導体制を改革することをめざす思想・実践。

個別に定めなければならない。そして、親とともに、国はその援助の責務を果たさなければならない。
②児童がその人格の完全かつ調和のとれた発達のため、児童の生活全般にわたって「児童の最善の利益」が尊重される豊富な権利が保障されなければならない。
③児童の意見表明権（施設選択権、養護請求権を含む）の尊重を児童福祉の分野に位置づけ、それも、その児童の意見は、その児童の年齢および成熟度に従って相応に考慮して保障されなければならない。
④家庭を児童の成長発達の基礎的集団と位置づけ、「児童の福祉は家族の福祉から」という視点に立ち、家庭に対する援助をすることによって生存権・教育権・幸福追求権などの児童の権利が保障されなければならない。

2　乳幼児・障がい児への特別支援の視点

　障がいをもつ児童や、乳幼児の権利行使能力（家庭、地域および社会の一員としての）を尊重することは見過ごされ、あるいはその年齢や未熟性、障がい（理解、コミュニケーション、移動、選択の能力など）を理由に拒否されてきた。そして、家庭ではその力を発揮できず、社会ではその声も姿もほとんど無視されてきた。障がいをもっていても、乳幼児であっても、権利の保有者として自分の思いを表す資格をもっており、それは「児童の年齢および成熟度に従って相応に考慮される（権利条約第12条第1項）」べきである。つまり、障がいをもつ児童や乳幼児は、なぜそうした逆境におかれるのかを理解する力が弱く、自分の健康あるいは身体、心理、精神、道徳性、社会性の発達に弊害を及ぼす力への抵抗力が弱い。それだけに、障がいをもつ児童や、乳幼児が、あらゆる法的な手続きにおいて、児童の利益のために行動する者によって、その児童のために代弁してもらうことができるよう、また、児童がその意見や選択を表明することができる場合はすべて、これを聴いてもらうことができるよう、そのための条件を整備することが求められる。

3　次世代育成支援対策と児童の社会的養護の視点

　次世代の子どもを育てるための活動展開の基本理念と対策を図るための次世代育成支援対策推進法（2003（平成15）年）が策定され、国・地方自治体・事業主等が三位一体で取り組むことが求められる。その行動計画（前期を平成17〜21年度、後期を平成22〜26年度とする10か年の時限立法）には、行動計画策定指針によれば、①地域における子育ての支援、②母性並びに乳児及び幼児等の健康の確保及び増進、③子どもの心身の健やかな成長に資する教

育環境の整備、④子育てを支援する生活環境の整備、⑤職業生活と家庭生活との両立の推進等、⑥子ども等の安全の確保、⑦要保護児童への対応などきめ細かな取組の推進が謳われている。子どもの健全育成・子ども家庭福祉を一体的にとらえ、次世代育成支援対策地域協議会、子どもを守る地域ネットワーク（要保護児童対策地域協議会）を基底とする要支援・要保護児童家庭対策、社会的養護体制の整備に向けた準備が始まっている。

「⑦要保護児童への対応などきめ細かな取組の推進」についての概要は次の通りである。

要保護児童への対応などきめ細かな取組の推進

ア　児童虐待防止対策の充実

　児童虐待を防止し、すべての児童の健全な心身の成長、ひいては社会的自立を促していくためには、発生予防から早期発見・早期対応、保護・支援に至るまでの切れ目のない総合的な支援を講ずる必要がある。また、特に児童虐待による深刻な被害や死亡事例が生じることはあってはならないとの認識の下、福祉関係者のみならず、医療、保健、教育、警察等の関係機関を含めた地域全体で子どもを守る支援体制を構築し、相互に情報を共有することが必要である。

（ア）児童相談所の体制の強化
（イ）市町村や関係機関との役割分担及び連携の推進
（ウ）児童虐待による死亡事例等の重大事例の検証

イ　社会的養護体制の充実

（ア）家庭的養護の推進
（イ）施設機能の見直し（心理的ケアや治療を必要とする子どもに対する専門的なケアや自立支援に向けた取組、継続的・安定的な環境での支援の確保、ケア単位の小規模化とそこにおける家庭的な養護、子どものプライバシーに配慮した生活環境を整備する）
（ウ）家庭支援機能等の強化（家族再統合の推進、児童家庭支援センターの充実）
（エ）自立支援策の強化（自立援助ホームの設置、施設での指導、大学等進学者への支援）
（オ）人材確保のための仕組みの強化
（カ）子どもの権利擁護の強化（被措置児童等虐待に対する措置のほか、ケアの質の向上）

ウ　母子家庭等の自立支援の推進
エ　障害児施策の充実

特に、子ども家庭福祉をめぐる状況は、児童相談所における虐待相談件数が4万件超、市町村においても相談受付件数が5万件超など、家族問題は一層深刻化している。そのために、「子どもの育ちを社会全体が支える」「子どもの最善の利益を保障する」という観点で子ども家庭福祉、社会的養護の抜本的な改善（人的・環境的な最低基準の向上）と養育の質的向上を図ることが緊急の課題となっている。

2 ── 施設養護の基本原理（原則）

1 基本的人権の尊重と情緒安定性の原理
　―人間らしく生きることの原理、情緒安定性の原理―

　現実において児童の社会的養護を必要とする子どもの多くは、入所以前の家庭生活で、人権そのものが尊重されず、発達が歪められてきた経緯をもっている。

　その意味で、施設における主人公はあくまでも子どもであるという認識のうえに、施設養護を社会的子育て支援システムの一翼に位置づけ、以下に述べる養護理念、援助方針、自立支援・家族支援計画が立てられるべきである。

　同時に、施設生活は子どもにとって安心・安全な居場所であり、しかも、心のよりどころとなる生活環境（建物・居室・設備等）であり、人間的に成長・発達する場である。つまり、生きる力・意欲をはぐくむ自由な雰囲気と憩いの場が望まれる。それは、集団としての、仲間としての人間関係であり、それをサポートする親がわりとしての職員（人的環境）、それがしっかりと人間的に結ばれ、自由に何でも言い合える雰囲気など、施設の集団的特性を生かしつつ、常に「子どもの最善の利益」を第一とした援助が求められている。

(1) 子どもの欲求・意見表明・情報提供の保障
❶子どもの欲求・要求には適切に応じる

　欲求とは子どもの基本的・心理的・情緒的欲求のすべてをさし、適切に応じるとは、子どもの欲求（真の要求）を理解し受けとめ満たす努力行為をさしている。仮に満たしてあげられない場合であっても、その理由を子どもが納得できる形で説明することが大切である。

　子どもの欲求・要求に対して、「無視」「無条件拒否」という態度は厳に慎まねばならない。同時に、それぞれの子どもの事情に応じた個別的援助（一人ひとりの子どもの人生を育てる営み）が求められる。そのために、できる限り、生活規模を小集団化（グループホーム等）するとともに、個別的・情緒的人間関係を確保できる職員・勤務体制が可能なチーム規模にすることが求められる。

❷子どもには意見表明の自由と機会を設定する

　子どもが受ける施設サービスのすべてについて、自己の意見を自由に表明し、子ども自らの利益追求や生活の質の向上を求めることは子どもの権利行

第4章　児童養護の理念と施設養護の原理・原則

使行為として尊重する。この場合の意見とは、施設サービスに関する不平・不満・苦情も含まれる（養護請求権）。

❸入所するにあたり、子どもに必要な情報を提供する

　情報提供に際して、インフォームド・コンセント（安全・安心・納得）の考えに従い、子どもおよび保護者に納得できる十分な説明が求められる。生活ルールや約束（禁止・罰則行為など）についても同様である。

　特に、小学校高学年以上の子どもには、児童相談所での一時保護中に、入所に伴う不安材料に関して、権利ノートや施設要覧等を活用した説明や見学、入所予定施設職員との関係づくりも重視した対応を行う。

❹子どもへの援助方針・方法・経過などの情報は、本人および保護者の請求によって開示する

　子ども自身の安定と保護者の理解協力を得るうえで必要な情報は、開示する。特に、家族の情報や生育歴などについての個人の情報を知る権利は子ども自身のアイデンティティの確立に必要であり、子どもの発達、成熟度に応じた情報を開示することが求められる。ただし、子どもの利益を損なう情報であったり、家族の子どもに知られたくない情報も含まれており、情報の管理には慎重な対応が求められる。

(2)　不当な取り扱いからの保護

❶子どもを一切の差別や偏見から守る

　入所児童は一切の偏見や差別を受けることなく、適切な施設援助を受けることと、社会関係のなかで発生するかもしれない偏見、差別に対して子どもを守るための努力をする。

❷子どもをあらゆる暴力・虐待・脅威・排斥・孤立・紛失の被害から守る

　施設内外にかかわらず、子どもが関係する人との間で生じる恐れのある暴力・虐待・脅威・排斥・孤立・紛失の被害者になることのないよう最大限配慮することであり、また、子どもが加害者になることのないように指導することである。

❸子どもを一切の体罰および粗野な扱い*3から守る

　体罰については、「体罰に関する厚生省通知」「児童福祉施設最低基準第9条の3」に準拠して解釈し、社会的に体罰として認められる一切の体罰を禁止する。また、子どもに問題が発生した場合、連帯責任として明らかに関係しない子どもがその責任を問われ、罰則を受けることも禁ずる。同様に、粗野（荒い言動・挙動、露骨で礼儀を欠く）な対応や扱いをすることも禁ずるものとし、職務規程に位置づける。

*3
不適切な養育全体をさし、「18歳未満の児童に対する、大人あるいは、行為の適否に関する判断の可能な年齢の児童（およそ15歳以上）による①身体的暴力、②不当な扱い、③明らかに不適切な養育、④事故防止への配慮の欠如、⑤言葉による脅かし、⑥性的行為の強要などによって、明らかに危険が予測されたり、児童が苦痛を受けたり、明らかに心身の問題が生じているような状態」を意味する。通常、「マルトリートメント（不適切なかかわり）」という。

❹子どもの叱責にあたっては子どもの説明を先に求める

　子どもの弁解の機会を保障し、理由も聞かずに（状況も確かめず）一方的な思い込みで叱責することがないようにする。

❺子どもの呼称については子どもの希望に基づくものとする

　子どもが成長するにあたって、呼称も成長に応じた形で選択されるものであるから、子どもの希望を適宜確認し対応する。

2　集団と個の統一的原理
　—個性の尊重、育ち合うこと—

　児童の社会的養護の中心を担っている児童養護施設では、子どもたちに対する24時間365日にわたる全生活領域（基本的生活・遊び・学習・労働など）と、乳幼児から青年期までを展望した発達保障のための養護理論に基づいた具体的実践がなされなければならない。また、子ども集団の年齢差が大きく（1歳から18歳、場合によっては20歳まで）、家庭崩壊の状況に応じた短期養護から長期養護（16～17年に及ぶ場合もある）に至る子ども個々の発達や情緒・能力の違いに応える養護（生活・治療教育）でなければならない。

　いずれにしても、子どもの将来を左右する貴重で大事な時期を過ごす子どもたちの生活の場であり、上記の施設養護の原理・原則に基づく実践的対応が求められている。

　同時に、施設生活が子どもにとって安心・安全な居場所となり、情緒の安定が図られるべきである。そのなかで、施設の集団的特性を生かしつつ、常に「子どもの最善の利益」を第一とした援助が求められている。

(1)　施設集団養護における実践的対応

❶安全・安心・納得できる生活づくり、個別援助の実践活動を行う

　子どもと職員との人間関係（愛着関係・愛情関係・信頼関係）がしっかり結ばれ、子ども同士も真に仲間意識で結ばれた共感的人間関係（絆の形成）を基礎に「ここが自らの生活をする場所」という「安全・安心・納得（インフォームド・コンセント）」できる生活づくり、個別援助の実践活動を行う。

❷話し合いづくり、生活集団づくりを大切にする

　生きがいや目標（自らの進路選択・人生観）のある生活が、子どもの成長・発達に欠かせない自己主張や自己表現を生み出すとともに、抽象的・論理的思考能力や人権意識が育つ土壌、育ち合う施設生活づくりとなる。そのための話し合いづくり、生活集団づくり（リーダー養成、日課・行事、生活ルールづくりへの参加等）を大切にする。

❸**自己理解（肯定的自尊感情）の社会化を促す**

　社会参加のための社会規範、ルール、モラル、感性、意欲等の獲得には、集団生活での試行錯誤体験を通して低学年くらいまでは身近な大人（モデル）から学ぶことが多い。高齢児になるに従い、自分のなかのもう一人の自分を自覚したり演じたり、それとの対話や格闘を通して、自己理解の社会化が促される。そのために子どもの入所の背景にある生活問題、家族問題、社会不適応行動とも向き合い、乗り越えられる個別援助・自立支援が求められる。

(2) **個性・自主性の尊重（主体的選択、意見表明権）**
❶**子どもの発達・個性を正しく理解し尊重する**

　子どもの発達にふさわしい体験学習の機会を設定する。また、子どもの成長上の歪みや苦悩が投影された問題に対しても、問題児・処遇困難児としてとらえるのではなく、その行動特性・個性への配慮をし、その援助は画一的でなく、集団のなかの個に対する援助として大切にする。

❷**子どもの自主性を尊重する**

　施設生活全般における思考・判断・行動で、子どもの自主性、選択的自由を見守り、見届け、認めることを重んじる。その活動過程での経過や結果についての種々の配慮や責任についても子どもと話し合う。

❸**集団（仲間）を尊重し、自由な雰囲気と話し合いの場を大切にする**

　身近な自己の生活を振り返り、よかったこと、嫌なこと、したいこと、したくないこと、言いたいことなどを生活集団で話し合い、行事・日課などを、快適な暮らしの場にするとともに、精神的に落ち着ける人間関係・環境整備についても話し合う。

(3) **プライバシー・通信・名誉の保護**
❶**子どものプライバシー（個人的秘密）を尊重し守る**

　子どものプライバシーに関して、人間として可能な限り尊重することであり、住環境等の施設建物・設備条件はさまざまで、ただちに十分な配慮ができない場合であっても可能な限りの工夫・尊重することが求められる。

　また、職員として、業務上の守秘義務のみならず、子どもとの関係において生じた子どもの秘密事項と内容について、子どもの承諾なく他に漏らしてはならない。この場合の守秘すべきことは、入所している子どもへの援助に関して職員がチームアプローチするうえで必要となる引き継ぎ連絡であっても、職員集団として守秘することも含んでいる。

　さらに、子ども宛の手紙や日記などの無断閲覧・開封は厳に慎まねばなら

ない。
❷子どもの心境および出身文化を尊重する
　子どもの発達と能力に応じた思想・良心および信教の自由を尊重する。また、子どもの育った文化（出身文化）を認め、継続的に学習することについて配慮することが求められる。

3　生活支援と学習支援保障の原理（原則）
　　―子どもの最善の利益保障―

　施設入所している子どもの多くは、家庭生活が安定せず、基本的な生活リズムが崩れている。こうした子どもにとって、入所施設は単に一定期間生活するというものではなく、今後の自立した人生を生きていく基礎づくりの場である。虐待、放任等で傷ついた子どもの心を癒し、自分に自信のもてない子どもには能力の発見と伸長の場として、集団生活のなかでも個別的配慮が必要である。そのために、施設生活が地域内での家庭生活とかけ離れた生活・学習水準とならない配慮が必要である。ましてや、職員の勤務の都合で、施設日課や生活ルール等が決められることがあってはならない。

(1)　生活する権利
❶生活日課・生活ルールの設定および変更は子どもの意見を聴取して行う
　施設の生活日課や生活ルールは、子どもの健全な成長発達を保障するという観点から定める。施設は子どもにとって生活の場であり、子どもの最善の利益を考えた生活日課・ルールでなければならない。そのために、個別的・集団的な話し合いの場を大切にする。
❷行事・招待行事の参加は子どもの希望を尊重する
　行事は、子どものレクリエーションであったり、可能性の追求であったり、能力の伸長・施設生活の活性化の観点で計画する。招待行事の多くは体験の機会となるが、子どもの状況や興味をふまえ、子どもの希望を尊重する。
❸子どもにはできる限り住みよい生活環境を設定する
　家庭や親に代わる職員や子ども同士の明るく楽しい温かみのある生活環境を保つことが求められる。そのために、生活単位も食事や入浴などを一つの生活集団として適正な小規模化（地域小規模児童養護施設、分園型自活訓練事業等）の方向が求められる。
❹衣類は子どもの好みを尊重し、相談のうえ、適切に対応する
　子どもがTPO（time（時間）・place（場所）・occasion（場合））に合わせて服装を選択できる感性を育て、経済観念を確立する意味でも、子どもの

好み・センスで選び、購入する機会をもつことが求められる。
❺**金銭に関する指導は年齢・発達段階に応じて適切に行う**
　金銭感覚指導は、年齢・発達段階に応じて取り組むことが求められる。具体的には、小遣いの使用、小遣い帳の記入、貯蓄の体験、銀行口座のつくり方、物品購入等の体験機会の場を設ける。また、金銭貸借での無責任・失敗が社会的信用を失うおそれのあることに気づかせる指導も大切である。
❻**個人の私物の持ち込みについては相談のうえ、適切に対応する**
　子どもの持ち物は、一つひとつに大きな意味があったりする。子どもの宝物、思い出の品物という感情を理解したうえで私物の持ち込みの基準を設定すべきである。

(2) 健康・医療等の保障
❶**子どもにはあらゆる危険からの回避について学ぶ機会を設定する**
　人生上、遭遇が想定される危険について、回避することと、遭遇した場合の対処方法について学ぶ機会を子どもの発達段階に応じて設ける。
❷**子どもの健康を害する環境から守る**
　子どもが生活する施設内の居住空間（児童居室、娯楽室、食堂、図書室、グラウンド等）を子どもの身体・精神面で健康を害しない環境に保つとともに、薬物や喫煙の害から守る。性教育を含め、生命・健康についての正しい理解と知識を学ぶ機会を設ける。
❸**子どもには必要な医療・治療を受ける機会を提供する**
　病気等に対しては、早期発見・早期治療に努めることが前提であるが、子どもの心身の健康状況に応じて医療機関と連携し、子どもの健康回復と維持・増進に職員は日々最大の配慮を払う。特に、被虐待児・不登校児等への援助には細心の注意を払うことが求められる。
❹**子どもの嗜好について、子どもの意見を聴取し献立に反映させる**
　定期的に子どもに対して嗜好調査を実施し、食生活に対する知識の啓蒙を行うとともに、子どもに必要な栄養と安全な食材を確保する。

(3) 学習権・教育を受ける権利の保障
❶**子どもには能力に応じて学習する機会を等しく設定する**
　子どもの最善の利益を重んじ、子どものもつ能力を最大限に発揮できるよう働きかけ、学習する機会や環境（場と機会など）を整える努力をする。
❷**子どもには進路選択の自由とそのための学習の機会を設定する**
　進路選択に関しては子どもの能力・適性をふまえつつ、保護者の状況、本

人の決定（選択）を重んじる。

❸進路・進学援助

　子どもには、義務教育のみならず、高校教育あるいはそれに準ずる教育を受ける機会を保障する。希望によっては、大学教育等を受ける機会も保障し、そのための経済的・生活的支援は不可欠である。

4　親・家族関係の調整の原理
　　―家族関係再統合、家族とともに育ち合うことの原理―

　子どもの生命や身体の保護の最優先は子どもの権利条約で示されている通りであるが、虐待等のケースであっても、「自分が悪かったから…」など、家族との分離や喪失をおそれる問題、保護した後の発達や家庭復帰（家族再統合）・自立支援の課題と援助課題は山積している。児童福祉施設は、子どもへの「回復・発達」的視点に基づく専門的アプローチが求められている。そのために、心理療法担当職員（非常勤でよい）や被虐待児個別対応職員、家庭支援専門相談員の配置を進めているのである。

　同時に、保護者への援助にあたっては、懲罰的な意識をもたず、受容と保護者の置かれた状況への基本的理解をもとに、児童相談所などとの連携を強化しつつ、家族再統合に向けた取り組みが求められる。

(1)　愛情豊かに育てられる権利の保障

❶子どもには親子関係の継続と改善・回復のための援助をする（愛着・信頼関係の再形成）

　児童虐待などの親自身の問題を抱えているケース、親との死別や行方不明など、親子関係の学習困難なケースには、精神的な支えとなる里親を開拓するとか、基本的信頼感を築きやすいグループホーム、地域小規模児童養護施設も社会的養護の選択肢に入れる。

　子どもはその年齢に応じた健全な自尊感情と他者への基本的信頼感の確立を基礎として、社会生活のなかで他者を尊重しつつ自らの役割をつくり出す力や、衝動・ストレスを適切にコントロールし、自己の人生を真に自律的につくっていく力を身につけることが可能となる。その意味で、「特定の大人との愛着関係の形成ができる環境」の保障は子どもの健全な成長発達に必要不可欠である。

❷親の恣意的なふるまい（懲戒権の濫用・不適切なかかわり）から子どもを保護する

　親の気ままな態度に子どもが振り回されることのないように守られ、最善の方策が提供されなければならない。

❸子どもには一貫した施設ケアを推進する

　職員の異動や担当職員の変更が生じても、子どもが受けるケアの変化や情緒不安定な状況に陥らせないための配慮をする。

　施設入所に際してのアドミッションケア（施設入所前後）にはじまり、インケア（入所中）、リービングケア（社会生活準備）、アフターケア（施設退所後）に至るまでの一貫性のある個別的・集団的な援助方針（自立支援・家族援助計画等）に基づき実践する。

(2) 家族の尊重と家族関係調整（家族の再建）

❶入所理由と再統合の見通しについて理解を図る

　子どもは被害者でありながら、虐待行為を自責的に認識し、罰として親から引き離されたと解釈していることが多い。子どもにとって信頼できる大人が、子どもが悪いのではないことを説明し、施設に入所した理由を具体的に、わかりやすく、家族がどんなふうに変化したら家に戻れるのか、そのために親がどんな努力をしていくのかなどについて説明する。

❷トラウマからの回復を図る

　親に対するおびえなどのPTSD（心的外傷後ストレス障害）症状の軽減、虐待に対する認知の歪みの改善、対人関係の改善に向けて、子どもの年齢や問題状況、家庭の状況を総合的にとらえ、子どもや家族の意向を尊重し、家族との再統合に向けた家族支援計画を立案し実践する。必要に応じて、児童相談所や心理療法担当職員、家庭支援専門相談員等との連携を強化し、保護者に対する児童福祉司指導や治療等を計画的に実施する。

❸虐待の再発への対処方法を学ぶ

　在宅におけるサービス提供の場合はもとより、施設入所した場合にも、可能な限り養育への保護者の主体的な参加を求め、保護者との養育の協働を図る。そのために、手紙や電話、面会、一時帰宅など、親子の状況に応じた関係修復に向けた援助を行う。

　同時に、虐待が起こる前のサイン、虐待が起こったときの援助の求め方、一時的に避難する方法、トラブルに対する問題解決の仕方など、家に戻ったときに起こりうる危険への対処方法を家族と話し合い、その方法を学ぶ。

5 積極的社会参加促進の原理
　　─積極的社会参加への援助、自立支援保障の原則─

　多くの子どもは、自己の将来や退所後の家庭生活や社会生活に不安を抱きながら、施設生活を送っている。幼い子どもや障害児の場合は、自立につい

ての考えを言葉で率直に述べることが難しいケースもある。また、被虐待児童のケースにみられるように、そのトラウマゆえに対人関係や感情体験にさまざまな問題を抱える傾向にある。

「子どもが困って叫び声を発したときは、誰かが何らかの形で受け止めて、援助の手を差し伸べてくれる」といった「基本的信頼」を基礎に、根気強く、自己の将来に向けた話し合いが求められる。そのための家庭環境の現状や保護者の意向などの情報を開示し、子どもの判断材料として活用すべきである。また、将来の社会生活に戸惑わない社会生活体験も施設生活に取り入れることが求められる。具体的には、①基本的生活習慣の習得、②家庭生活の自立、③地域社会・学校生活の自立、④社会的人間関係の自立、⑤労働の自立、⑥経済生活の自立、⑦アイデンティティ（自己同一性）・性役割・自己実現の確立に向けた取り組みが求められる。

(1) 発達保障、自己実現保障

❶子どもには発達に応じた生活に必要な知識・生活技術を得る機会を設定する

児童福祉施設は家庭を代替・補完する生活の場であり、家庭生活に必要な知識・技術の習得は子どもの自立に不可欠なものである。この習得に関して、安心とくつろぎのなかで、楽しく生活できる場所（人、衣・食・住・遊生活）を提供することが求められる。

❷子どもには、個々の状況に応じたリービングケア（就職自立に向けた準備）を行う

子どもの自立を前提に、個々の年齢、状況、能力、希望に添って支援計画を策定し、自立に向けた支援を行う必要がある。これは施設から直接就職し社会参加する子どものみでなく、家庭復帰・参加する子どもでも配慮する。

❸退所した子どもにはアフターケア（退所後の社会生活においての相談援助）を行う

退所後の自立した社会生活上の生活援助は、最低限、子どもが成人に至るまで施設養護の一環として位置づけることが求められる。その後も施設に訪問あるいは相談しやすい雰囲気をつくり、相談援助の機会やトラブルにも速やかに対応できる職員体制を求める。

(2) 社会生活、社会的自立支援

❶子どもには、よき市民として要求される社会的規範を学び、習得する機会を設定する

自立した生活を営むために必要不可欠な社会的規範の習得は、各生活場面における子ども自身の言動のなかで奨励することや、改善すべきことを個々の年齢や性格・特性に合わせ、その都度、足らざるを補い、考え方や物の道理について理解していけるよう援助する。

❷子どもには良質な文化にふれる豊かな環境と機会を設定する

　子どもの精神的な安定や、人と人とのつながりをより感動的なものにするために、豊かな環境のなかで、余暇や遊びなど生活のなかの潤いとなる良質な文化にふれる機会を設定する。

❸子どもには望ましい社会関係形成に向けて援助する

　子どもが、社会の一員、また地域の住民として社会的活動（アルバイト、ボランティア等）に取り組めるように、学校の友だちとの交流の場、地域行事・社会体育等への参加の機会を提供することが求められる。

　また、退所時・後における施設サポート体制のみならず、失敗したり、つまずいたりしたときのサポート機関・システムに関する情報を提供したり、その関係づくりに配慮したアフターケアが求められる。

3 ── 施設養護実践における専門性の課題

　虐待を受け、施設に入所する子どもが増える一方、施設職員による虐待、つまり施設内虐待（被措置児童等虐待：詳細は第6章　103ページを参照）が増加している。施設内虐待は施設職員の絶対的な不足やその他制度的な問題に起因するのに加え、虐待を受けた子どもたちの呈するさまざまな問題行動に対応するケア技術の未熟がその一因となっている。施設内虐待が子どもに与えるダメージの大きさを考えるならば、施設内虐待を「職員倫理上の問題」のみでとらえるのではなく、制度面やケア技術の未熟として、また、専門的・集団的力量の欠如として早急に対応すべきである。

　特に今日の社会的養護は、安全性、相互の信頼や尊重を基盤とした長期にわたる愛着・愛情の継続性を確保できるよう、家庭養護（養子縁組など）あるいは家庭的養護（里親、地域小規模児童養護施設、小規模グループケア、小規模住居型児童養育事業など）に早期に措置・委託することが求められる。同時に、親がその児童に対する責任を最優先に果たすことができるよう、児童養護に内在する有害な離別、家庭崩壊とゆがみを減少させることを含め、親が自分の責任を遂行できるよう支援することが求められる。

1　地域での協働子育てシステムの構築

　多様・複雑化した福祉ニーズに対応すべき、家庭養育の代替的サービスとしての児童養護施設等への入所や里親委託、補完的サービスとしてのショートステイ、トワイライトステイ、ホームヘルプなどの訪問・通所型サービス、延長保育、休日保育、一時保育などの保育サービスや学童保育・育児支援な

どの一般子育て支援サービスなどを地域のなかで、連続性をもったサービス体系として構築し、提供する。

その基幹施設として、児童家庭支援センター、地域子育て支援センター、発達障害者支援センターをはじめ、福祉・教育・保健医療・司法などの関係機関のメンバーで構成する要保護児童対策地域協議会、児童虐待防止ネットワークでの有機的連携は不可欠である。

2 児童援助指針・自立支援計画策定に必要な職員研修の機会の確保

職員は、施設の基本的な運営方針や、援助方針・援助計画について、職員会議その他の場で自由に発言し、その決定・変更に関与する権利と義務を有する。そのためにも、援助内容の向上に向けた継続的な研修・学習の機会を保障する。さらに、常に職員集団のチームワークを重んじ、同僚に対して、相互援助、共同学習の姿勢を維持し、育ち合う職員集団づくりに努めることが求められる。そのために、2009（平成21）年度より加算配置が認められた。基幹的職員（スーパーバイザー）をエキスパートとして、自立支援計画の作成・進行管理、職員の指導等を行うことで施設職員の専門性の向上を図るとしている。

自立支援計画は、リービングケアからアフターケアまでを見据えた長期的支援に立って、子どもや家族に影響を与えるすべての要因についての情報を整理（事実と考察、時間的推移、関係性等）し、主訴の把握とともに、児童相談所との協働による策定が求められる。

特に、障がいをもつ児童や乳幼児に寄り添う仕事は、高度な資質をもった職員が一貫性・継続性ある支援をするために、その保育・養護・療育の価値が社会的に認められ、安定した経営・運営が可能な事業体へと発展させる必要がある。

3 職員チームによるケア水準の向上

被虐待や障がい・非行ボーダーなどの児童にみられる、過度の甘え、過敏反応、他の児童への暴力といった施設内の他児への影響が大きい集団生活不適応行動へのケアは、これまで保育士・児童指導員が中心になり担ってきた。しかし、児童養護問題の複雑化・多問題化に対応する職員の専門的・集団的力量が追い付かず、施設内虐待（被措置児童等虐待）が増えている。被虐待児等個別対応職員、家庭支援専門相談員、心理療法担当職員、基幹的職員（スーパーバイザー）等の導入（加算配置）に伴い、職種間連携（協働）による多問題家族への発達支援、自立支援、家族再統合支援が求められる。具体的に

は、他者との関係性を回復させることや、愛着障害を起こしている児童に必要なケースカンファレンス、自立支援計画の策定、その実践（短期的・中期的・長期的目標に向けた）や協働活動などが挙げられる。

4　第三者評価・苦情解決機関を設置し、積極的に活用する

　入所児童の権利擁護サービスの保障、良質なサービスの提供および質の向上に向けた第三者機関に評価を委ねることにより、社会からの信頼の獲得や公平性の確保を図る必要がある。ただし、サービス提供者としての自己評価・自己点検、利用者の意見・苦情を聴取できるシステムと連動しなければ、機能不全に陥る危険性がある。

　また、入所児の最善の利益を前提にした障がい児や幼児の声なき声を代弁できる職員姿勢・体制への配慮も求められる。

【参考文献】
1) 岐阜県児童福祉協議会ケア基準検討委員会「岐阜県版・児童養護施設援助指針」2000年
2) 北海道養護施設協議会「北海道養護施設ケア基準」1994年
3) 全国養護問題研究会「児童養護の実践指針（第3版）」1994年
4) 浅倉恵一・峰島厚編著『新・子どもの福祉と施設養護』ミネルヴァ書房　2004年
5) 厚生労働省雇用均等・児童家庭局家庭福祉課監『子どもの権利を擁護するために』日本児童福祉協会　2002年
6) 近畿弁護士連合会子どもの権利委員会基調報告書「施設で暮らす子どもたちの人権」2002年
7) 社会保障審議会児童部会「社会的養護のあり方に関する専門委員会報告書」2003年
8) 神戸賢次・喜多一憲編『三訂　演習・児童養護の内容』みらい　2010年
9) 児童自立支援対策研究会編『子ども・家族の自立を支援するために—子どもの自立支援ハンドブック—』㈶日本児童福祉協会　2005年
10) 児童自立支援計画研究会編『子ども・家族への支援計画を立てるために—子ども自立支援計画ガイドライン—』㈶日本児童福祉協会　2005年
11) 保育研究所編『保育の研究（No.21）』
12) 第8回国連障害者の権利条約特別委員会報告「国連・子どもの権利委員会による一般的見解第7号」「国連・障害者の権利条約（案）」㈶日本障害者リハビリテーション協会ホームページより
13) 第63回「全国児童養護施設長研究協議会」大会資料集　2009年

第5章 発達課題と児童養護

1——発達課題と養護のあり方

1　子どもの発達と養護

　養護は子ども一人ひとりの全人的理解を通して、その子に視座をおいた発達を保障するものでなければならない。発達とは外界に結びつく能力であり、受精の瞬間から死に至るまでの変化の連続をさす。特に子ども時代は生涯の発達基盤を築く重要な時期である。子どもは自己発揚する生命力をもつが、適切な時期に適切な環境が与えられない場合、その発達は阻害される。

　今日、子どもの人権は救貧的、恩恵的、最低保障的福祉観（ウェルフェア）ではなく、子どものウェルビーイング（よりよく生きること）を保障する福祉観によって護られている。すなわち、養護は彼らの衣食住の充足、生存や生活の保障にとどまるのではなく、子どもが子どもらしさを保ち、自らの潜在的な生命力や可能性を開花させ、生き生きと生活できる状態の、人間的自立による「自己実現」の保障、そして「子どもの最善の利益」にまでおよばなければならない。

2　自立支援と児童養護

　今日の児童養護施設は子どもの生活の保障のみならず、子どもおよび子どもの家族を含めた自立支援[*1]を目的としており、入所時から退所後に至るまでの自立支援の場となっている。子どもの年齢と発達段階に応じた生活の各場面での自立や家庭復帰、社会的な自立を支援するために、養育者は子どもの意向を聴きながら、また、子どもが自分にとっての自立が何かを実感できるように促しながら、さらには保護者の意向をも適切に配慮しながら、一人ひとりの子どもの自立を支援しなければならない。

　養育者は子どもの能力や小さな変化を把握し、退所後を見通した自立への援助を行うために、一般的な発達的特徴を理解しておくことが必要である。

---

*1　自立支援
自立支援とは平成10年厚生省児童家庭局長通知「児童養護施設等における児童福祉法等の一部を改正する法律の施行に係る留意点について」(3)児童養護施設において、「(前略)……自立の支援とは、施設内において入所児童の自立に向けた指導を行うことの他、入所児童の家庭環境の調整や退所後も必要に応じて助言等を行うこと等を通じ、入所児童の家庭復帰や社会的自立を支援することをいうものであり、児童養護施設においては、改正法の趣旨を踏まえ、こうした入所児童の自立の支援のための活動に積極的に取り組むべきものであること」としている。自立援助計画、児童養護施設については第8章参照。

3　発達段階と養護

(1)　乳児期

　児童福祉法では1歳未満を乳児と称するが、乳児院には乳児および幼児が入所している。心理学的には出生直後（新生児期を含めて）から初語や歩行が可能となる1歳から1歳半頃までを乳児期と呼んでいる。

　乳児期は頭部から尾部へ、中心から末端へ、一般から特殊性へと、発達の方向性を維持し、独歩、手指機能、喃語を獲得する。乳児が特定の養育者に能動的に働きかけ、愛着行動（吸せつ、叫喚、微笑、喃語、呼びかけ、後追い）を行って養護を誘発する。養育者がこれらにタイミングよく応答し快感をもたらせる、などのプロセスを経て、乳児は自分自身や自分を取り巻く環境に信頼感をもつようになる。しかし、この時期に情緒的接触や保護・養育を受けられなかった乳児は、外界に対する不信をもつため、健全な発達が阻止される[*2]。乳児期に築かれる基本的信頼感はその後の発達と適応に積極的な効果をもつため、できるかぎり特定養育者が保育し、乳児の欲求に応答をすることが大切である。

(2)　幼児期

　児童福祉法では1歳から小学校就学の始期に達するまでの子どもをさす。幼児期は特定の養育者から心理的に分離し個体化していく時期であるが、1歳半から2歳では分離への不安が強い。この不安は乳幼児の無気力、不適応の原因になり、就学時の学習能力にも反映する[*3]。子どもが安定した対象のイメージを特定できる状態（対象恒常性）になるまでは、特定の養育者の庇護のもとにあることが望ましい。乳児院から児童養護施設への移行時期は、その子の発達に応じたものでなければならない。

❶幼児期前期（1～2歳）

　この時期は随意運動が増加し、言語発達が高まり、排泄のコントロールをはじめ自分で行動を律する力が芽生える。「我慢」が可能になるため、「しつけ」の開始時期といえる。養育者から温かい支持があると自律は順調となるが、信頼関係がなかったり、しつけが過度に行われたりすると自分への恥や疑惑といった感情をもったり、好ましくない防衛機制をみせたりする。

　特に、これまで他人に対する安心感、安全感、信頼感をもてずに入所している子どもにとっては、人から温かく受け入れられ、甘えられる体験が必要である。しかし、養育者は安心感、信頼感を与えながら「しつけ」も実行しなければならない。「しつけ」が不全であると、健全な生活習慣が得られず、

[*2] たとえば、愛情遮断症候群［deprivation syndrome］（親からの母性愛や感情などが阻害されたり、不足したりすることで、ホルモン分泌が正常に機能しなくなるなどして、行動の障がいや無欲状態になるとともに、成長障害が認められると診断されたもの）もその一例。

[*3] たとえば、分離不安［separation anxiety］（分離に伴う強い不安のことで、乳幼児が母親など愛着対象に示す感情。過剰であると分離不安障害［separation anxiety disorders］を生じる）の強い1歳半頃の保育所入所児は年長、就学時点での社会性発達得点が低いという結果がある（黒田実郎「乳幼児の愛着行動と分離不安に関する研究」『乳幼児教育学研究』第1号　1992年）。

仲間とのかかわりがもてなくなるなど、本人の人格形成において不利益となる。たとえば、その子にできないことを「叱る」のではなく、できた部分を「ほめる」という工夫や、失敗に対して注意をした場合も、叱った理由が明確になるよう、しっかりとかかわりをもち、その失敗が本人の自立への自信につながるような働きかけをするなどの方法が考えられる。

❷幼児期後期（3〜6歳）

　自律性が確立し、情緒が安定していると自主性が身についてくる。身体的には片足立ちやでんぐり返りなどの粗大運動や丸から顔の絵がかけるなどの巧緻運動が向上し、身辺自立などの生活習慣の獲得がさらに進み、言葉によるコミュニケーションが盛んになる。自我の芽生えの象徴として「第一反抗期」を迎え、「いや」を連発する反面、心細い、依存していたいという「甘え心」との両極感情をもつ。「なぜ？　なに？」を連発する、いたずらをするなど、探求心、創造性も豊かになる反面、やりすぎに対する不安や罪悪感という感情も出てくる。

　施設では規則的な活動が多いため、許される範囲で、子どもが自主的に好きなことで喜びを体験できるよく遊べる環境をつくったり、意欲や自主性の乏しい子には、おやつ・遊び・服装などを自分で選ぶ機会を与えたりするなど、生活場面への配慮が必要である。

　幼児期に厳しすぎるしつけや虐待を受けた子どもは、言葉の発達や理解力が劣る、集中力がなく多動傾向が激しいなどの症状を示すことがある。その場合、乳児期に獲得するべき愛情の絆を特定養育者と結び直すこと、スキンシップ、抱っこなどを含めた愛情表現を多く提供することなどが有効になる。この行為はチック、夜尿、遺尿、かんしゃく、指しゃぶり、偏食など幼児期特有の問題行動にも有効である。

　第一反抗期とは別に、泣くこと、わめくことで要求を通そうとする子どももいる。これまで親などに言葉などでの要求を無視され続けていたことなどによる。養育者は子どもの気持ちを受けとめながらも冷静に対応し、たとえば、うまく表現できたときなどにそのことをしっかりとほめて要求に応じるなどで、その方法を学ばせることが大切である。

（3）　少年期

　児童福祉法では小学校就学の始期から満18歳に達するまでを少年期としている。ここでは小学生時代を児童期、中学生以降を青年期として分類する。

　児童期は、主に学校という新しい社会生活のなかで社会で生きるための人間関係、規範、趣味などを多様に獲得する時期である。読み書き、計算など

の知識や技能の学習を通じて勤勉性を身につけ、その結果を通じての有能感や劣等感などを意識していく。

青年期は自我に目覚める第2反抗期、性に目覚める第2次性徴の時期であり、これらによる精神的葛藤期を経て、自我同一性を確立する時期でもある。

❶児童期前期（小学校1〜2年生）

幼児期の自己中心的思考から脱却するための移行期である。大人との関係、友達との遊びのなかでの葛藤場面から、自己主張と自己抑制の仕方を訓練していく。また、優劣ではなく類似性や他者理解を見出すための比較が始まり、自分自身への関心が高まる。

❷児童期中・後期（小学校3〜6年生）

この時期は、連続的時間のなかから自分を意識でき、連続した過去と現在と将来の自分を対比したり、将来像を予想したりできるようになる。高学年になるとその対比が徐々に自分の内面に向けられる。

中学年は他人の役に立てることに自尊感情をもつ、練習して上達することに関心をもつなど、自主性から勤勉性が芽生える時期である。高学年には個性の差を認知でき、友人関係が確立し、男女意識も芽生えはじめる。心身ともに成熟しはじめ、大人社会の価値観に批判的になり、自分を信じ、案じてくれている身近な大人への反発、反抗が始まる。一方、今日では中学年頃の遊びにみられていた徒党集団がなくなり、攻撃性や耐性を身につける機会がもてなくなっている。こうした生活の変化は子ども同士の陰湿な「いじめ」や突発的な「攻撃」を生む原因の一つとも考えられている。

この時期に自主性をもてない子どもは学業が苦痛になり、勤勉でない自分の能力に失望したりする。養育者は本人に到達が可能な目標を示し、実行に対する賞賛を繰り返すなどで、成就感や「やる気」をもたせることが重要となる。学校の担任教員と相談し、子どもに適した学習課題を与えてもらうようにするなどの工夫も考えられる。

また、施設養護においては、入所の理由や家族の状態などを問う子どもも出てくる。子どものその気持ちを尊重し、真実を知らせることは重要であるが、年齢や成熟度によって本人が理解できなかったり、わかりたくない内容については誤解や曲解をすることもある。養育者は発達に応じてその子が正しく理解できる範囲の真実を伝え、将来、そのことを改めて話すことを約束し、理解力の高まる思春期頃にそれを実行するなどの配慮をする必要がある。

❸青年期前期（中学校1〜3年生）

身体的発達変化、すなわち第2次性徴の開始である「思春期」を迎え、心理的社会的変化が生じる。性的な変化については科学的知識をベースに人権

の視点から提供することが望ましい。養育者は子どもとのやりとりのなかで、異性の性的特徴や交際のマナーをはじめ、人が家族を形成し、育児や教育を行うことの意義、人生観や価値観、人生設計を展望した性教育ができるよう心がけることが大切である。

性的体験のうち、それが異性交遊である場合は、その子の心にあった寂しさや空虚さなどに共感しながら、自分への見通しをもたせる援助を行うこと、虐待の場合は、トラウマ*4による影響に配慮した対応などが大切である。

身体の変化に加えて、精神面でも衝動的な変化が生じる。自らの内面をみつめる目が形成され、自分自身を客観視できるとともに嫌悪感をもつようにもなる。自分はなぜここに存在しているのか、自分はなぜこの自分なのかなどといった自我意識や、他人の思考を対象に含めた自己中心性が生じる。

この時期の子どもは、大人に対して反抗を表明するが内心で感謝する、干渉を嫌うが放任に腹を立てるなど、自立と依存の両面感情をもつ。特に思春期は養育者に反発するため、その拒否的態度に振り回されず反抗の的役を務めるなど、気持ちにゆとりのある対応をすることが望ましい。また、関係の新しい子どもは大人の受容度を試そうと、挑発的に反抗する場合もあることを心得ておくべきである。

この時期には進路を確認するという課題が生じる。進路選択の主体は子どもにあるが、自分の進路を真剣に考え検討する力を培うためには、平素の生活で主体性や自己決定を発揮する場を提供したり、本人の個性や特技を認識させたり、それを助長できる環境を提供しておく必要がある。就職を希望する子どもには、個性や適性への配慮に加え、発達を阻害する職種を避けさせることが肝要である。また、学習意欲の乏しい子であってもできる限り進学を勧め、学業期間を自立への過程とみなすことが望ましい。

❹**青年期中期（高校1～3年生）**

この時期の青年は自分や社会、他人を理想化しやすく、それに伴わない現実に不満や葛藤をもつ。反抗はやや穏やかになるが、非難の対象は養育者に加え教師や大人全般となる。また、この批判は徐々に自らに向き、自己洞察ができるようになる。そして、人それぞれに境遇があることを認識し、比較から自己卑下をしたり、他者に責任を転嫁したりするべきではなく、唯一無二の自分は自己の責任で生きるべき存在であるということを「自覚」する力が発達してくる。

友人関係では「親友」ができ、身体的変化や恋愛の悩みを解決する仲となる。この時期の恋愛は自分本意であり、単に相手に映る自分を確認したい、寂寥感を穴埋めしたいということによるものが多い。異性への接近、接触欲、

---

*4 **トラウマ**
[trauma]
もともと身体医学における外傷の意味。精神医学においては心的な強い衝撃がその後も異物のように記憶にとどまり、苦痛を与え続ける現象をさす。本章第2節2(1)「心的外傷と養護」参照。

デートや性交体験が生じやすいため、養育者は包括的な視野からの教育的配慮や生活指導を行うべきである。

非行、暴力はうっぷん晴らしに行われやすい。罪悪感や加害者意識もなく集団ムードで、あるいは怒りや不満が抑制できずに衝動的・突発的に大事件を起こしたりする。養育者は問題行動の真意を理解し、行動を阻止するだけでなく、暴力によらない自己表現の方法を伝え、そのエネルギーを適切な方向に注がせることなどの援助が大切である。

❺青年期後期（18～20歳代）

この時期の青年は感情や抵抗を周囲にぶつけなくなるが、集団や個人にかかわる社会的権威に頼らないようになり、より高い倫理観に基づいた行動がもてるようになる。

一般にアイデンティティ（自我同一性*5）確立の時期とよばれ、「自分が何ものであるのか」「どのように生きたいのか」という生き方への意識を獲得していく。今日の複雑多様な社会においてはこの確立が難しく、モラトリアム*6（社会的責任の猶予）期の延長が問題視されている。

児童養護施設に入所している子どもたちは、特別な場合を除いてはすべて18歳未満であるため、退所後の彼らがこの時期に遭遇する。しかし、本人たちには退所に向けた自己決定がすでに強いられているため、モラトリアム的なゆとりはこの時期にない。青年期の中頃になると、養育者は個人の成熟度や将来的境遇に応じて社会的自立に向けての準備を開始させる*7。それはアルバイトなどによる社会体験や資金づくりであったり、家庭復帰に向けての心の整理と社会支援の把握であったりする。

退所直後、独立自立した場合は職員の眼や生活規則に解放され、自由を獲得したかのような錯覚をもつ。しかし、現実生活は常に社会的責任を伴うものであり、彼らにとっては予想以上に孤独で厳しいものとなる。なかには仕事や学業への厳しさに直面できず、無気力・自暴自棄となり退廃した生活を送ったり、ストレスを引き金に精神疾患が発症してしまう場合もある。また、家庭復帰した場合でも、理想とは異なる現実への幻滅や家族との折り合いの悪さから家出をしたり、反社会的行動に陥ったりすることもある。

このように退所後の彼らの生活には、彼らに理解をもって応対をしてくれる存在や、自分自身を取り戻せる安全・安心な場が必要といえる。その意味で施設は「どのような自分であっても、ありのままの自分を受け入れてくれる第2のふるさと」「相談ができる心の拠り所」として存在し、アフターケアを充実することが肝要となる。

*5
自我同一性［ego identity］の確立はエリクソン（Erikson,E.H.）の主要発達課題の一つである。エリクソンのいう同一性の概念には自分が独自であるという感覚だけではなく、他人とのつながりの感覚をも含んでいる。

*6 モラトリアム
［moratorium］
社会的責任の猶予：本来は経済学用語であり債務の支払を猶予すること、あるいはその猶予期間を意味する。エリクソンはこの言葉を青年期の特質を示すために用い、青年期を心理社会的モラトリアム［psychosocial moratorium］とよんだ。今日の社会では、身体面での成長を遂げるだけでなく、心理的、社会的にも成長し、種々の能力を発達させることによって、はじめて一人前の社会人としての役割を果たし、社会生活を送り得ると考えられ、社会的な責任や義務がある程度猶予されてよいという概念をもたらした。

*7
子どもが施設を退所する時期に（前後して）社会的な自立に必要な力を獲得するために受ける援助や体験をリービングケアとよぶ。リービングケアについては第8章参照。

●自立への支援とアフターケア

　児童福祉法には18歳、必要な場合には20歳という自立の期限がある。したがって、この時期には就職か進学の選択と生活場所の決定を行わなければならない。退所後の生活は自立援助ホーム（おおむね20歳まで）、住み込みや独立住居、家庭などである。施設ではこうした退所後の生活の場を子どもに想定させ、生活技術や社会性、心身の健康管理など、生活の自立ができるように配慮している。家庭復帰に際しては実際の家庭生活を理解させるためにも、退所までに数回は帰省等を体験させる。

　社会的自立につながる就職の指導に際しては、一般社会が個人の学力・学歴・健康などを採用の基準にする場合が多いこと、そのため、本人の基礎学力・基礎体力などの充実が、就職への選択肢を増やし、希望をかなえる手立てになることを認識させるべきである。また、養育者や相談機関が本人にかかわりをもちながら、就職先や労働条件、給与・福利厚生面に配慮する視点を身につけさせることも肝要となろう。

　最終的な自立とは単に就職や家庭復帰による退所などの社会的自立をさすのではく、本人の精神の充実や社会関係、仕事や生きがいなど自己実現の問題までを視野に見据えた「人間的自立」であるといえる。

　こうした自立は18歳では困難であり、また、入所児童の多くがもつトラウマの後遺症はこの時期までに解消できるほど容易なものではない。さらに、自立は常に依存・援助とともにあり、決して安定的なものとはいえない。その意味からも施設側のアフターケアは必須であり、退所後の配慮はその子の人生に重要な意味をもつことになる。

　なお、2004（平成16）年の児童福祉法の改正で、児童養護施設、自立援助ホーム等、児童福祉施設の業務として、「退所した者に対する相談その他の自立のための援助」（アフターケア）が明確化された。実際のところ、同年に各施設に配置されたファミリーソーシャルワーカーが退所後児童に対する生活相談を行っている。

　養育者は退所後のアフターケア体制を子どもに伝え、その後の関係のとり方を学ばせておくことが肝要である。施設が退所後児童の心の安定基地として、また、彼らの生涯を見守る家庭として彼らの心に存在していることが、彼らの人間的自立を支えることになるのである。

(4)　成人期

　安定的経験をして、充実と円熟へ向かう時期と考えられている。むら気やはね返り的言動の多い青年期に比べ、落ち着きの時代である。発達課題は他

人との密接な関係に入ること、すなわち仕事や配偶者を選択することであり、これがうまくいかない場合、孤立感に陥り情緒が不安定な時期となる。

結婚、配偶者の選択には家族関係、経済、社会面など、2人の決定だけでは済まず、困難が伴うこともある。また、本人自らの生育歴が結婚観や家庭像に反映することも少なくない。

職業については人格や行動様式、態度に影響を及ぼすものであるため、本人の特技が生かせる職種やその後の人格形成にふさわしい職種を選択させることが大切である。

子ども時代は、仕事についての職業的視野が狭く、就職に際して十分な情報をもたないまま安直に仕事を選択してしまう場合がある。また、就職後もつくりあげていた職業イメージと現実とのギャップを調整できないこと、職場での人間関係がうまくいかないこと等から、軽率に離職し次の就職に困難を来したり、転職を繰り返したりする。

そのため養育者は、退所後を見通して、社会生活について具体的なアドバイスを行う必要がある。たとえば、他人を敵・味方で区別しないこと、自分なりにストレスの解消方法をもつこと、就職の「参入の時期」は不適応な事態が生じやすく、これを乗り越えると職業人としての主体性や将来的基礎が獲得できること、自分の意志の確認も兼ねて、施設や信頼関係のある他者に近況報告をする習慣をもつようにすることなどの事項をあげることができる。

2 ── 要養護児童の発達課題の特徴

1　要養護児童と発達課題

今日の要養護児童の施設入所の背景には、貧困、保護者の死去など、戦後以来の問題よりも、家庭崩壊、離婚、虐待といった家族関係の問題による、非行傾向の子どもや発達障がい児などのボーダーライン層の入所が増えるなど子どもの社会性や情緒面の発達の問題が大きな課題となってきている。

入所後の子どもたちは施設の安定した生活によって、いたって健康的に発達し、子どもらしい自然な感情表現ができるようになる。しかし、これまでの不安定な環境のなかで萎縮していた感情が解放されたり、発達の遅れが顕著になったりする場合もある。たとえば、腹痛、頭痛が生じる、かんしゃくをおこす、人との関係がうまくとれない、自らのコントロールがきかない、固執する、意地になる、するべきことができない、などの問題行動については、そのとき、その場の出来事以外に真の原因のある場合が多い。

養育者は子どものこれまでの体験が心身反応や行動に投影されている場合のあることを認識し、専門家との連携をとりながら、発達と自立を促進できる適切な生活環境を提供しなければならない。

2　要養護児童と心的外傷

(1) 心的外傷と養護

心的外傷（トラウマ）とは、事件、事故、災害など、自我が対応できないほどの強い刺激あるいは打撃的な体験、急激な生活体験の変動、異常な生活体験によって引き起こされ、個人の心的体験にとって異常を来す感情体験をさす。入所児の多くは被虐待児[*8]であり、要養護児童の心的外傷は主に「虐待」によるものといえる。

過去には「ホスピタリズム（施設病）」が指摘されるなど、施設入所による心的ストレスが危惧された時代もあったが、今日の児童養護施設は、入所前に子どもが有していた心的外傷を回復させ、修復する役割を担っている。施設は、子どもに基本的な生活の基盤を提供することで安心感を与え安全を守り、集団処遇の活力を生かしながら、また、臨床心理士等の専門家との連携をとりながら、一人ひとりの子どもの回復を図っている。

養育者は、どのような子どもであっても、その子どもの潜在的な生命力を見出し、それに共感できる心、その子の健全性をより広げていく姿勢をもたなければならない。子どもをより理解するためにも、虐待による心的外傷やその影響、症状や問題行動を知っておくことが肝要である。

❶虐待による心的外傷

自我の未形成な発達初期に受けた虐待は特に重篤である。発達は愛着の対象となる親、あるいは特定の代理親との基本的信頼関係で促されるが、その対象から虐待を受けた場合、子どもは自他、環境すべてに不信感をもつようになる。その結果、発達が不全となったり、人との適切な距離のとり方や気持ちの表現の仕方に困難を来したり、被虐待的な関係を他者との間で再現する場合がある。また、自分が受けた虐待を我が子に再現するなどから、悪循環の連鎖を生み出す可能性もある。

●事例

> 綾香：実母にすてられて、祖母からの暴力、祖父からの性的虐待を受け続けた小学5年生の少女は自ら保護を求め、児童養護施設に入所したが全身の怒りを発散し続け担当職員に辞職願いを出させる状態までに至った。

[*8] たとえば、児童養護施設入所児童等調査結果（平成20年2月1日現在）（厚生労働省雇用均等・児童家庭局）によると、児童養護施設入所児童のうち53.4％が「虐待経験あり」であった。

> 前略・・・
> 「北沢は（綾香の）母親の聞き取りを口の中で復唱した。中学2年から卒業まで養護施設にいた。中卒で就職したと記されていたから、おそらく養護施設から巣立っていったのだろう。家には帰らずに。一体入所理由はなんだったのか。実母からの暴力？しかし、十数年前には虐待による入所はずっと少なかった。鯨尺で叩く程度では虐待とは認知されなかったであろう。では？頭のなかに暗い考えが揺れる。この（綾香の）祖父は実の孫に性的虐待をふるっている。だとしたら、実の娘に行ったとしても不思議でないのではないか。少女に対する性的虐待の多くは近親者によるものであり、そのなかでもっとも多い加害者が実父だ。それは繰り返し、長期にわたって続けられる。そして、そうした被害を受けた女性は、自傷行為、放浪、自殺、他人への攻撃。当然、男性との関わりもうまく持てない。不信、拒絶、怖れ、敵意、反対に恋愛への沈溺をみせ、男性遍歴を繰り返す人も多い。綾香の母親の行動はそう思えば納得がいく。北沢はいろいろな勉強会で、最近、問題になっている話題を思い起こす。それは「養護施設二世」と喚ばれている子供たちだ。養護施設出身の子供たちは結婚が早い。自分の家庭がほしい、暖かいぬくもりがほしい、家族がほしい、と望むのであろう。20前後、まだ収入も安定しないうちに、結婚して子供をもつ。しかし、援助してくれる親もなく、親戚もない。親にちゃんと子育てをしてもらっていないから、育て方もわからない。夫婦間がうまくいかなくなることも多い。そして途方にくれることになる。現在でもすでに二世は多く誕生している。このままでは三世を生み出すことになってしまう。養護施設関係者の間ではそうした不安の言葉がよく交わされる。「何とかしなくちゃ」北沢は思う。……中略……親から何度も捨てられた怒り、理不尽な暴力への怒り、誠実さのない大人への不信、不満、不安、寂しさ、そうした感情を爆発させているのだとしたらその感情はありのままの綾香だ。怒り、不機嫌にしている綾香は、自然体といってもいい。周囲の人間にとってはたいへんなことだが、綾香はいま、回復の途上にあるのかもしれない。」
> （「綾香」秋月菜央『虐待された子供たち』二見書房　2004年　pp.49－80より抜粋）

❷虐待のタイプによる影響の違い

虐待は児童虐待防止法[*9]によっておよそ4つの定義に分類されている。実際には複数の虐待が重なって生じるため弁別は難しいが、各タイプが及ぼしやすい影響を認知しておくことで子どもへの理解と対応を早められる。

> ＊9　児童虐待防止法
> 正式名称は「児童虐待の防止等に関する法律」。児童虐待防止法の流れについては第3章　52ページ参照。

①身体的虐待

身体的なショックを受けるため、恐怖感が根強く残り、強い刺激に対する脅え、感覚の麻痺、過覚醒による緊張状態、フラッシュバックの起こる可能性がある。具

体的には夜尿、遺尿、激しいかんしゃく、引きこもり、反抗、暴力、強迫的行動、過度の警戒心、多動、奇異な行動、学校での学習問題、生活を楽しむ能力の低下、低い自己評価、擬成熟行為（大人びた行動）などがみられる。

②ネグレクト（養育怠慢・放棄）

愛情剥奪による養育不全で正常な成長、発達が阻害される。また、強い愛着や甘えを表現し、愛情希求してみたり、反発し距離をおこうとしたりなどの行為を繰り返す。感情の極端な抑制、他者に共感する能力の低下、暴力、非行、一般の知能能力の低下（認知的刺激の欠如による）、多動、頑固、擬成熟などがみられる。

③心理的虐待

自尊感情の欠如が生じ、その反動としての怒り、恨みを根強くもつ。自分が傷つけられた言葉を他者に使用し傷つけたりもする。自己評価の低下（愛されていない、価値がないと思う）、自己破壊的行動（自傷）、抑鬱、他者の顔色をうかがう、激しい怒り、憎悪、攻撃性、孤立しやすい、不安や恐怖、多動や衝動性がみられる。

④性的虐待

虐待行為には自分にも責任があるという罪悪感をもっており、話すことに恐怖心を覚える。自尊感情が阻害され「自分は汚い、価値がない、どうなってもよい」という自虐的な感情になりやすい。同年齢の子どものなかで自分は別の存在だと思い、孤立無援感をもつ。恐怖、不安、憎悪、怒り、抑鬱など、学校での適応困難、家出や非行、集中力の低下、空想に浸ることの増加、身体への過度の関心、不適切な性行動、身体症状の訴えの増加など解離症状を呈することが多い。

❸子どもの心的外傷後ストレス障害（PTSD）症状

心的外傷後ストレス障害[*10]とは心的外傷により生じる一連の症状、侵入、麻痺、過覚醒を呈する症状である。しかし、子どもの症状には個人差があり多様である。たとえば、乳幼児・児童期には退行現象、イライラ、乱暴な言動、夜泣き、悪夢、睡眠障害、暗所恐怖、学校や友達への興味低下（登校しぶり）、集中力・成績の低下、身体症状（頭痛、腹痛）の執拗な訴え、物音への過剰反応などが、青年期には身体症状（頭痛、腰痛）、睡眠障害、食欲の変化、無責任、非協力、反抗的態度、集中力・成績の低下、引きこもり、友人の反応に過敏になる、などにあらわれる。

これらについては定期的に心理療法を受けさせるほか、生活のなかで養育者がゆとりと愛情ある対応をすることが有効になる。乳幼児・児童期には未来を明るく展望できるよう、子どもに多くの「楽しみ」を提供したり、青年期には自己肯定感や自尊感情がもてるように、興味ある活動などに積極的にかかわる機会をもたせたりする工夫などもその一つである。

これらのほか、日常生活や人間関係で障害となる症状、たとえば、重要な事件を思い出せない、覚えていない、ぼんやりと空想ばかりしている、気分

---

*10 心的外傷後ストレス障害

[PTSD：Post-Traumatic Stress Disorder] 本人もしくは近親者の生命や身体保全に対する重大な脅威となる心的外傷的な出来事に巻き込まれたことにより生じる障害で、外傷体験が反復的かつ侵入的に想起され、あたかも過去の外傷的な出来事が目の前で起こっているかのような苦痛に満ちた情動を伴う。錯覚（解離性フラッシュバック）、孤立感、睡眠障害、外傷体験に類似した状況時に生じる著しい過度の驚愕反応などの症状を特徴とする疾患である（表5－1参照）。

第5章　発達課題と児童養護

表5－1　子どものPTSD状況把握のチェックシート

子どもの氏名　　年齢　　　質問した日　　月　　日
事件・事故が生じた日　　　年　　月　　日　　　事件後の日数：
（実施に際しての注意事項）
1）症状が全く体験されていない場合は、空欄にしておきます。（＿　＿　＿）
2）ときどき症状が現れている場合には、1　に　×　を書きます。（×　＿　＿）
3）症状が頻繁に現れている場合は、1　と　2　に　×を書きます。（×　×　＿）
4）3　の　欄は、PTSDの状況変化についてです。

始めてこの調査を行うときは空欄。
・前回の調査以後、全く症状が消失した場合には（　0　）
・前回の調査以後、少し症状が改善した時は（　＋　）、とても改善した時は（　＋＋　）
・前回の調査以後、少し症状が悪化した時は（　－　）、とても悪化した時は（　＝　）
・前回の調査以後、症状に変化がない時は（　　）空欄にしておきます。

1	2	3	回答者は、以下の質問の症状を経験していますか？
			その出来事以来、ひどく落ち込んだり、悲しかったりする。
			その出来事のフラッシュバック（突然、場面が思い出す）がある。
			持病とは関係なく、吐き気がする。
			食欲の極端な低下や増加が続いている。
			突然、ぼーっとしたり、立ち尽くしたりしてしまう。
			予期しない場所（教室、街中など）で、急に泣き出してしまう。
			何も感じていないようで、悲しくないし、楽しくない。
			学校や家で宿題や仕事を仕上げる集中力が足りない。
			睡眠のパターン（眠る時間や頻度など）が変わったまま直らない。
			悪夢や突然目がさめてしまって、熟睡できない。
			事件以後、興奮状態が続いている（感情の浮き沈みが激しい）。
			何かに怯えたような極度の不安と神経質な様子がある。
			活気を極端に失ったり、慢性的にふらふらする感じがする。
			生活の中での楽しみを失っており、まるで「ただ動いているだけ」。
			ものごとの詳細を、思い出せない。
			時間や時刻の感覚が混乱している。
			急に息ぐるしくなる。
			「閉じ込められた」感覚や、人ごみから逃げ出したい気持ちがする。
			希望を失ってしまったり、将来が想像できない気持ち。
			つらいできごとを思い出すような話を極端にいやがる。
			外傷体験についての重要なことや詳細を思い出せない。
			同じ出来事について、極度の恥じや罪を意識を感じている。
			以前は楽しめた活動にまったく興味がなくなってしまった。
			自分ではコントロールできないようなものすごい怒りを感じる。
			つらい出来事のある瞬間を定期的におもいだしている。
			現在の状況に関係なく突然に気持ちが揺れてしまう。
			人と親密な関係になりにくい（親友、恋愛、家族、職場等）
			日常の決まった通常の生活に耐えがたい（学校、家庭、運転など）
			事件に関係するもの、場所、人への極端な恐怖心（ナイフ、車等）
			自分の考えや認識や行動が「へん」になってゆくような恐怖心。
症状の合計　（　　　）			ときどき　（　　）：変化なし（　　）悪化（　　）消失（　　） 頻繁にある（　　）：変化なし（　　）悪化（　　）消失（　　）

（copyright 1999/Max Swafford. M. Ed.　翻訳本田恵子Ed. D）

*11 解離症状
解離性障害〔dissociative disorder〕。通常の意識から自分の意識を切り離し、自分のアイデンティティ、記憶、観念、感覚あるいは知覚を意識から分離し、意識的に思い出したりできなくする精神的防衛機構。ショックな出来事の際の感覚やその記憶を切り離してしまい、まるで自分のこととは関係がないかのように意識化する行為。

*12 発達障がい
知的障がい、自閉性障がいを中心とする広汎性発達障がい、学習障がい、注意欠陥多動性障がい（ADHD）などの総称。視覚障がい、聴覚障がいおよび種々の慢性疾患を含む場合もあり、広範囲で包括的な概念である。児童養護施設入所児童等調査結果（平成20年2月1日現在）によると、児童養護施設入所児童の「障害等あり」の割合は23.4％であった。

*13 高機能広汎性発達障がい
〔High-functioning Pervasive Developmental Disorders〕
アスペルガー症候群、高機能自閉症、特定不能の高機能広汎性発達障がいに分類できる。知的には正常な能力を示すが、かかわり、こだわり、コミュニケーションの障がいという3つの障がいを併せ持った発達障がい。アスペルガー症候群と高機能自閉症は3歳までの二語文の有無などに相違があるが症状は類

や性格が日や時間により大きく変わる、幼児返りをする、自傷行為をする、一人で誰かと話している、空想の友達と話すなどが頻繁にみられる場合は解離症状*11の可能性もあるため、早期に専門家の診断を受けることが望ましい。

3　要養護児童と発達障がい

児童養護施設で生活する子どものなかには、発達障がい*12をもつ子どもたちもいる。たとえば、軽度の知的障がい、あるいは知的にはほぼ正常域であるが、対人関係が苦手であるなど、コミュニケーション能力に偏りがある高機能広汎性発達障がい*13、不注意さや多動性・衝動性という行動特徴をもつ注意欠陥多動性障がい（ADHD）*14、聞く・話す・読む・書く・計算する・推論するなどの能力のうち一つ以上の障がいを有する学習障がい*15（LD）などである。

児童養護施設で生活するこのような子どもたちの特性は、入所当時にははっきりとわからないことも多く、入所後の生活を通して、また、学齢期を迎えて障がいが明確になる場合が多い。そしてこの子どもたちには、入所までの生活体験に加えて、障がいによる人間関係の築きにくさなどから、気持ちを上手く表現できなかったり、他児とのトラブルが絶えなかったり、指示が聞けなかったりという行動がしばしばみられる。

このような子どもたちの特性を養育者が正しく理解せず、単に訓練不足やふざけ、怠惰による態度と判断し誤った対応をすると、子どもは自尊感情や自己評価を下げ、ときには被害念慮をもったり、反社会的行動をとったりするなどの2次的障がいに至ることがある。養育者はその子の発達のレベルやコミュニケーション・パターンに配慮しながら、気持ちの表現の仕方やトラブルの解決方法を具体的に示していくことが必要であろう。

こうした子どもたちの進路は、通常学級の場合もあれば、特別支援学級や特別支援学校の場合もある。また、なかには療育手帳を取得している子どももいる。また就職の際には、一般企業就職の者もいれば、企業の障がい者雇用枠で就職する者もいる。いずれにしても、その子を取り巻く環境とその子の理解力に応じた対応、また家庭や地域とのかかわりが大変重要である。したがって、専門機関と連携をとりながら、その子の発達に見合った配慮や支援方法を考え、その子なりの成長を保障していくことが肝要である。

家庭に対しては保護者に子どもの状況を的確に伝え、子どもの障がい受容を促すところからかかわる場合もある。保護者によっては、子どもの障がいを受容できず、不安を募らせたり、施設の対応不足であるとして攻撃的な言

動をとったりすることもある。その他、子どもの障がいを原因に虐待に陥った保護者や、疾病や障がいのある保護者もいる。こうした保護者の状況や気持ちに理解を示しながら、子どもの成長発達、自立のための対応を説明し、理解と協力が得られるよう努めることが望ましい。

養育者はこうした障がいに早期に対応するためにも、一般的な子どもの発達や発達障がいについての基本的な知識と情報を持ち合わせておくことが肝要であろう。

なお、知的障がい児者施策とは別に、発達障がい児者への「発達障害者支援法*16」が成立し、それぞれの障がいの特性をふまえた支援が法的に整備されつつある。それにより、早期に支援が開始されその後の自立や社会参加が促されていくことが望ましい。特に児童養護施設入所児童で発達障がいをもつ児童は、養育環境からの問題も併せもつだけに、特に進学と自立にさまざまな課題を抱えることがある。職員配置や学習支援への配慮など、今後のさらなる支援や取り組みが必要である。

4　諸症状と子どもへの養護

子どもの状態は身体や精神の面に、また、社会行動や発達に症状や問題行動となってあらわれる。養育者は日常生活の子どもの姿から、その症状をいかに受けとめ理解し、いかに接するかが大切になる。

(1) 身体面にあらわれる症状

頭痛、腹痛、嘔吐、喘息など。

子ども時代は、心身が未分化であるため、適切な自己制御や処理能力に劣り、心理面、たとえば、不快感情が身体症状となってあらわれやすい。もっとも多いのは頭痛、腹痛、嘔吐であり、喘息、皮膚炎などもこれに含まれる。

こうした症状は、日頃から怒りや感情を抑え込み、内的感情への気づきや表現ができない子どもや、まじめで、自己犠牲的、がんばりすぎるなどの過剰適応を示す子どもなど、感情抑制傾向が強く、非社交的でおとなしい行動特徴をもつ子どもに生じやすい。

養育者は専門家との連携をとりながら個別に対応するほか、生活習慣のなかで子どもの心の緊張をほぐす手立てを試みることも大切である。たとえば、施設では家庭と比較して睡眠をとりにくい子どもが多いという調査結果がある*17が、睡眠は休息のみならず、身体の修正、あるいは記憶や潜在意識の整理などメンタルヘルスの要である。消灯後の子どもの状態や環境に配慮したり、就寝前にリラックスができる取り組み、たとえば、お話、絵本、音楽、

似している。

*14　注意欠陥多動性障がい(ADHD)
[Attention-Deficit／Hyperactivity Disorder, AD/HD]
精神年齢に比して著しい注意力障がい、多動性、衝動性を示すものである。多くの場合、基本症状は年齢とともに自然に改善する傾向がある。なお、アメリカ精神医学会の「DSM-IV-TR」では上記が正式名であるが、発達障害者支援法では、「注意欠陥多動性障害」と表記されていることから、本書においては原則「注意欠陥多動性障がい(ADHD)」と表記する。

*15　学習障がい
[Learning Disabilities]
一般知能に大きな障がいが認められないにもかかわらず、認知障がいや行動障がいを示す病態をさす。特に、学習面では、読字、書字、算数面で障がいを示すことが知られている。

*16　発達障害者支援法
2005（平成17）年4月に施行された発達障がい者に対する支援（自立と社会参加）を定めた法律。従来の障がい者の枠組みでは対応が不十分であった広汎性発達障がいと特別支援教育の対象となる障がいとを新たに支援の対象としようとするもの。

*17
たとえば、1999（平成11）年の兵庫県の調査では、665名の児童養護施設入所児童は家庭

体操を導入したりするなど、入眠を促すことも養育者のできる工夫の一つである。

(2) 社会行動にあらわれる問題

リストカット、盗む、キレる、いじめる（攻撃）など。

子どもが、過度のけんかやいじめ、残虐行為、ひどい破壊、かんしゃく、放火、盗み、嘘などの反社会的、攻撃的、反抗的な行動を長期に繰り返し継続して行う場合は、行為障害*18、あるいは反抗挑戦性障害*19の可能性もあるため、専門家の診断や治療を受けさせるなど、個別的な対応を考えることが望ましい。

社会行動に問題をもつ子どもの多くは、自分自身が否定された、理解してもらえなかった、見捨てられたと認知したことによる心の傷や、そのことによって低められた自尊感情、自己評価をもつことが多い。結果、攻撃的な衝動を制御できなかったり、現実から逃避するための反社会的な行為をとったりすると考えることができる。

養育者は、まず、本人や周囲の安全を確保し、真の訴えが何であるのかを理解すること、また、本人のありのままを大切な存在として受けとめ直し、その思いを伝えながら建設的で具体的な行動の仕方をともに考えるプロセスをもつことが肝要であろう。

たとえば、リストカットに代表される自傷行為は、自殺とは逆に生の実感を得たり、自己顕示欲を満たすための手段であったりするため、養育者は極度に脅えず、逆に軽視や無視をせずに、本人のストレスとなる心の負担の原因をともに考える姿勢をもつこと、同じく攻撃行動なども本人が脅え、自分を護るための威嚇表現の場合があるため、関係性をもって理解し、衝動時の情緒処理の方途をともに考える姿勢をもつことなどの対応が必要となろう。

(3) 精神面にあらわれる症状

強迫性障がい、抑鬱、チック、摂食障がいなど。

これらの行動は不安、緊張、精神的ショックなどの、心的外傷が心身の機能障がいとしてあらわれたり、行動の一部に条件づけられ、部分的な反応症状として生じたりする。たとえば、ばかげていると心で否定しながらも、そう信じてしまう（強迫観念）、清潔、戸締まり、整理整頓などの同一行為を反復したりする（強迫行為）、心理的緊張や不快を低下させるために無意識に不随意運動をする（チック）、心身の疲弊や破綻で抑鬱状態になる、複雑な心理要因からの摂食障がいなど、いずれも原因は根深いため、専門家によ

児童に較べると「ねむれない」という回答が、虐待を受けたことがないという児童よりも高いという結果がある（富永良喜「ストレス反応調査」『児童養護児童の心身健康調査報告書』兵庫県児童養護連絡協議会 pp.30-72）。

*18 行為障害
[conduct disorder]
年齢相応に社会から期待されるものを大きく逸脱した反社会的、攻撃的行動パターンによって特徴づけられる行動障害。

*19 反抗挑戦性障害
[oppositional defiant disorder]
極めて挑戦的で不従順で挑発的な行動をとる。しかし、法や他人の権利を侵害するほど重大な反社会的あるいは攻撃的行動に至らない。

る治療的なかかわりを有する。養護者は定期的に心理療法を受けさせながら、子どもの自己受容を促すかかわりを心がけるべきであろう。

(4) 発達にあらわれる症状

　入所以前の不適切な養育環境により、知的発達の遅れや、心身発達の遅れがみられる場合がある。不適切な養育環境のなかで、知的学習・社会学習・人間関係学習の機会が奪われてしまうことや、情緒的な不安定さから、知的な発達の遅れや偏り（IQがボーダーライン）、言語発達の遅れがあったり、ときには注意欠陥多動性障がい（ADHD）の症状によく似た衝動的な行動をとる場合があったりする。また、低身長などの身体発達の遅れがみられることもある。

　こういった症状は、気質的な障がいとの区別がつきにくいことがある。日々の生活のなかで子どもの言動をよく観察しておくことが肝要であると同時に、気になる行動については専門家と連携をとり、子ども理解を進める必要がある。

【参考文献】
1) 『被虐待児施設処遇マニュアル』兵庫県　2001年
2) 厚生労働省雇用均等・児童家庭局「児童養護施設入所児童等調査結果」　2009年7月
3) 全国情緒障害児短期治療施設協議会編『心をはぐくむⅠ・Ⅱ・Ⅲ』全国情緒障害児短期治療施設協議会　1999・2000・2002年
4) 厚生労働省雇用均等・児童家庭局家庭福祉課監『子どもの権利を擁護するために』財団法人日本児童福祉協会　2002年
5) 久留一郎『PTSD』駿河台出版　2003年
6) 落合良行他『NEW心理ブックス　小学校の心理1、2、3、4、5、6年生』『中学生の心理1、2、3年生』『高校生の心理1、2』大日本出版　1998～2001年
7) フィリップ・パーカー（山中康裕・岸本寛史監訳）『児童精神医学の基礎』金剛出版　1999年
8) 上野一彦『児童の臨床心理』放送大学教育振興協会　1998年
9) 東條恵『発達障害ガイドブック』考古堂書店　2004年
10) 山内光哉編『発達心理学　上・下』ナカニシヤ出版　1998・2001年

第6章 子どもの権利擁護

1——子どもの権利

1　子どもの権利条約

　「児童の権利に関する条約」（通称：子どもの権利条約）は、1924年の「児童の権利に関するジュネーブ宣言」、1959年の「児童の権利宣言」を受けて成立した条約である。

　1989年11月20日、国連総会において「児童の権利に関する条約」が採択され、1990年9月2日より発効した。2009年5月現在、140の国・地域が署名し、193の国・地域が締約している。締約国とは、条約に批准、加入、あるいは継承している国（批准国：条約を国会で審議、承認し国際的に宣言した国。加入国：署名の工程を省きそのまま条約を受け入れた国。継承国：現在は数か国に分かれているが、当時の国家の条約をそのまま受け継いでいる国）のことであり、締約国には、条約の実行と進捗状況を報告する義務がある。現在、未締約国（条約の趣旨と内容に基本的に賛同して署名はしたが、この条約に法的に拘束されることはなく、実行の義務がない国）は、アメリカ合衆国（1995年2月16日署名）と、ソマリア（2002年5月9日署名）の2か国のみとなっている。

　日本は1990年9月21日、109番目で署名し、1994年4月22日に批准して、158番目の締約国（批准国）となった。

　子どもの権利条約は、前文と本文54条からなり、生存、発達、保護、参加という包括的権利を子どもに保障している。

　「子どもの権利条約　日本ユニセフ協会抄訳（子ども向け）」では、「生きる権利」「育つ権利」「守られる権利」「参加する権利」の4つの子どもの権利を守ることを定めて、「そして子どもにとって一番いいことは何かということを考えなければならないとうたっている」のが、子どもの権利条約であるとしている。

　子どもの権利条約の意義や特徴としては、①これまでは「宣言」であったものを「条約」に格上げさせ、法的拘束力をもつ実効性のあるものとなった

こと、②全世界に適用される子どもの権利が体系化されたこと、③子どもにとって、これまでは権利は与えられるものであったが、子どもが「権利の主体者」として位置づけられたこと、④親・家族が、子どもを養育する責任を果たすために必要な権利を重視したこと、⑤親が養育責任を果たせるように国が積極的に援助することを義務づけたこと、⑥保護されるべき子どもを、全世界の子どもであると明文化したこと、があげられる。

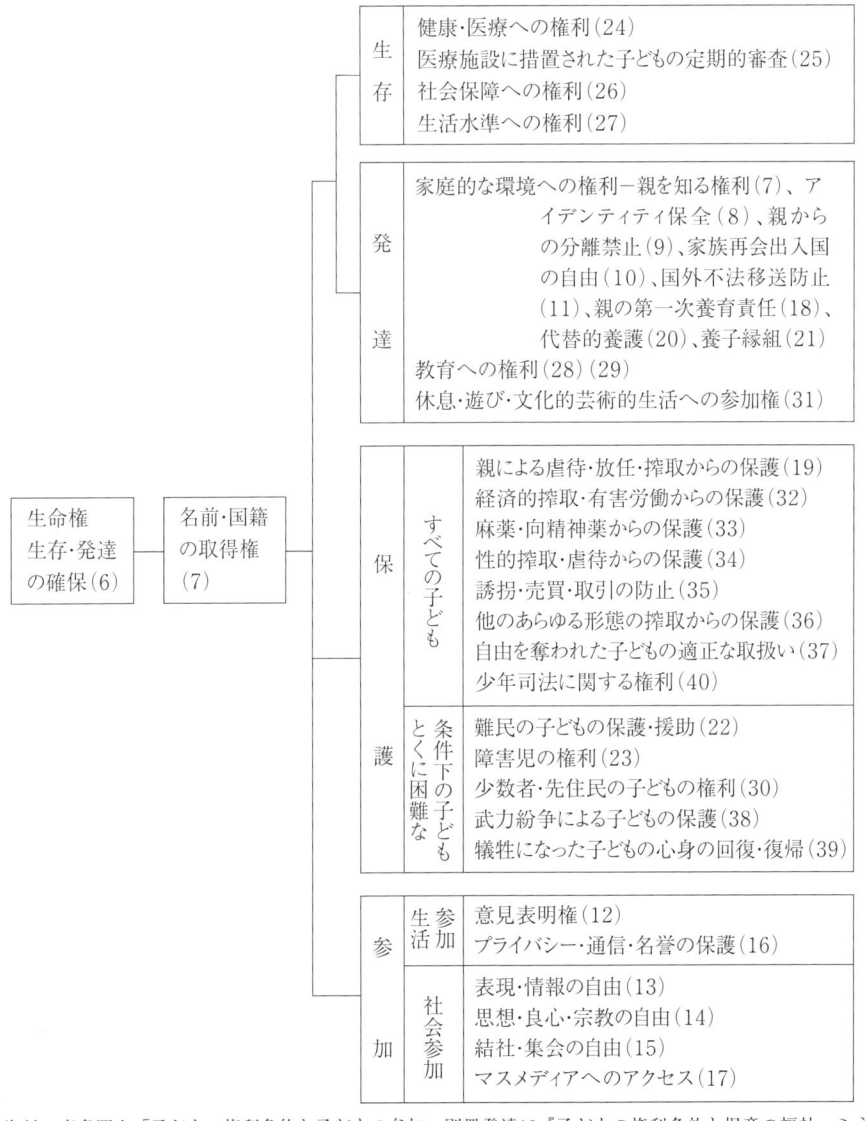

図6-1　「子どもの権利条約」に盛りこまれた諸権利　（　）は条

生命権 生存・発達の確保(6)	名前・国籍の取得権(7)	

生存
- 健康・医療への権利(24)
- 医療施設に措置された子どもの定期的審査(25)
- 社会保障への権利(26)
- 生活水準への権利(27)

発達
- 家庭的な環境への権利－親を知る権利(7)、アイデンティティ保全(8)、親からの分離禁止(9)、家族再会出入国の自由(10)、国外不法移送防止(11)、親の第一次養育責任(18)、代替的養護(20)、養子縁組(21)
- 教育への権利(28)(29)
- 休息・遊び・文化的芸術的生活への参加権(31)

保護
すべての子ども
- 親による虐待・放任・搾取からの保護(19)
- 経済的搾取・有害労働からの保護(32)
- 麻薬・向精神薬からの保護(33)
- 性的搾取・虐待からの保護(34)
- 誘拐・売買・取引の防止(35)
- 他のあらゆる形態の搾取からの保護(36)
- 自由を奪われた子どもの適正な取扱い(37)
- 少年司法に関する権利(40)

条件下のとくに困難な子ども
- 難民の子どもの保護・援助(22)
- 障害児の権利(23)
- 少数者・先住民の子どもの権利(30)
- 武力紛争による子どもの保護(38)
- 犠牲になった子どもの心身の回復・復帰(39)

参加
生活参加
- 意見表明権(12)
- プライバシー・通信・名誉の保護(16)

社会参加
- 表現・情報の自由(13)
- 思想・良心・宗教の自由(14)
- 結社・集会の自由(15)
- マスメディアへのアクセス(17)

資料：喜多明人「子どもの権利条約と子どもの参加」別冊発達12『子どもの権利条約と児童の福祉』ミネルヴァ書房

2　子どもの最善の利益と児童養護

　子どもの権利条約には、「子どもの最善の利益」(the best interests of the child) が求められている。
　第3条1「児童に関するすべての措置をとるに当たっては、公的若しくは私的な社会福祉施設、裁判所、行政当局又は立法機関のいずれによって行われるものであっても、児童の最善の利益が主として考慮されるものとする」（政府訳）と明記されている。日本ユニセフ協会抄訳（子ども向け）では、第3条を「子どもにとってもっともよいことを」として、「子どもに関係のあることを行うときには、子どもにもっともよいことは何かを第一に考えなければなりません」としている。
　そして、第3条2「締約国は、児童の父母、法定保護者又は児童について法的に責任を有する他の者の権利及び義務を考慮に入れて、児童の福祉に必要な保護及び養護を確保することを約束し、このため、すべての適当な立法上及び行政上の措置をとる」、第3条3「締約国は、児童の養護又は保護のための施設、役務の提供及び設備が、特に安全及び健康の分野に関し並びにこれらの職員の数及び適格性並びに適正な監督に関し権限のある当局の設定した基準に適合することを確保する」として、子どもの最善の利益を保障するために、児童養護に関して、法律や制度の整備、児童養護にかかわる施設などの適正化を図るように義務づけている。
　しかし、わが国における児童養護を保障するための社会的養護（児童福祉施設）の基準を定めた、厚生労働省令である「児童福祉施設最低基準」は、子どもの最善の利益を保障するレベルに達しているのかという問題がある。この「児童福祉施設最低基準」には、子どもの生活空間や、子どもにかかわる職員の配置などの基準が示されており、その基準に照らして、国および地方自治体が、各種の費用を児童福祉施設に支出するのである。つまり、そこに示された基準が、児童福祉施設における、子どもの最善の利益の追求や生存権・発達権を保障する大きな意味をもつのである。
　現行の児童福祉施設最低基準では、児童養護施設の設備として、1部屋15人以下で、1人あたり畳2畳以上という基準とされているが、これでは、高校生に個室を提供することも困難である。こうした現状は、果たして子どもの権利を保障しているといえるのだろうか。また職員については、6歳から18歳の子ども6人について1人という職員配置基準となっており、果たしてこれで子どもの権利を保障できるのであろうか。
　子どもの権利条約第27条では、生活水準の確保が保障されており、第27条

1「締約国は、児童の身体的、精神的、道徳的及び社会的な発達のための相当な生活水準についてのすべての児童の権利を認める」、第27条2「父母又は児童について責任を有する他の者は、自己の能力及び資力の範囲内で、児童の発達に必要な生活条件を確保することについての第一義的な責任を有する」、第27条3「締約国は、国内事情に従い、かつ、その能力の範囲内で、1の権利の実現のため、父母及び児童について責任を有する他の者を援助するための適当な措置をとるものとし、また、必要な場合には、特に栄養、衣類及び住居に関して、物的援助及び支援計画を提供する」と規定している。日本ユニセフ協会抄訳（子ども向け）では、第27条「子どもは、心やからだのすこやかな成長に必要な生活を送る権利をもっています。親（保護者）はそのための第一の責任者ですが、親の力だけで子どものくらしが守れないときは、国も協力します」として、国の責任が明確にされていることから、児童福祉施設最低基準の早急な改善が求められるのである。

3　意見表明権と児童養護

　意見表明権は、子どもの権利を保障するにあたって、子どもが権利主体であることを示す特徴的な権利である。

　子どもの権利条約では、第12条1「締約国は、自己の意見を形成する能力のある児童がその児童に影響を及ぼすすべての事項について自由に自己の意見を表明する権利を確保する。この場合において、児童の意見は、その児童の年齢及び成熟度に従って相応に考慮されるものとする」、第12条2「このため、児童は、特に、自己に影響を及ぼすあらゆる司法上及び行政上の手続において、国内法の手続規則に合致する方法により直接に又は代理人若しくは適当な団体を通じて聴取される機会を与えられる」と、子どもが年齢や成熟度に応じて、自由に意見を表明できることを保障している。日本ユニセフ協会抄訳（子ども向け）では、第12条を「意見を表す権利」として「子どもは、自分に関係のあることについて自由に自分の意見を表す権利をもっています。その意見は、子どもの発達に応じて、じゅうぶん考慮されなければなりません」と明記している。しかし近年においては年齢や成熟度を超え、乳幼児期の子どもや障がい児の権利の保障の重要性が叫ばれており、それを助長する国際的動向として「乳幼児期の子どもの権利に関する一般的見解第7号が2005年9月に国連・子どもの権利委員会にて採択された。さらに2006年12月には障害者権利条約が同委員会にて採択されている。

　では、わが国の児童養護における意見表明権は保障されているのであろうか。特に、児童養護施設・児童自立支援施設等の生活型施設では、子どもの

生活の場が施設であるため、施設内で、子どもが自由に意見を表明できるかどうかが、権利保障の重要なポイントとなる。外出や門限、高校生のアルバイトや携帯電話の所持など、施設内で職員に対して、子どもが意見を表明できることが大切である。こういった子どもの権利保障には、施設職員の人権感覚・人権意識が大きくかかわるものであり、施設職員は、人権擁護・人権保障の研修を受けるなど、常に研鑽していくことが重要である。

　さて、子どもが意見表明するのを保障することは、表明したことをそのまま大人が認めなければならない、実現しなければならない、ということとは、別の問題である。つまり、子どもの意見を封殺せず、子どもの意見を率直に受けとめて、職員が子どもと向き合ってともに考えることが重要なのである。そして、そのなかで実現可能なことについては、実現に向けて努力し、自己の権利や他の子どもの権利を侵害するなど実現不可能なこと、実現を認められないことについては、どうして認められないのかを、子どもにわかるように説明することが、子どもの権利を保障するうえで不可欠なのである。

　また、虐待による家庭裁判所の決定による施設入所を除いて、施設入所にあたっては、親権者の同意が必要（児童福祉法第27条第3項）であるが、施設入所にあたって、入所する子ども自身が意見を表明することについては、法律上では明記されていない。しかし、入所措置を決定する児童相談所の業務を示した「児童相談所運営指針」のなかには、子どもの意見について聴取し、子どもの意向を援助指針に明記することや、施設の決定には子どもの意向を十分尊重するように規定している。「第1章　児童相談所の概要　第4節　援助指針の重要性　3　援助指針の内容　(1)ア　個々の子ども、保護者等に対する処遇の選択及びその理由」のなかで、「子どもの意向、保護者等の意見及び具体的援助を行う者や社会資源等の条件を考慮し、その子どもに最も適合する援助を選択するとともに、その理由を明確にしておく。また、選択した援助に対する子どもの意向、保護者等の意見を明記するとともに、都道府県児童福祉審議会の意見を聴取した場合はその意見を明記する」としており、「第4章　援助　第4節　児童福祉施設入所措置、指定医療機関委託　1　措置の決定等　(4)」では、「措置する児童福祉施設等の決定に当たっては、子どもや保護者の意向を十分尊重するとともに、その子どもにとって最も適合する施設の選定を行う。また、選定された施設との事前の連携を十分に図り、子どもの安定化が順調に行われるよう十分に配慮する」と規定しているのである。

4　子どもの権利条約と日本における法的整備

　子どもの権利条約の締約国になると、第44条1「締約国は、(a) 当該締約国についてこの条約が効力を生ずる時から2年以内に、(b) その後は5年ごとに、この条約において認められる権利の実現のためにとった措置及びこれらの権利の享受についてもたらされた進歩に関する報告を国際連合事務総長を通じて委員会に提出することを約束する」と規定されたことを守らねばならないのである。わが国では、締約国になるにあたって、国内法と権利条約の関連において、2～3の留保はあったものの、他は抵触するものはないという判断で1994年に批准したが、その後、国内法について改正しようという動きはみられなかった。そして、1996年の「児童の権利に関する条約　第1回報告」における、「権利の実現のためにとった措置及びこれらの権利の享受についてもたらされた進歩」に関する報告については不十分なものであった。

(1)　児童福祉法の改正

　子どもの権利条約批准後の1997（平成9）年に、児童福祉法は制定後50年を迎えて大改正されたが、「社会福祉基礎構造改革」という福祉政策転換を強く打ち出す内容であり、子どもの権利条約が規定した、子どもが権利主体であることや子どもの諸権利などは法文上に示されなかった。その後、児童福祉法は、下記のように改正を重ねてきた。

　2001（平成13）年に、主任児童委員や保育士を法定化する等の改正。2003（同15）年に、次世代育成支援に関すること等の改正。2004（同16）年に、児童虐待防止対策の充実と強化、児童相談を市町村が担当、児童福祉施設や里親等の見直しを中心とした改正。2008（同20）年には、乳児家庭全戸訪問事業の実施、里親に関する改定、小規模住居型児童養育事業の創設、要保護児童対策地域協議会の機能強化、家庭支援機能の強化、年長児の自立支援対策の見直し、被措置児童等虐待の防止を盛り込む改正を行った[*1]。これらの改正によって児童福祉制度は改善や充実してきた面もあるが、子どもの権利擁護には、更なる行政による費用負担の増額や社会的養護における人的配置の充実などが必要である。

[*1] 改正の流れについては第3章　54ページ参照。

(2)　児童虐待の防止等に関する法律の制定・改正

　児童虐待の防止等に関する法律（略称、児童虐待防止法）は、2000（平成12）年5月に公布され、11月に施行となった。2004（同16）年に、児童福祉

法と併せて改正し、児童虐待の定義の見直し、虐待を受けたと思われる児童をも通告義務の範囲に拡大・市町村の役割の強化、要保護児童対策地域協議会の法定化、強制入所措置や親指導など司法関与の強化を盛り込んだ。また2007（同19）年にも、児童福祉法と併せて改正し[*2]、児童の安全確認等のための立入調査等の強化、保護者に対する面会及び通信等の制限の強化、保護者に対する指導に従わない場合の措置の明確化等を明文化し、2008（同20）年4月より施行して、児童虐待の防止・早期発見等充実に努めている。

しかしながら、厚生労働省社会保障審議会児童部会児童虐待等要保護事例の検証に関する専門委員会が、2010（平成22）年7月に発表した「子ども虐待による死亡事例等の検証結果等について（第6次報告）の概要」によると、厚生労働省が関係都道府県（指定都市及び児童相談所設置市を含む。）に対する調査により把握した2008（同20）年4月1日から2009（同21）年3月31日までの12か月間に発生または明らかになった児童虐待による死亡事例は、107例128人（「心中以外」の事例64例（67人）、「心中」（未遂を含む。）の事例43例（61人））であり、死亡事例の6割弱は0歳児であった。このように依然として、虐待によって多くの子どもたちが生命を奪われているのが現実である。

また、全国の児童相談所が2009（平成21）年度に対応した「児童虐待相談対応件数」[*3]は、4万4,210件であり、前年の2008（同20）年度には4万2,664件であったが、それをさらに更新する結果となった。2008（同20）年度の相談における虐待の種類の構成割合は、身体的虐待1万6,343件（38.3％）、ネグレクト1万5,905件（37.3％）、心理的虐待9,092件（21.3％）、性的虐待1,324件（3.1％）であった。被虐待者の年齢別構成割合では、0～3歳未満7,728件（18.1％）、3歳～学齢前1万211件（23.9％）、小学生1万5,814件（37.1％）、中学生6,261件（14.7％）、高校生・その他2,650件（6.2％）であった。2004（同16）年には栃木県小山市の兄弟殺害事件が起き、このような事例が後を絶たないため、厚生労働省は2004（同16）年から毎年11月を「児童虐待防止推進月間」と定めた。

このような状況から、児童虐待防止法を見直し、虐待を発見した場合に限定していた児童相談所などへの通告義務を、虐待の可能性がある場合にも適用とする、改正児童虐待防止法が2004（平成16）年10月1日から施行された。この改正法では、児童虐待を「人権の著しい侵害」と明記して、同居人による暴力などを保護者が放置することや、子どもがいる家庭内での配偶者に対する暴力も新たに「虐待」であると明記した。また、「児童福祉施設最低基準」や「里親が行う養育に関する最低基準」に「虐待等の禁止」規定が設けられた。

[*2] 改正の流れについては第3章 52ページ参照。

[*3] 第9章 157ページ図9-4参照。

(3) 懲戒に係る権限の濫用禁止

児童の社会的養護を担う児童福祉施設では、親権者に代わり子どもを懲戒することが許されている施設長に対して、児童福祉施設最低基準第9条の3で「懲戒に関しその児童の福祉のために必要な措置を採るときは、身体的苦痛を与え、人格を辱める等その権限を濫用してはならない」と「懲戒に係る権限の濫用禁止」が規定されているが、児童福祉施設において職員による子どもの権利を侵害する事件が続発していることから、2008（平成20）年の児童福祉法の改正において、「第6節　被措置児童等虐待の防止等」を追加し、第33条の10～17までの条文に、児童養護施設等における虐待を発見した者の通告義務、通告があった場合の都道府県や都道府県児童福祉審議会等が講ずべき措置等施設内虐待の防止のための規定を設けた。

(4) 子ども買春・子どもポルノ禁止法の成立

児童買春、児童ポルノに係る行為等の処罰及び児童の保護等に関する法律（略称　子ども買春・子どもポルノ禁止法）は、1999（平成11）年5月に成立した。この法律の成立は、子どもの権利条約を実体的に実践するうえで大きな前進となったといえよう。

(5) 苦情解決・第三者評価の規定

社会福祉法は、これまでの社会福祉事業法を2000（平成12）年6月に改正・改称して成立した。このなかで、利用者の権利擁護として、「苦情解決」「第三者評価」が規定されたことは、子どもの権利を保障する観点からも高く評価されるべきものである。

(6) 権利擁護と第3回報告書

日本政府は、子どもの権利条約（児童の権利に関する条約）を1994年に批准した後、1996年に第1回報告、2001年に第2回報告を、国連児童の権利委員会に提出した。2006年に、外務省は第3回報告作成に向けて、市民の幅広い声を参考とするためとして公募した一般参加者約60人と関係省庁との意見交換会を開催した。また、「第3回子どもの権利条約　市民・NGO報告書をつくる会」、「日本弁護士連合会」、「子どもの権利条約レポートNGO連絡会議」3団体と関係省庁との意見交換会も行った。

2──子どもの権利擁護の取り組み

1　権利ノート

　これまで述べてきたように、子どもには固有の権利があり、家庭養護でも社会的養護でも、子どもの権利は保障されなければならないのである。つまり、社会的養護として子どもが児童福祉施設に入所することで、子どもの権利が保障されないことは許されないのである。そこで、児童養護施設では、児童養護施設における権利を擁護する義務を果たすもの、子どもの権利を保障するものとして、入所する子どもに、「権利ノート」を作成して配布している。

　東京都の「子どもの権利ノート」では、以下のことが特徴としてあげられている。

①すべての項目にわたり『権利』という言葉を使用したこと。
②義務や責任についてもふれたこと。
③子どもの意見を聴き、イラストを担当してもらうなど、子どもたちの積極的な参画を得て作成したこと。
④学識経験者をはじめ、児童養護施設等や児童相談所の職員などの幅広い意見を聴いたこと。
⑤一人ひとりの子どもに、権利ノートの内容を十分説明して手渡しすること。

　その概要は、「①『ひとりの人として大切にされる権利』から『体罰やいじめなどから守られる権利』まで16項目にわたる権利について記載するとともに、その中に、8項目の義務や責任を盛り込んだ内容としている。②このノートを実際の生活の中で役立ててほしいことと、困ったときの連絡先として、担当の児童福祉司と『子どもの権利擁護委員会』名を記載している」となっている。

　配布対象は、以下のとおりである。

①児童養護施設、児童自立支援施設に入所中及び新たに入所する中学生以上の子ども。
②小学生については、別途『小学生版』を作成して配布する。

　配布方法は、以下のとおりである。

①入所中の子ども……児童相談所の児童福祉司が、権利ノートに自分の名前と担当する子どもの名前を書き、これを施設の職員が、子ども一人ひとりに内容を説明の上、手渡す。

②新たに入所する子ども……児童相談所の児童福祉司が、権利ノートに自分の名前と子どもの名前を書き、内容を説明の上、手渡す。

中高生版の項目は、次のとおりである。

○「子どもの権利ノート」ってなに？
○ひとりの人として大切にされる権利があります。
○なぜ、これから施設で生活するのか知る権利があります。
○これから生活する施設について、知る権利があります。
○あなた自身のことや家族のことについて、知る権利があります。
○あなたのことについて、どのように考えられているのか知る権利があります。
○あなたの意見や希望を言う権利があります。
○家族と会ったり、手紙や電話などによって、交流する権利があります。
○あなたのプライバシーは、尊重され守られる権利があります。
○あなたの物を、あなたが持つ権利があります。
○いろいろな情報や考え方を、知る権利があります。
○義務教育だけでなく、いろいろな教育を受ける権利があります。
○心と身体の健康が守られる権利があります。
○自由に考えたり、信じたりする権利があります。
○趣味・レクリエーションを楽しむ権利があります。
○いろいろな人と交際する権利があります。
○体罰やいじめなどから守られる権利があります。
○施設をでた後も、相談できます。

2　ケア基準

　子どもの権利条約の精神に沿うよう、児童養護施設では、「児童養護施設サービス自主評価基準」を策定した。これは2000（平成12）年3月の「全国社会福祉協議会　児童福祉施設におけるサービス評価のあり方検討委員会」によるものである。このような取り組みは、子どもの権利条約を実体化させるものとして高く評価できよう。

　この「児童養護施設サービス自主評価基準」では、児童養護施設のサービス提供にあたっての基本理念を、「子どもを権利主体として位置づけ、常に子どもの最善の利益に配慮した援助を行う」とした。基本方針は、「①子どもの意思の尊重、②子どもの自立支援、③地域における子育て家庭支援、④サービスの質の向上と透明性の確保」である。また、この評価の目的を、「①

施設が行うサービスを自己評価することにより、自らのサービス水準を確認する、②改善すべき課題を明確にし、サービスの質の向上を目指す」とした。評価基準は、「子どもの権利擁護」「サービス内容」「サービス実施体制」「サービス評価の実施体制」の４つの視点から設定された。

これに先駆けて、北海道養護施設協議会では「北海道養護施設ケア基準」を策定し、児童養護施設の職員が、入所した子どもをケアするにあたって守るべき項目を明確にした。その主な内容は、次の通りである。

北海道養護施設ケア基準
養護施設入所児童ケア項目
1　児童の欲求に適切に応じられることが保障される。
2　児童の意見表明の自由と表明の機会が保障される。
3　児童の個性が正しく理解され、尊重される。
4　児童は個別的及び集団的に、援助内容が策定され計画的に援助される。
5　児童の望ましい発達・成長に沿った興味の展開が保障される。
6　児童は、一貫した施設ケアが保障される。
7　児童は、親子関係の継続と改善・回復のための援助が保障される。
8　児童の自主性は尊重される。
9　児童のプライバシーが保護される。
10　児童は、一切の偏見と差別から護られる。
11　児童は、一切の体罰から護られる。
12　児童は、あらゆる暴力、虐待、脅威、排斥、孤立、窃盗、の被害から護られる。
13　児童は、あらゆる危険からの回避について学ぶ機会が与えられる。
14　児童は、健康を害する環境から護られる。
15　児童に関する秘密は護られる。
16　児童は、基礎学力習得の機会が等しく与えられる。
17　児童は、進路選択のための学習機会が与えられる。
18　児童は、進路選択の自由が保障される。
19　善き市民として要求される社会的規範を学び、習得する機会が保障される。
20　児童は、発達に応じた必要な生活知識、生活技術を習得する機会が保障される。
21　児童は、良質な文化に触れる豊かな環境と機会が与えられる。
22　児童は、個々の状況に応じリービング・ケアが保障される。
23　児童への援助方針・方法・経過について本人及び保護者の請求により本人に開示される。
24　生活日課、生活ルールの設定・変更は児童の意見を聴取して行われる。
25　行事・招待の参加は児童の希望が尊重される。
26　児童の望ましい社会関係形成は保障される。
27　児童の呼称について児童の希望に基づくものでなければならない。
28　児童の叱責にあたっては児童の説明を先に求められる。
29　児童の嗜好について、児童の意見を聴取し、献立に反映される。
30　児童は、必要な医療、治療を受ける機会が保障される。
（「北海道養護施設ケア基準」北海道養護施設協議会　1994年10月より抜粋）

各児童養護施設では、児童の権利の保障・健全な養育のために「児童養護施設サービス自主評価基準」のもと、こうしたケア基準を策定するなど多彩な取り組みがなされている。さらに乳幼児や障害児の権利保障が重要視されている今日、児童養護施設には、それらをも視野に入れた、流動的な取り組みが求められる。

3　苦情解決・第三者評価等の意義と児童養護の関係

　2004（平成16）年10月、大阪の保育所において男性保育士が、体罰によって園児に傷害を負わせて逮捕された。この事件にみられるように、本来は子どもの権利を擁護すべき児童福祉施設のなかで、職員による子どもへの権利侵害は、皆無とはいえない現実があるのである。また、このような体罰に限らず、生活環境・教育等、子どもの諸権利について保障されていないのであれば、児童福祉施設として、子どもの権利を擁護しているとはいえないのである。さらに、福祉サービスの提供を受ける利用者（児童福祉施設では、子ども・保護者等）が、そのサービス・ケアについて満足を得られていないのであれば、それを調査・検討し、改善すべきものは改善する義務が、福祉サービス提供者（児童福祉施設等）にはあるのである。

　苦情解決は、社会福祉法に規定されたもので、子どもの権利を擁護するうえで欠かすことのできないものである。この規定を受けて、児童福祉施設最低基準では、苦情への対応として次のように定めている。

児童福祉施設最低基準第14条の3
　児童福祉施設は、その行つた援助に関する入所している者又はその保護者等からの苦情に迅速かつ適切に対応するために、苦情を受け付けるための窓口を設置する等の必要な措置を講じなければならない。
2　乳児院、児童養護施設、知的障害児施設、知的障害児通園施設、盲ろうあ児施設、肢体不自由児施設、重症心身障害児施設、情緒障害児短期治療施設及び児童自立支援施設は、前項の必要な措置として、苦情の公正な解決を図るために、苦情の解決に当たつて当該児童福祉施設の職員以外の者を関与させなければならない。
3　児童福祉施設は、その行つた援助に関し、当該措置又は助産の実施、母子保護の実施若しくは保育の実施に係る都道府県又は市町村から指導又は助言を受けた場合は、当該指導又は助言に従つて必要な改善を行わなければならない。

> 4　児童福祉施設は、社会福祉法第83条に規定する運営適正化委員会が行う同法第85条第1項の規定による調査にできる限り協力しなければならない。

　これにより、各児童福祉施設には、苦情受付の窓口が設置されており、子ども・保護者など関係者に苦情を受け付けることが周知されているのである。苦情が受け付けられるとその解決について取り組むこと、その結果を明らかにすることが義務づけられている。

　福祉サービス第三者評価も、社会福祉法に規定されており、法律施行後、さまざまな省令等で示されてきたが、福祉サービス第三者評価事業の更なる普及・定着を図るため、2003年度に、社会福祉法人全国社会福祉協議会に「第三者評価基準及び評価機関の認証のあり方に関する研究会」が設置され、福祉サービス第三者評価事業の推進体制、福祉サービス第三者評価基準ガイドライン等についての指針[*4]が定められた。

　「社会福祉事業の経営者が福祉サービス第三者評価を受けることは、社会福祉事業の経営者が行う福祉サービスの質の向上のための措置の一環であること。したがって、福祉サービス第三者評価事業は、社会福祉事業の経営者が行う福祉サービスの質の向上のための措置を援助するための事業であること」と位置づけられ、「福祉サービス第三者評価事業は、個々の事業者が事業運営における問題点を把握し、サービスの質の向上に結びつけることを目的とするものであること。なお、福祉サービス第三者評価を受けた結果が公表されることにより、結果として利用者の適切なサービス選択に資するための情報となること」を目的とし、さらに「福祉サービス第三者評価事業の普及促進等は、国の責務であること」と明記した。

　つまり、他の福祉サービス提供機関と同様に、児童福祉施設では、利用者（子ども・保護者等）のニーズに見合うサービスを提供する努力と、提供するサービスの質を維持・向上させる努力を欠かしてはならないのである。そのために、提供されるサービスに対しての利用者（子ども・保護者等）からの苦情に関して、積極的に対応し、必要であれば改善していかなくてはならないのである。そして、こういったことが正しく果たされているのかを判断・評価するためには、当事者だけではなく、「第三者」によるチェックが重要となる。特に、子どもに関する福祉サービスや入所型の施設においては、子どもたちの「声」を封殺することなく、真摯に受けとめ、正しく反映されることが求められる。そのために、福祉サービスを提供する児童福祉施設・機関は、常に、サービスやケアの透明性を確保するように努めていかなければ

*4 項目については、第13章　209ページ参照。

ならないのである。

4 施設内虐待（被措置児童等虐待）の防止

　2009（平成21）年4月から改正施行となった児童福祉法において、児童福祉施設の施設長・施設職員、児童相談所の一時保護所の職員、小規模住居型養育事業のスタッフ、里親（その同居人を含む）等が、入所・保護・委託された子ども（被措置児童等）に対して行う「被措置児童虐待」防止の規定が新設された。

　また、東京都の児童養護施設59施設を対象に、2007（平成19）年10月中旬の1週間に起きた施設内の暴力事件を都社会福祉協議会が調査したところ、48施設、919人の児童指導員・保育士からの回答があり、子ども間の暴力事件が、24施設で99件起きていた。さらに、これまで入所児から暴力（身体的、脅し、器物損壊など）を受けた経験があると回答した職員は約6割の569人であった。児童福祉施設等では、この調査結果が示しているように非常事態と言わざるを得ない現状なのである。

　これは、児童福祉施設・一時保護所・里親等にたどり着くまでに、多くの子どもたちは家庭等において、保護者・養育者から虐待を受け、心身に傷を負っているため、子どもたちに、安心・安全・安定した暮らしの場所を保障して、信頼できる大人との信頼関係を築き、虐待による傷を癒し、自立を支援するのが児童福祉施設・一時保護所・里親家庭であるが、残念なことに、児童福祉施設職員・里親等からの子どもへの権利侵害事件が近年いくつか発生していることによるものである。

　愛してほしいと願う両親等から愛ではなく虐待を受けて育ってきた子どもの特徴として、大人への不信感、暴力による感情表現、自尊心の欠如、情緒不安定などがあげられるが、そのような子どもを受容し、子どもと職員等との信頼関係を築き、子どもが安定した生活を過ごせるようにし、子どもからの他児への暴力を防ぐこと等は、児童福祉施設職員等には大きな課題である。しかし「手のかかる子ども」「言葉で何度注意しても同じことを繰り返す子ども」と問題視して、職員等が暴力やペナルティ等で、懲罰を与えたり、行動抑制することは、子どもの権利を侵害していること、虐待となることを忘れてはならない。「配慮の必要な子ども」として、その子どもの生い立ちや特徴（個性）にあったかかわり方を、資質の高い専門職である施設職員・里親として、模索しながら見出そうとする不断の努力が重要なのである。

　さて、今回の改正の趣旨は、次のとおりである。
○施設長、施設職員、一時保護所の職員、小規模住居型養育事業を行う者お

よび里親等が行う暴行、わいせつな行為、ネグレクトおよび心理的外傷を
　　　与える行為等を被措置児童等虐待と位置づける。
○被措置児童等虐待を発見した者に通告義務を課すこと、被措置児童等虐待
　　　を受けた子どもが届出できること、通告や届出先に都道府県等のほか都道
　　　府県児童福祉審議会を定める。
○都道府県等の職員は、都道府県等に通告をした者および届出した子どもを
　　　特定させる事項を漏らしてはならないこととする。
○通告、届出があった場合の事実確認や保護、施設の立入調査、質問、勧告、
　　　業務停止等の都道府県や都道府県児童福祉審議会が講ずべき措置等を明確
　　　化する。
○国は、被措置児童等虐待に関する検証・調査研究を実施し、都道府県は被
　　　措置児童等虐待の状況等について公表する。

　児童福祉法の改正によって新設されたのは、「第6節　被措置児童等虐待の防止等」であり、その「第33条の10」において「被措置児童等虐待の定義」を示した。それは児童福祉施設職員・里親等が、児童福祉施設・里親家庭にいる「被措置児童等」に対して行う以下のこととした。
　　1　被措置児童等の身体に外傷が生じ、又は生じるおそれのある暴行を
　　　　加えること。
　　2　被措置児童等にわいせつな行為をすること又は被措置児童等をして
　　　　わいせつな行為をさせること。
　　3　被措置児童等の心身の正常な発達を妨げるような著しい減食又は長
　　　　時間の放置、同居人若しくは生活を共にする他の児童による前二号又
　　　　は次号に掲げる行為の放置その他の施設職員等としての養育又は業務
　　　　を著しく怠ること。
　　4　被措置児童等に対する著しい暴言又は著しく拒絶的な対応その他の
　　　　被措置児童等に著しい心理的外傷を与える言動を行うこと。
　さらに、「第33条の11」には、「施設職員等は、被措置児童等虐待その他被措置児童等の心身に有害な影響を及ぼす行為をしてはならない」とも明記されたのである。

　なお、2009（平成21）年5月18日に厚生労働省社会保障審議会児童部会社会的養護専門委員会が策定した「被措置児童等虐待対応ガイドライン」では虐待とは次のことなどの行為をさすとしている。

①身体的虐待
・打撲傷、あざ（内出血）、骨折、頭部外傷、たばこによる火傷など外見的に明らかな傷害を生じさせる行為を指すとともに、首を絞める、殴る、蹴る、投げ落とす、熱湯をかける、布団蒸しにする、溺れさせる、逆さ吊りにする、異物を飲ませる、冬戸外に締め出す、縄などにより身体的に拘束するなどの外傷を生じさせるおそれのある行為。

②性的虐待
・被措置児童等への性交、性的暴行、性的行為の強要・教唆など。
・性器や性交を見せる。
・ポルノグラフィティの被写体などを強要する。

③ネグレクト
・適切な食事を与えない、下着など長時間ひどく不潔なままにする、極端に不潔な環境の中で生活をさせるなど。
・同居人や生活を共にする他の被措置児童等による身体的虐待や性的虐待、心理的虐待を放置する。
・泣き続ける乳幼児に長時間関わらず放置する。
・視線を合わせ、声をかけ、抱き上げるなどのコミュニケーションをとらずに授乳や食事介助を行う。

④心理的虐待
・ことばによる脅かし、脅迫など。
・被措置児童等を無視したり、拒否的な態度を示すことなど。
・被措置児童等の心を傷つけることを繰り返し言う。
・被措置児童等の自尊心を傷つけるような言動など。
・他の被措置児童等とは著しく差別的な扱いをする。
・子どもを特定の場所に閉じ込め隔離する。
・感情のままに大声で指示したり、叱責したりする。

　「被措置児童虐待」の有無を自己点検するために、社会福祉法人全国社会福祉協議会全国児童養護施設協議会が、「児童養護施設における人権擁護と人権侵害の禁止・防止・対応のためのチェックリスト」改定版（第2次試案）を2008（平成20）年12月に発表している。

　なお、「被措置児童等虐待対応ガイドライン」では、虐待を受けた者自らが通告しやすいように、施設長より「現在受けている対応がおかしいと思ったら、それを外部（児童相談所などの機関や、意見箱）に伝えても良い」ということを子どもにも伝えることを求めている。また、被措置児童等虐待を

受けたと思われる児童を発見した者（施設職員・子ども・実習生など）は、同様に、通告（秘密漏示罪や自己への不利益を被ることがない）することが求められている。

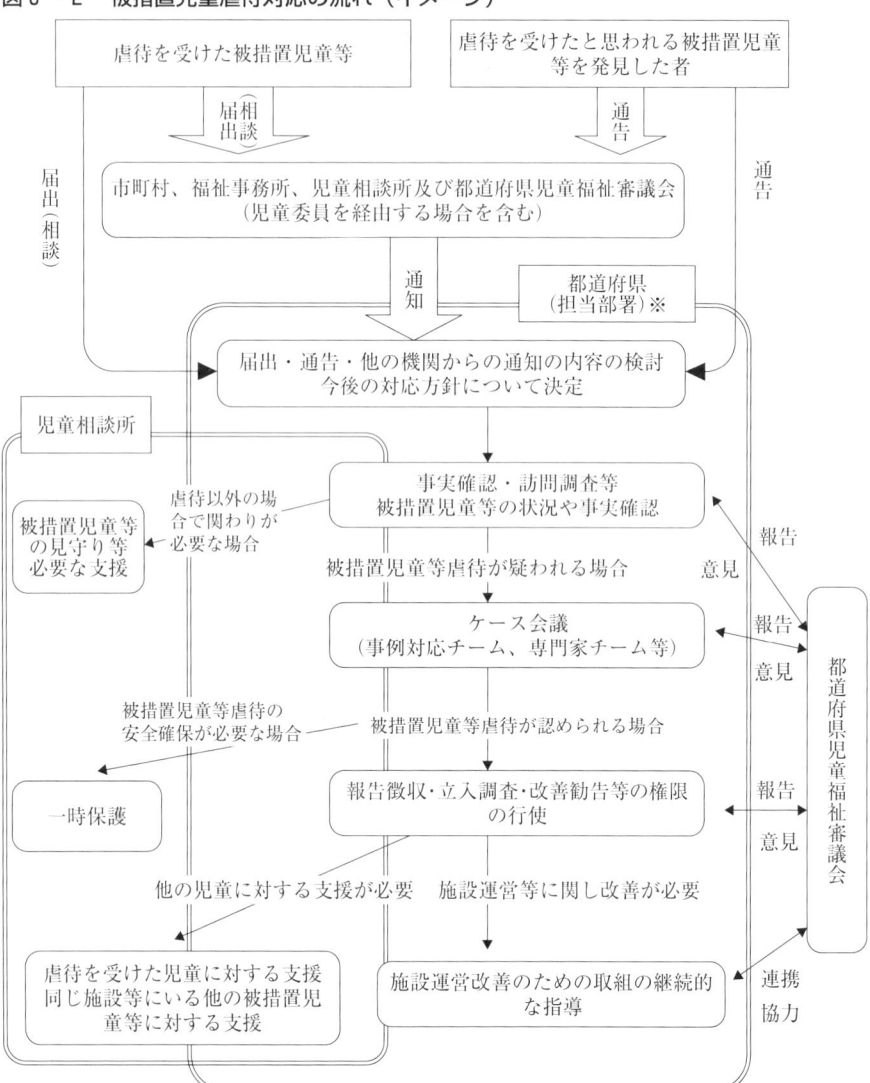

図6－2　被措置児童虐待対応の流れ（イメージ）

```
┌─────────────────┐          ┌─────────────────┐
│ 虐待を受けた被措置児童等 │          │ 虐待を受けたと思われる被措置児童│
│                 │          │ 等を発見した者          │
└────────┬────────┘          └────────┬────────┘
         │届出(相談)                  │通告
         ▼                            ▼
    ┌──────────────────────────────────────┐
    │ 市町村、福祉事務所、児童相談所及び都道府県児童福祉審議会 │
    │         （児童委員を経由する場合を含む）          │
    └────────────────┬─────────────────────┘
                     │通知
                     ▼
              ┌──────────────────┐
              │ 都道府県（担当部署）※ │
              └──────────────────┘
                     │
                     ▼
         ┌──────────────────────────┐
         │ 届出・通告・他の機関からの通知の内容の検討 │
         │ 今後の対応方針について決定          │
         └────────────┬─────────────┘
                      ▼
         ┌──────────────────────────┐
         │ 事実確認・訪問調査等             │
         │ 被措置児童等の状況や事実確認        │
         └────────────┬─────────────┘
                      │被措置児童等虐待が疑われる場合
                      ▼
         ┌──────────────────────────┐
         │ ケース会議                     │
         │ （事例対応チーム、専門家チーム等）    │
         └────────────┬─────────────┘
                      │被措置児童等虐待が認められる場合
                      ▼
         ┌──────────────────────────┐
         │ 報告徴収・立入調査・改善勧告等の権限 │
         │ の行使                         │
         └──────────────────────────┘

（左側）児童相談所：
・被措置児童等の見守り等必要な支援（虐待以外の場合で関わりが必要な場合）
・一時保護（被措置児童等虐待の安全確保が必要な場合）
・虐待を受けた児童に対する支援 同じ施設等にいる他の被措置児童等に対する支援（他の児童に対する支援が必要）

（右側）都道府県児童福祉審議会：報告・意見／連携協力

施設運営改善のための取組の継続的な指導（施設運営等に関し改善が必要）
```

※　各都道府県において担当の主担当となる担当部署を定めておくことが必要です。

資料：厚生労働省「被措置児童等虐待対応ガイドライン」（社会保障審議会児童部会社会的養護専門委員会　2009年5月18日）

【参考文献】
1）長谷川眞人編『子どもの権利条約と子どもの権利条例』三学出版　2006年
2）長谷川眞人編『子どもの権利ノート』三学出版　2006年
3）長谷川眞人・堀場純矢編『児童養護施設と子どもの生活問題』三学出版　2005年
4）全国児童養護問題研究会・全国児童相談研究会編『日本の児童福祉』各号
5）長谷川眞人・竹中哲夫編『新子どもの問題ケースブック』中央法規出版　2004年
6）神田ふみよ『それぞれの花をいだいて』ミネルヴァ書房　1986年
7）全国児童養護問題研究会編『春の歌うたえば～養護施設からの旅立ち』ミネルヴァ書房　1992年
8）長谷川眞人・神戸賢次・松井一晃『子どもの生活と援助』ミネルヴァ書房　1996年
9）全国児童養護問題研究会編『児童養護への招待』ミネルヴァ書房　1999年

第7章 施設養護の実践と方法

1 ── 日常生活・自立援助

1 施設養護の意義と目的

(1) 児童福祉施設の類型

　児童福祉施設には、入所型施設と通所型施設がある。本章では児童福祉施設の入所型施設養護について述べる。

　入所型施設養護のなかでもその目的は、大きく3つに分けられる。

①養護環境上、問題のある子どものための施設：助産施設、乳児院、児童養護施設、母子生活支援施設

　　父母の行方不明、離婚、性格異常、精神障がい、放任、虐待、死亡等、家庭が何らかの理由で崩壊し、家庭の事情で、家族が養育できない子どもの自立支援を明確化し、健全に養育することを目的とする施設。

②心身に障がいのある子どものための施設：知的障害児施設、盲ろうあ児施設、肢体不自由児施設、重症心身障害児施設

　　身体障がい、知的障がい、重複障がい等の障がいのある子どもを保護するとともに、独立自活に必要な知識を与えたり、健康の増進を図ったり、治療や日常生活の指導を行う施設。障害者自立支援法の施行に併せて、これらの施設での支援は「障害児施設支援」と一元化された。こうした流れは、障がいの重複化に合致したものではあるが、実際に支援を行う際には障がい特性に応じた対応ができるよう配慮する必要がある。

③情緒・行動面に問題のある子どものための施設：情緒障害児短期治療施設、児童自立支援施設

　　情緒障がいや反社会的行動、社会不適応を起こしている子どもに対して、自立を支援することを目的に生活指導等、作業指導や教育を行う施設。

　このように、入所型施設養護でも、子どもの状況によってその目的が異なる。施設養護の場合、子どもや親が希望して入所、利用するケースはほとんど

ない。誰もが家族円満な生活を望み、親子が健康で幸せな生活を送ることを望んでいるのである。しかしいつの時代でも、親子で生活できない事情や家庭環境が存在する。少子化社会のなかにあっても、離婚率の増加、ストレスの多い社会であるがゆえの精神疾患、子どもに対しての虐待、特に虐待の件数は、近年においては飛躍的に伸びているという現状がある。こうした事情により施設養護を余儀なくされる子どもが存在するのである。

(2) 施設養護の意義

子どもにとって、入所型施設は家庭に代わる生活の場となる。その基本には、児童の権利に関する条約に示されている「生存の権利」「発達の権利」や児童憲章の「児童は、人として尊ばれる。児童は社会の一員として重んぜられる。児童は、よい環境のなかで育てられる」「すべての児童は、家庭で、正しい愛情と知識と技術をもって育てられ、家庭に恵まれない児童には、これにかわる環境が与えられる」という理念にそって日常援助が展開されているのである。

被虐待児をはじめ、社会的養護を必要とする子どもの多くは児童養護施設などで生活している。しかし社会的養護を必要とする子どもの抱える問題が年々深刻化している状況にあることから、一人ひとり個別支援を充実する必要がある。子どもたちが家庭的な雰囲気のなかで自立できるよう家庭的養護（里親、ファミリーホームなど）を充実するとともに児童養護施設の支援体制の強化と生活集団の小規模化（地域小規模児童養護施設、小規模グループケアなど）を進め、社会的養護を必要とする子どもたちの自立促進を図る。

施設養護は、子どもが一定期間家庭から離れて生活するというだけではなく、その子ども一人ひとりの将来をも左右する人格形成や基本的生活習慣を身につける大切な時期である。この大切な時期を子どもにとって意義あるものとするには、施設職員の専門性を発揮した実践が必要である。

施設入所前における子どもの家庭生活は不安定な状況で、落ち着いた生活ができない状況にある。一番愛されたい親から虐待を受けたり、見捨てられるなどという体験の渦中においては、自分の将来に希望をもったり、自分に自信をもつことができない。それは、学校でも地域においても劣等感をもち、他者とのかかわりを拒否したり、自分の存在自体を否定してしまうことにもなる。子どもが施設生活を通して心の傷を癒し、将来に希望がもてる、また、努力していけるよう援助していくことが施設養護の大きな目的である。

2　生活指導

(1) 基本的生活習慣の確立

　生活指導は、基本的生活習慣の確立をめざしたものである。そのなかには、食事、身辺処理、健康、余暇等の指導も含まれる。子どもの健全な成長発達には、規則正しい生活のリズムの確立が大切である。

　食事指導では、「子どもの健全な精神は健全な肉体によって育つ」といわれるように、衣食住が整って初めて生活が成り立つ。食事はおいしく、楽しく食べられることが基本であり、施設では栄養士が子どもの好みや食事量を把握し、栄養の偏りがないよう献立を作成する。そして調理員、または保育士が子どもの喜ぶ顔を想像しながら、心を込めて食事をつくる。食事は楽しい雰囲気のなかで子どもたちが1日の出来事が生き生きと話せるよう配慮する。今日「食育」といわれるように、食事の大切さが重要視されている。子どもの健全な成長発達を支える食事に関して、食材の選び方や調理法、食事のマナー等が身につくよう体験を通して教えていきたい。

(2) 医療・衛生面への配慮

　健康指導は衛生面に配慮する。手洗いやうがいの大切さを教え、衣服などは清潔なものを身につける。十分な睡眠がとれるよう寝具類を整備し、シーツやパジャマを定期的に洗濯する。身の回りをきれいに保ち、整理整頓ができるようにする。また、入浴はスキンシップをもつ意味でも、一緒に入りながら清潔を保つことを教えていく大切な機会である。

　集団生活をしていると伝染性のある病気はすぐに流行し蔓延するため、病気に関しての簡単な知識はもっていたい。また、医療機関にかかる場合には、子どもの病状の把握はもちろん、年齢や身長、体重などは把握しておくべきである。乳児院や児童養護施設には嘱託医が配置されているが、子どもの命にかかわってくることでは、医療機関との連携は切り離せない。

　そして、病気や事故の予防についても心がけなければならない。日常生活のなかで病気にならないような意識づけや食事の充実、睡眠時間の確保、また体力をつけるためにクラブ活動を取り入れている施設もある。レクリエーション活動を通して気力や体力を養うことも大切である。また、事故防止に関しては子どもの遊び場の環境に配慮し、危険箇所や遊具のチェックや改善に心がける。交通事故防止のためには自転車の乗り方や歩き方なども教えていく。ヒヤリハットシート[*1]というものを使い、小さな事故を振り返りながら大きな事故につながらないようにする取り組みが必要である。加えて、子

---

*1　ヒヤリハットシート
重大な事故を1とすると、その背景に29の軽い事故があり、300件のヒヤリとして、ハットした経験があるとされ、重大事故を未然に防ぐために、ヒヤリ、ハットした段階で対策を考え、改善していくことが重要であるという報告書である。

どもたちには命の尊さや健康の大切さ、自分の存在、生きていることの素晴らしさを伝える性（＝生）教育も大切な健康指導である。

(3) 余暇の活用

　子どもたちは遊びを通して自発性や創造性を身につけ生活意欲につなげていく。施設での生活は、ともするとマンネリ化し生活には刺激がなくなることがある。マンネリ化した生活は子どもの意欲的な生活を奪い、自分のしたいことがぼけてしまい、将来にも希望がもてなくなってしまう。施設では、余暇の時間を活用してさまざまな取り組みがなされている。スポーツ大会、キャンプ、海水浴、クリスマス等季節に応じた取り組みや社会的行事も取り入れている。

　また、子どもたちの可能性や能力を生かし伸ばしていく機会を大切にし、地域のクラブ活動や習い事に加入したり、地域で催される各種のイベントに参加したりして、余暇時間の充実に努めている。子どもにとって余暇時間の充実は、遊びを通してのルールを守ること、思いやりの心を育てること、勝つことの喜び、負けることの悔しさ、汗を流すことの気持ちよさ、やり遂げたときの達成感等、協力することの大切さを学んだり、新しいことを体験した喜びの機会となる。仲間づくりには欠かせない取り組みである。

3　学習指導

(1) 子どもの能力支援

　施設へ入所してくる子どもの多くは、学力遅滞や低学力である。両親の離婚や虐待を受ける環境では、子どもが落ち着いて学習に取り組めるはずもなく、多くの子どもは家庭学習の習慣や基礎学力のないまま入所してくる。そうした子どもたちのケアを充実させるために、近年、幼稚園就園費や教育費（学習塾や部活動）に対しての費用が支弁されるようになってきた。家庭で生活できないという子どものコンプレックスが少しでも軽減され、子どもたちが能力を発揮することにより、自信をもって学校に行けることの喜びを実感させていきたい。

(2) 学習意欲につながる指導

　子どもが自分の力に自信がもてると、それが意欲につながる。それまで学校においても授業内容がわからず、意欲をもった授業参加ができない状況から、家庭学習が充実してくると、挙手発言ができるようになったり、宿題提出に自信をもてたり、学校の先生の顔を見て授業が受けられるようになる。

そうなれば進学に向けての意欲もわき、目的をもって学習するようになる。しかしそれは簡単なことではなく、うまくいかないことも多い。職員はそこであきらめることなく、ねばり強く、またいろいろと工夫しながら対応していくことが大切である。そうした職員の取り組みが、子どもに学ぶことの喜びを与え、子どもがテストや成績表をもってきたとき、一緒に喜び、悩み、考えるきっかけとなる。子どもはほめて育てることが大切だが、そのほめ方には、子どもの能力や努力した経過がわからなければ、効果的なほめ方にはならない場合がある。結果だけで判断しほめたならば、子どもが間違った学習をすることがある。子どもの近くにいて、それまでの取り組みを大切にするほめ方をしていきたい。学習指導は子どもと共感でき、また職員が子どもにとって頼りになる大切な機会である。

4　集団での育ち合い

(1)　集団生活の効用

　施設入所となれば、それが小規模の施設であっても、そこで集団生活が始まる。新しく入所してくる子どもがその施設で落ち着けるかどうかは、そのなかで仲間ができるかどうかにかかっている。家庭でも、学校でも、地域でも孤立しがちで、それまでこの世のなかで一番不幸であると感じていた子どもが、施設に入所することによって同じような境遇の子どもたちに出会い、明るく生活する姿に触れ、自分の考え方を変える転機となることがある。たとえば、それまで不登校であった子どもが、施設入所を機会に登校するようになったということは多く報告されている。このように、子どもの意識がかわる背景には仲間の存在が大きい。施設では、そうした仲間との集団生活の機能を積極的に活用し、子どもたちと職員が家族のようにかかわりあう、温かみのある雰囲気のなかで、仲間とともに助け合い、協力しあい、刺激しあうという施設ならではの「育ちあい」の環境を整え、子どものエンパワメント*2を促す援助を行う。こうした援助のなかで、子どもが能力を発揮でき、また、それを伸ばしていける集団をつくることが大切である。

(2)　異年齢集団のなかでの育ち

　施設は異年齢集団である。2歳から18歳までの子どもたちが生活し、そのなかには大家族的な雰囲気がある。上級生が下級生や乳児をかわいがり、下級生は上級生について多くのことを学ぶ。たとえば、問題といわれる行動をとる中学生、高校生が、大人に対しては突っ張ってみせたり反抗的な態度をとることがあっても、乳児や幼児に対して実にやさしいかかわりをする姿が

*2　エンパワメント
自分の力を自覚し、行動できるような支援を行うこと。子どもには本来、高い能力が備わっているものであり、虐待等により抑圧されていた子どもの能力をどのように引き出し、開花させるかにある。そのためにあらゆる社会資源の活用や条件整備を行っていくことである。

みられる。穏やかな表情で乳幼児を大切にするのである。そこには、子どもが本来もっている素直さ、純粋さが感じられるのと同時に、その中学生、高校生は、乳幼児とのかかわりを通して自分自身の育ち直しをしているようにも感じられる。乳幼児期に親から十分な愛情を受けずに成長した子どもが、乳幼児の純粋な笑顔によって素直になり、また、乳幼児にかかわる職員の温かさに癒される。そして、そこには問題児ではない、職員の存在を認めてくれる、笑顔でかかわってくれる子どもがいるのである。このように、少子化傾向のなか、子どもが育ちのなかで異年齢の子どもとかかわることが少なくなってきている今日、施設だからできること、施設にしかできないことを大切にしていきたいものである。

(3) 職員にとっての成長

施設は職員にとっても成長の場である。子どもたちとのかかわりを通して多くのことを学ぶ。家庭で子どもが親に似て育つと同様に、施設において子どもは職員に似て育つのである。子どもたちは自分に向き合ってくれる職員に対して、いろいろな形で表現する。職員によるかかわりが不足しているときは、自分をしっかりみてほしいという行動をとる。また、かかわりが不適切なときは、そのかかわりが嫌だという行動をとる。反面、懸命に自分のことを考えたかかわりをしてくれる職員に対しては、喜びや素直さを表現してくれる。

子どもの表現を通して職員自身が自分を振り返る機会となり、子どもたちに大切なことを教え、伝えることを通して職員が人として成長するのである。

5　自立援助

(1) 社会に出た後を視野に入れた援助

家庭の崩壊によって施設に入所してくる子どもは、家庭環境が整えば、家族が再統合し親と一緒に生活するようになるが、残念ながらその割合は低い。多くの子どもたちは、社会への自立をもって退所する。そのため、施設においての自立援助は、子どもたちが将来社会に出て、いろいろな困難にぶつかったとき、その困難を乗り切る力を身につけていけるようにすることにある。施設が子どもにとって安心できる場所であることは大切であるが、子どもが社会に出た後のことも視野に入れたかかわりが必要である。

2004（平成16）年の児童福祉法の改正では、入所型施設の業務として、退所した者に対して相談・援助のアフターケアを行うことが明文化された。

(2) 自立援助の留意点

　子どもたちの高校卒業、施設退所後の進路としては、就職と大学や各種専門学校等への進学がある。大学、各種専門学校等への進学に関しては、まだまだ国の費用補償はないが、都道府県によっては独自の補助金を作ったり、また財団による補助制度が少しではあるが充実してきている。それによって大学等への進学率が高くなってきている。しかし、施設から期待と不安をもって社会へ出た子どもたちは、間もなく「さびしさ」という壁にぶつかる。それまで多くの仲間に囲まれ、いつもそこには施設職員がいて相談に乗ってくれた。施設や学校では自分中心に世の中が回っていたのである。しかし就職（あるいは進学）し施設から離れたとき、仕事は厳しく、わからないことばかりで指導されることが多い。身近に仲間や常に待っていてくれる人はなく、そうしたさびしさに我慢ができなくなる。甘い言葉や悪い誘いに乗りやすくなる。そして次には生活自体が崩れる。生活には日課がなく、生活費の使い方も自己の責任となる。その体験が少ないと、月末にお金がなく食事ができず、生活のバランスを崩す。朝起きられなくなり遅刻し、指導されることが多くなると、職場内での人間関係が崩れたり、職場で意欲をもって仕事ができなくなる。こうした悪循環で職場に行けなくなり退職するケースが多い。

　子どもたちは職場がなくなると、当然収入もなくなる。同時に住居がなくなることも多い。そうした場合に次の行き先が自分では探せない子どもは、アフターケアにより再度職場を探すことになる。しかし、保証人の問題や住居を借りるときの問題等難しいことが多くなる。そうした、さまざまな理由から自立が困難な状況の場合、経過措置として自立援助ホーム[*3]を活用することもある。こうした現状から社会に自立していく前の子どもに対して、社会人になる心構えや常識（冠婚葬祭に際してのマナー、地域との上手なつきあい方、職場での人間関係、金銭管理、役所や銀行の利用の仕方、カードやローンの恐ろしさ等）を具体的にわかりやすく説明し、体験していける援助プログラムを考えていくことが大切である。また、自動車免許や各種の資格についても、自立をしていく直前ではなく普段の生活のなかでその必要性を話し、資格取得に向けた取り組みを応援していくことも、自立援助を考えていくうえでは欠かせない。

*3　**自立援助ホーム**
児童自立生活援助事業ともいう。義務教育を終了後に児童養護施設・児童自立支援施設を退所し、就職する児童で、なお援助が必要な児童が入所する。職員による日常生活の援助や生活指導を通して社会的自立を図ることを目的としている。

2 ── 治療的援助・障がい児に対する援助

1 治療的援助

(1) 治療的援助におけるケースワーク

　今日の施設養護は、単に家庭に代わる生活の場所ということばかりではなく、治療をも含めた専門的な対応が求められている。そのなかで、ケースワークは最も基本的な援助技術である。子どもは虐待を受けるなかでさまざまな心の傷を負って施設に入所してくる。それが心身の発達上の遅れ、情緒障がい、非行、不登校等の形であらわれてくる。ケースワークでは、子どもの問題の性質を見極めることから始まり、その背景にあるものは何かを考え、子どもの問題だけに目を向けるのではなく、その子どもを取り巻く家族や、学校、交友関係をも含めた対応を考え実践し、問題解決に向けての個別的な援助が展開される。日常生活で子どもとかかわる遊び、食事、入浴等あらゆる場面を活用して、問題解決に向けて働きかけていくのである。

(2) 治療的援助に向けた職員のチーム連携

　児童養護施設、乳児院には被虐待児個別対応職員や心理療法担当職員の配置が認められるようになり、虐待を受けた子どもたちの心のケアの必要性が大きくなってきている。虐待を受けている期間が長ければ長いほど、その心の傷を癒すのに時間がかかる。虐待する親から生活を離したからといって、それは生命の安全が守られるだけであって、心の傷を癒し、自分を取り戻していくには時間と安定した人間関係が必要である。施設において被虐待児の比率が高まっている今日、従来の集団生活への適応が困難な子どもが増加している。虐待の体験から、他児に対して暴力を振るったり、言葉で傷つけたりするなどの行動がみられ、またフラッシュバックを起こしパニックに陥ることもある。個別に時間をかけ、安心できる空間を確保することが必要とされており、被虐待児個別対応職員には子どもに対してそうした役割を担うことが求められている。

　心理を担当する職員の役割が大きくなっているが、カウンセリングやプレイセラピー[*4]をすればすぐに子どもがよくなるというものではない。自己表現ができることを知り、今まで抑えていたものを表出していくことができるようになり、そこから徐々に心の癒しにつながる。子どもを担当している直接援助職員と心理担当の職員との連携が非常に重要である。

*4 プレイセラピー
自分の悩みを言葉でうまく表現することができない子どもたちに、遊びを通して交流し、感情や葛藤の表現を図る。

身体的虐待をする親は、子どもが憎いから虐待をするという理由ばかりでなく、子どもへの期待が強すぎて、そのかかわり方がわからず虐待するケースも多い。子どもたちは親からの愛情を「虐待を通して」感じる子どももいるために、虐待を引き出す行動をとることがある。子どもたちを取り巻く環境や状況が複雑になってきている今日、健全な子どもの発達に向けた職員のチーム連携はますます重要なものとなっている。

2　障がい児に対する援助

　障がい児施設への入所は、保護者による虐待や養育拒否の場合等は措置、それ以外は契約によることとされている。障がい児施設は、障がい児のライフステージに応じた支援を考えるため、満18歳以降も引き続き入所しなければ福祉を損なう恐れがある場合について、引き続き在所できる。特に重症心身障がい者については、児者一貫した支援が保たれるよう配慮していく。

　「子ども・子育てビジョン」では、障がい児に関しては、通園施設や児童のデイサービスへの支援とともに、保育園や幼稚園での受け入れ体制の整備をすすめるとした。

(1)　知的障害児施設での援助

　知的障害児施設では、日常生活の自立や、社会参加し社会生活に適応していけるよう生活指導、学習指導、職業指導が行われる。知的障がい児の場合は、それらの指導に対する理解がさまざまであるので、子どもの障がいの程度や能力をよく把握して粘り強い対応が必要となる。学習指導は、生活に必要な会話や読むこと、文字を理解すること、数が数えられることなど、個人の状況に合わせて目標を設定し指導を行う。職業指導は、子どもの能力に応じた内容が考えられ、運動機能や感覚の訓練もあわせて行う。また、社会参加に向けての知識や技術の習得を目的として指導が展開される。知的障がい児にかかわる場合、年齢に応じた視点ではなく、その子どもの状況に応じたかかわりを継続的に展開することが重要である。

(2)　肢体不自由児施設での援助

　肢体不自由児施設は、いわゆる手足の不自由な子どもが入所し、治療と同時に社会参加に必要な生活指導を行う施設である。脳性まひ児が過半数を占め、運動障がいに加えて機能、視力、聴力、言語、知的障がいをあわせもっていることが多い。療育の内容は、医学的リハビリテーション、社会的・教育的リハビリテーション、職業的リハビリテーションを通して障がいを少し

でも軽くし、生活適応訓練、職業の基礎的訓練を行い、子どもの発達段階や心理的な動きを理解し、専門職員のチームワークによって子どもが少しでも社会参加できるように援助を行う。

3 情緒・行動上に問題のある児童に対する援助

(1) 情緒障害児短期治療施設での援助

情緒障害児短期治療施設とは軽度の情緒障がいをもつ児童を、短期間入所、あるいは通所させて治療する施設である。先天的または後天的な身体の障がいや、知的な発達遅滞から起因するのではなく家庭内の人間関係や地域、学校での対人関係により発生した出来事により、心理的に作用し、日々の生活でのさまざまなストレス症状が認められ社会適応が困難になっている子どもが対象となる。ここでは安定した生活のなかで、基本的生活習慣を身につけ、対人関係のとり方や協調性を学び、さまざまな活動を通して自主性を育て、子どもが自信をもてるかかわりを心がけ、「生きる力」を伸ばすことを目的とする。大きな特徴は、子どもの心の問題に対応するセラピストという心理担当の職員による週1回程度のセラピーという面接の時間をもって治療していくことにある。

また、これまで情緒障がい児は「教育やしつけが十分になされていない子ども」とみなされることが多いなど、みつけにくい障がいであることから、十分な支援を受けられない場合が多かった。しかし、近年では、2005（平成17）年4月より発達障害者支援法が施行され、さらに、2007（同19）年4月からは特別支援教育[*5]見直しのなかで情緒障がい児への教育支援が明確化されるなど社会的認識が高まっている。

(2) 児童自立支援施設での援助

児童自立支援施設は、不良行為をなし、またはなすおそれのある子どものほか、家庭環境その他の環境上の理由により生活指導等を要する子どもに対して、入所または通所により個々の子どもに応じて必要な指導を行い、その自立を支援することを目的とする。日常の援助内容は、まず落ち着いた生活が送れるよう環境が整えられ、それから生活指導、学習指導、作業指導が展開される。指導の内容は児童養護施設と共通するところが多いが、より生産、創作活動やスポーツ・クラブ活動を重視し、心身を鍛え、職業能力を身につける援助を行っている。また、矯正カウンセリングや更生保護カウンセリングを取り入れて自立支援を行っている。

障がい児に対する援助のなかでは、その障がいをよく把握する必要がある。

*5 **特別支援教育**
障がいを一つの特性として捉え、障がい児の主体性を尊重しつつ、できる援助の形とは何かを考えていく取り組みのことをいう。この考えのもと「学校教育法の一部改正」が行われ、2007(平成19)年4月より、盲学校・聾学校・養護学校の呼称が「特別支援学校」と一元化されることが示されるとともに、学習障がい(LD)、注意欠陥多動性障がい(ADHD)、高機能自閉症などの発達障がいや情緒障がいのある子どもへの支援が明言された。

そして、その障がい自体を受け入れたかかわりが必要である。障がいがない子どもに近づくことが幸せなことと考えるのではなく、その子どもがもつ一つの個性としてとらえ、生き生きとした希望のある生活ができるようなかかわりを心がけていきたいものである。

3──親子関係、学校、地域との関係調整

1　施設による親子関係の調整

　児童養護施設に入所している子どもに「両親との死別」の割合が多かったが、近年ではひとり親、もしくは家庭の不和による入所が多い状況であり、家族の再統合が大きな課題とされている。施設に入所している子どもたちは、自分のルーツや入所理由が気になる。入所中にそうしたことが話せる子どももいるが、思春期のなか、情緒的に落ち着かない状況の子どもも多く、なかなか伝えられないということもある。しかし施設退所後、自分のルーツを探したり、それまで面会や通信等の連絡がなかった親の居場所を捜し出して連絡をとったり会いに行く姿を見るとき、子どもにとっての親や家庭の大切さが実感できる。

(1)　入所児童の親へのかかわり方

　施設は、たとえ子どもに対して虐待する親であっても、批判するのではなく、親とともに子どもの健全な成長発達を願い、取り組む必要がある。虐待をしている親と面接すると、どこに相談に行っても親自身の悪さを指摘され、苦しんでいる姿がある。虐待を受けている子どもの苦しさや悲惨さに対しての周囲の理解や励ましは多くあるが、虐待をする親の苦しさを理解してくれるところが少ない。ストレスの多い社会のなかで、仕事や収入、夫婦関係、祖父母との関係、地域の人間関係の問題等により親自身が苦しみ、自分がコントロールできない状況に追い込まれていたりする。

　施設における親子関係の調整は、親の理解に努めることから始まる。職員と親とが子どもを中心において、その子の幸せを願い努力していくことを理解しあうことが、最初の段階である。それから子どもの状況や親の状況によって、親子関係の絆を強めていくよう調整を図るようにする。

(2) 施設における親子関係調整

　乳児院においては、子どもが一番かわいいと感じられる時期に親子関係を築けなければ、年齢が高くなってから子どもがかわいいと思うことが困難になる。こうした大事な時期だからこそ、親の子どもへの意識を高める取り組みをする。具体的には子どもの成長の写真や様子の報告を親に丁寧に送ったりする。乳児期の成長発達は著しく、その笑顔は宝物である。それまで自分の子どもを里親や養子に出してもと思っていた親が、子どものかわいさに気づき、理解し、子育てをしようと努力し始める姿がある。

　また、児童養護施設においても親子関係の再構築のために、子育てが未熟な親に対しては、施設職員が子育てをしている場面を実際に見てもらい、一緒に子どもにかかわる体験をする機会をつくる。そうすることによって、子どもの失敗に対してすぐに怒らなくてもいい、子どもは失敗するものだということを理解し実感することになる。こうした体験を重ねていくことによって、親が子育てに対して自信がもてるよう支援していく。また、面会時には子どもの状況を丁寧に報告したり、成績表を見せたりして、子どもの成長を一緒に喜び、親からも助言してもらったり、ほめてもらえるよう配慮し、親が大切な役割を担っていることを伝えていきたい。また、親の近況についても把握するようにし、今後の方向を確認する。

(3) 親から信頼を得られる取り組み

　親のなかには、愛情が強すぎて、そのかかわりが行き過ぎたり、子どもを自分の持ち物のように思う気持ちの強さから、子どもを虐待してしまう人もいる。そのことにより、子どもと別々に暮らすために子どもを施設に預けることを理解はしたが、実際に子どもと離れて生活すると、自分の体の一部が奪われたような寂しさ、空虚感をもつことがある。そのようなとき、親は自分の生活環境や情緒の安定を求めて、問題が解決する前でも、子どもを引き取る強引な要求をすることがある。こうした場合、施設では児童相談所と連携をとって、子どもにとっての最善の利益を考えながら、方向を考え、親への説得を行っていく。しかし大事なのは、子どもが施設に来ることによって、「表情がよくなった」「生活が落ち着いた」「学校に元気に行くようになった」等、施設に対しての信頼がもてるような取り組みをしなければならない。

　乳児院や児童養護施設は、一般的にその生活が社会のなかで十分理解されているわけではなく、逆に新聞やテレビで報道される施設は、事件が起こったときに入所する特別の場所であり、ドラマに出てくる施設などは、子どもの不幸の代名詞のように扱われることが少なくない。子どもを施設に預ける

親の気持ちは、「子どもは施設でいじめられるのではないか」「自由に面会ができないのではないか」、また「親として失格であるとの烙印を押されるのではないか」「子どもが一生恨むようになるのではないか」等、大きな不安をもっている。こうした不安を取り除くことが大切である。

　したがって、最初の受け入れのときから、施設についての説明を行い、たとえ子どもが一緒に生活していなくても、親が笑顔で面会に来てくれることで、子どもはより親のありがたみ、家族、家庭の大切さを実感する機会にもなることを伝える。その際、決して子育てはこれから施設が行うものではなく、親と一緒に取り組んでいくものであることを強調する。施設には子どもの権利ノートがあり、それに基づいて子どもの権利が保障されること、また、入所後の面会や外出、帰省のあり方や施設の子どもたちの様子、生活の状況等の情報提供について説明し、親が安心でき、信頼できる施設となるように配慮しなければならない。

(4) 今後の課題

　実際には、子どもの施設への入所後の親に対してのフォローアップの体制や指導が十分でないのが現状である。実際どのようにしたら子どもと一緒に生活できるようになるのか、先の見通しが立たないことが親の不安材料でもある。そこで児童養護施設には、家庭支援専門相談員（ファミリーソーシャルワーカー）が2004（平成16）年より配置されるようになった。入所前から退所、さらに退所後のアフターケアに至る総合的な家族調整を担うことを目的とする。このように、親子関係の取り組みの重要性が認識されてきたが、まだまだ課題が多い。

2　施設と学校との関係づくり

(1) 入所児童にとっての学校生活

　施設に入所すると、その地元の幼稚園、小学校、中学校に通うことになる。また高校においては、全日制、定時制、私立の高校にも通えるようになっている。その他には職業訓練校にも通える。施設の職員は、学校の授業参観や保護者懇談会、運動会や学習発表会、その他PTAの行事には親に代わって、もしくは親とともに参加する。学校内での子どもの表情や態度、仲間関係などを把握すること、また、懇談会には積極的に参加し、それぞれの家庭の親と知り合い、施設の職員であることを知ってもらう大切な機会である。1日の生活の大半を学校で過ごす子どもたちにとって、学校生活は非常に重要である。子どもたちが学校のなかで生き生きと生活でき、仲間ができることは、

施設での生活の落ち着きにつながる。

(2) 施設と学校の連携

　施設と学校との連携は、子どもの健全育成にとって重要である。施設への突然の入退所があり、そのことで学校についても年度途中の転入や転校がある。学校においての施設の子どもの人数により、クラス編成の問題や職員数の問題にもつながることがある。子どもの入所前の状況を、その家族の生活している校区の学校に尋ねると、家庭においても、学校においても、地域においても、大きな問題のある家庭であることが多い。したがって、子どもの入所が決まったときには、施設と学校がトラブル時に対応できるように、子どもの状況や家庭の状況を常に共通認識として把握する体制をつくることが大切である。

　虐待により親の同意なしで入所してくるケースもある。親が子どもの居場所がわからず探し回るとき、学校にもそうした連絡が入ることがある。もしくは、通信や新聞等に写真や名前が載ることに配慮してもらうこともある。また、住民票の異動ができず、学校も含めて教育委員会にも区域外通学の許可がいる等、さまざまな配慮が必要になることが多くある。

　虐待等による心の傷から、学校でさまざまな問題行動を起こしたり、授業を普通に受けられなかったりすることがあったり、自傷行為に至る子どももいれば、仲間に理解されず孤独に陥っている子どももいる。学校の先生も児童養護施設で生活する子どもたちとかかわった経験がなく、施設の子どもとのかかわり方がわからず、学校で問題といわれる行動を起こしたとき、この子どもは家庭から離れて施設にいるから問題を起こしても仕方がないというように、子どもの問題行動を容認したならば、それは間違った理解であり、そのことは問題の解決にはならず、また子どものためにもならない。

　施設の子どもたちの心が傷ついていることを理解し応援してもらうために、施設の職員は学校の先生との会話の機会を多くもち、理解を深めていくことが大切である。定期的に話し合いの場を設けたり、小さな出来事でも連絡を取り合うことが大切になる。お互いの共通認識のなかで子どもたちとかかわる必要がある。

3　地域ぐるみでの子育て支援

(1) 家族を支える地域ネットワーク

　児童養護施設、乳児院に在籍する子どもの半数以上が虐待を理由とするようになってきている（厚生労働省「児童養護施設入所児童等調査結果」（平

成20年2月1日現在))。そうした子どもたちは家庭に戻ることができないのかというと、そういうわけではなく、子どもの引き取りを希望する親も少なくない。

　しかし、親が家庭引き取りを希望するからといって、すぐにそれが可能なわけではなく、親自身が変わることが大切となる。ただ、人間は、特に大人になってから自分の性格や、かかわり方を大きく変えることは困難である。

　たとえば、精神疾患がある親のもとに子どもがいた場合、状態が悪いときの親のもとで生活することは、子どもの生命の危険にもかかわる。そのときには、家庭で一緒に生活することは考えられないが、そうした状況でなければ、一緒に生活することは可能である。しかし、いくら精神科医が、薬をしっかりと飲むことや、定期的に受診することを守れば、精神的なバランスを崩す心配がないと子どもの親を診断したとしても、リスクが伴うため、子どもを家庭に返すべきか迷うところである。

　2005（平成17）年4月から市区町村が児童家庭相談に関する相談業務を行うこととされ、また、要保護児童に関し、関係者間（児童相談所、福祉事務所、保健師、民生・児童委員、主任児童委員、保育所、幼稚園、学校、警察、医者、福祉施設等）で情報の交換と支援の協議を行う要保護児童対策地域協議会[*6]が児童福祉法に位置づけられ、各市区町村は家庭での虐待や育児不安などの早期発見、早期対応に努めることが求められている。施設から子どもを家庭に返す場合は、このような地域においてのネットワークが今後も重要になってくる。

　2010（平成22）年1月に閣議決定された、「子ども・子育てビジョン」は、少子化の改善に向けて「社会全体で子育てを支える」「仕事や子育ての希望がかなえられる」の2つを基本的考え方とし、子どもを産み、育てやすい社会をつくっていくために、国としてどんなことに取り組んでいくのか、数値目標とともに具体的に決めたものである。子育ては家族が担うものから、社会全体で子育てを支えるという考え方へ大きく転換しようとしている。誰もが安心して子どもを産み育てる環境を整え、少子化を食い止めることができれば、結果として経済が活性化し社会保障の支え手を増やすことにつながっていく。

　「子ども手当」という家族への直接の支援策と、保育所の整備など保育サービスの充実。この2つを車の両輪として、バランスよく組み合わせて取り組んでいくという内容となっている。

*6 詳しくは、第12章　201ページ参照。

(2) 地域に開かれた施設とするために

　今後、施設は、閉鎖的、隔離的な状況を脱するために、地域に開かれたものとなる必要がある。今までもっていた施設のイメージのように、暗く閉ざされた状況を拒否しはじめた家族や子どもたち。また、理論的にも地域に開かれた施設となることが、子どもたちの養育、教育、療育のために大切なことであると認識してきた施設関係者。これまでは、地域のなかに存在することが受け入れにくかったが、社会変動の激しいなか、ハード面、ソフト面でも専門的な知識、技術をもった施設の存在は地域にとって欠かせないものとなってきている。また、地方の時代となってきて、各行政単位での取り組みが求められている今日、施設の専門性の重要性を感じている行政職員も多い。

　このように、施設が地域に根ざしていくことは、地域社会にとっても福祉の意識の向上につながる。また、あらゆる障がいや社会への不適合の要素のある子どもを養護する施設に対する意識の高まりはそうした子どもたちへのノーマライゼーション*7、インクルージョン*8を考えることにつながり、さらには社会の一員としての存在を大切にし、存在自体が当然のこととした福祉社会の形成につながる。

　そのような社会をめざすとき、地域のなかでの施設職員の姿勢として、まず職員自身が地域の一員となることである。施設を理解してもらうには、まず、職員の姿勢を理解してもらうことが重要である。そして、透明性のある施設にしていかなければならない。当然、利用者の守秘義務は守らなければならないが、その運営や取り組みについてはオープンにし、ボランティアや実習生を受け入れる等して地域の意識の向上に努めることが大切である。

【参考文献】
1) 神戸賢次・喜多一憲編『四訂　新選・児童福祉』みらい　2009年
2) 神戸賢次・喜多一憲編『三訂　演習・児童養護の内容』みらい　2010年
3) 内閣府「子ども・子育てビジョン」2010年

---

*7 ノーマライゼーション
障がいをもつ人の生活をできる限り健常者の生活と同じように営めるようにすること。現代の社会福祉においては、障がい者にかかわらずあらゆる人がともに住み、ともに生活できるような社会を築くことであり、重要な基本理念とされている。

*8 インクルージョン
特別な援助を必要とする子どもたちに対し、別々に分けて対応するのではなく、普通の子どもも含めすべての子どもたちを包み込んだうえで必要な援助を行っていこうとする理念。

第8章 児童の社会的養護の領域と概要

1 ── 養護系施設

1 乳児院

(1) 乳児院とは

❶施設の目的と概要

乳児院とは、児童福祉法第37条により、「乳児院は、乳児(保健上、安定した生活環境の確保その他の理由により特に必要のある場合には、幼児を含む。)を入院させて、これを養育し、あわせて退院した者について相談その他の援助を行うことを目的とする施設とする」と規定されている。2004(平成16)年の児童福祉法改正により、保健上、生活環境上等の理由により特に必要のある場合には、幼児までを入院させることができるようになった。また、退院した者についても、相談・援助を行うこととなった。

全国に121か所ある乳児院には約3,124人の乳児が生活しており(厚生労働省「社会福祉施設等調査」(平成20年10月1日現在))、平均在籍期間は1.1年である(厚生労働省「児童養護施設入所児童等調査」(平成20年2月1日現在))。その後の行き先は、2008(平成20)年度の調査では、50.5%が親元や里親委託や養子縁組などにより家庭に引き取られ、47.4%が児童養護施設などの児童福祉施設への措置変更となり、その他が2.1%となっている(厚生労働省家庭福祉課調べ)。

児童養護施設への措置変更後でも家庭復帰するケースが多く、幼児期までに家庭復帰する子どもはおよそ9割にのぼる。このことからも、乳児院におけるファミリーソーシャルワークによる家庭復帰に向けた援助・支援が重要となっている。

❷入院児童の特性

主な入院理由をみると、「父、または母の放任・怠だ」「父、または母の虐待・酷使」「棄児」「養育拒否」などの被虐待が27.3%、「父、または母の精神疾患等」が19.1%、「父、または母の行方不明」4.4%、「両親の未婚」が7.9%、「父、または母の就労」が7.4%などとなっている[*1]。親の精神的・

*1 第1章 18ページ表1-1参照。

知的障がいによる家庭生活および養育が困難なケースが多く、児童養護施設の「保護者のない児童、虐待されている児童その他環境上養護を要する児童（児童福祉法第41条）」という規定と重なっている。また、子ども自身の問題についても、家庭環境の劣悪化によって病虚弱や障がいをもった子どもが増加している。

(2) 援助の方法

障がいのある入所児童のなかには複数の障がいを抱えている場合も多く、病弱なため健康面での管理が特に必要である。また、今日、児童虐待による入所が増加しており、このような子どもには愛着障害[*2]のあることが多く、授乳の仕方などに職員が手をかける工夫が必要とされている。

さらに、児童福祉施設最低基準の第23条第1項に「乳児の健全な発育を促進し、その人格の形成に資することとなるものでなければならない」とされるように、乳児院は人生の基礎となる大切な時期にある子どもたちを養育する大切な役割を担っている。

乳児院で働く職員である、看護師の数はおおむね乳児の数を1.7で除して得た数（その数が7人未満であるときは7人）以上とされている。ここでいう看護師は、保育士や児童指導員をもってこれに代えることができるが、乳児10人の乳児院には2人以上、さらに乳児が10人を超える場合には、おおむね10人増すごとに1人以上看護師を置かなければならない（最低基準第21条第3項）とされている。乳幼児の健康管理という特性上、看護師は乳児院に必要不可欠である。さらに、1999（平成11）年度より、家庭環境上の理由により入所している児童については、児童の早期家庭復帰、里親委託等支援および保護者等に育児指導や相談等を専門に担当する家庭支援専門相談員が配置された。2001（同13）年には入所する被虐待児にきめ細かな支援を行うための心理療法担当職員の配置が非常勤で配置されたが、2006（同18）年には常勤配置となった。また、2005（同17）年からは、施設内において手厚いケアを要する児童を対象に、小規模なグループによるケアを行う体制を整備し、これに対応した職員が配置された。

年々、乳児院における被虐待経験のある乳幼児の割合が増加していることから、乳児院においても児童養護施設同様に被虐待児個別対応職員が配置された。

*2 愛着障害
[attachment disorder] 被虐待体験や、主たる養育者が代わる施設養育体験、里親を転々と代わる体験などにより、愛着（アタッチメント）形成が適切に行われなかった場合にみられる心理行動上の問題を愛着障害という。アメリカ精神医学会の『診断と統計のマニュアル』では「幼児期または小児期早期の反応性愛着障害」という。

(3) 今後の課題

乳児院は、「おおむね2歳未満」という年齢制限があったため施設での在籍期間は短かったが、1997（平成9）年の児童福祉法の一部改正以降、状況による年齢超過が認められたことによって、障がい児の滞留現象が起きている。その結果、乳児院の障がい児施設化が進行していることが大きな課題である。

また、親が障がいのあるケースも多く、そのことで家庭環境づくりに長い時間を要し、その間、家庭に返せない状況が続き、その結果、長期入所につながっている。その他乳児院で行われている事業は、措置された子どもへの援助や保護者へのファミリーソーシャルワークだけではない。電話や来所による育児相談や、育児体験教室、また、妊婦や夫婦のための育児教室を開いたり、さらにはショートステイやデイケア、トワイライトステイ、病児保育など、さまざまな地域社会の子育て支援・子ども家庭支援の役割を担っている。

2　母子生活支援施設

(1) 母子生活支援施設とは

❶施設の目的と概要

母子生活支援施設とは、児童福祉法第38条により「母子生活支援施設は、配偶者のない女子又はこれに準ずる事情にある女子及びその者の監護すべき児童を入所させて、これらの者を保護するとともに、これらの者の自立の促進のためにその生活を支援し、あわせて退所した者について相談その他の援助を行うことを目的とする施設とする」と規定されている。

従来、「母子寮」と呼ばれ、1929年にアメリカのウォール街を起点に起きた世界恐慌により大きな打撃を受けた母子家庭の救済のため、1937（昭和12）年の母子保護法によって制定された。第2次世界大戦後は、児童福祉法によって子どもの福祉に立った施設として規定されたが、1997（平成9）年の児童福祉法の一部改正（1998年4月1日施行）で、従来の「保護」から、「保護とともに自立の促進のための生活の支援を目的とする」ことと改められ、「母子寮」から「母子生活支援施設」に改称し、「措置」から「利用契約」へと制度移行した。

母子生活支援施設へと名称および機能の変更がなされたことによって、母子生活支援施設は、経済的困窮状態にある母子家庭の救済のみではなく、子どもの福祉を守ることを前提として母子を保護し、その家庭の自立のために援助を行う施設となった。

❷入所児童の特性

　母子生活支援施設の対象者は、配偶者と死別・生別した母子、未婚の母子、夫等によるドメスティック・バイオレンス（DV）からの避難など、さまざまな理由により生活困窮した母子である。入所している世帯数は4,056世帯で、入所理由は、「配偶者からの暴力」が40.8％と最も多く、次いで、「経済的理由」が24.6％、「住宅事情」が15.3％となっている（厚生労働省「児童養護施設入所児童等調査」（平成20年2月1日現在））。利用申請については、保育所に準じた、いわゆる「間接利用契約」といわれるものであるため、入所申請は福祉事務所等が窓口となり、福祉事務所長がその施設利用を決定する。

　1997（平成9）年の児童福祉法の一部改正により、福祉事務所が必要と認めるときは、満20歳に達するまで引き続き在所させることができることとなったが、入所世帯は乳幼児を抱えた母子世帯が大半を占めている。その理由には、先述した、住む所がないなどの「住宅事情」とともに、「夫等の暴力からの避難」「借金」「養育不安」「就労のための養育支援を必要とする」などの複数の理由をあげるケースが多い。

(2) 　入所者への援助

　母子生活支援施設への入所後は、「生活援助」によるかかわりが重要である。夫等によるDVや配偶者との別離、別離後の心身のストレスや問題、経済的窮迫など、母子にとって非常に不安定な環境がその入所の背景にある。このような環境のなか、子どもの養育に困難や問題が生じるケースも出てきており、母と子の双方への支援が必要となる。そのため、自立支援を行う際には、安心な生活環境の場の提供のみではなく、生活援助によって母子の心身の安定をはかり、エンパワメント力を高めていくことが大切となる。

　具体的には、母親に関しては、就労や育児、離婚や親権に関する手続き等の相談といった「個別援助」と、母親同士のディスカッションをはじめ、知識や技術習得のためのミニ講座の開催といった「集団援助」などを取り入れながら援助がなされている。子どもに関しては、心身の成長や家族や友人とのかかわり、学習などの「個別援助」と、保育所に入所できるまでの「乳幼児保育」やお迎え等への対応のための「補助保育」「病後児保育」、小学生以上の児童には「学童保育」「学習指導」などの「集団援助」が、施設の規模や職員配置に応じて行われている。

　こうした取り組みは、施設内のみではなく、福祉事務所、医療機関、母親の職場、児童相談所、学校や保育所など母子に関係する諸機関との連携によって進めることが、自立後の生活安定にも効果的である。

(3) 課題・展望

　母子生活支援施設は、全国に私営7割、公営3割、合計271施設あるが（全国母子生活支援施設協議会「平成22年度全国母子生活支援施設実態調査」）、建物の老朽化などの理由により減少傾向がみられるとともに、施設機能の見直しが行われ、公設民営化が進みつつある。

　職員配置は、施設長、母子指導員、嘱託医、少年を指導する職員（少年指導員）、保育士等となっている。1997（平成9）年の児童福祉法の一部改正に伴う最低基準の改正で、母子指導員を女子に制限する規定が撤廃された。また、2004（同16）年におけるDV防止法[*3]の改正や、児童虐待の防止等に関する法律の改正において子どもの前でのDVが児童虐待と定義されるようになったことなど、施設の利用実態に合わせてDVを受けている母親や被虐待児への支援のための心理職等の加算配置が可能となってきた。

　また、ドメスティック・バイオレンス（DV）被害者保護においても、「改正DV防止法」による一時保護施設としては、母子生活支援施設が最も多くなっており、DV被害者の保護から自立支援を進めるための重要な施設となっている。こうした状況のなかで、入所している母子への支援のほか、DV避難などのための「緊急一時保護事業」や、家庭養育において困難、問題を抱えている父子世帯や両親世帯も含めた地域で生活する子育て家庭への子育て相談・支援や、母子生活支援施設の保育機能を活用し地域で生活する母子家庭等の子どもを受け入れることにより子育てと仕事の両立を支援する母子生活支援施設の保育機能強化、母子生活支援施設に入所する母子家庭のうち早期の自立が見込まれる者について地域社会のなかで小規模な施設で生活することによって自立を促進する小規模分園型（サテライト型）などの機能強化が進められ、その社会的使命は増大している。

3　児童養護施設

(1) 児童養護施設とは

❶施設の目的と概要

　児童養護施設とは、児童福祉法第41条により「児童養護施設は、保護者のない児童（乳児を除く。ただし、安定した生活環境の確保その他の理由により特に必要のある場合には、乳児を含む。以下この条において同じ。）、虐待されている児童その他環境上養護を要する児童を入所させて、これを養護し、あわせて退所した者に対する相談その他の自立のための援助を行うことを目的とする施設とする」と規定されている。1997（平成9）年の児童福祉法改正で、それまでの「養護施設」から「児童養護施設」に名称変更がなされる

[*3] DV防止法
正式名称は「配偶者からの暴力の防止及び被害者の保護に関する法律」

と同時に、以前の虚弱児施設が児童養護施設に統合された。さらに児童相談所が必要と認めるときは、満20歳に達するまで引き続き在籍させることができるとした。

児童養護施設は569か所あり、3万695人（厚生労働省「社会福祉施設等調査」（平成20年10月1日現在））の子どもが生活している。入所児童数は一時、少子化による児童人口の減少のため減少傾向にあったが、1995（平成7）年以降児童虐待の増加により反転微増となった。こうしたことから、児童虐待を受けた子どもたちの受け皿として社会的にも注目されている。

❷入所児童の特性

児童養護施設に入所する児童の入所理由は、「父、または母の就労」9.7％、「父、または母の精神疾患等」10.7％、「父、または母の行方不明」7.0％、「破産等の経済的理由」7.6％などの割合が多い。なお、「父、または母の放任・怠だ」「父母の虐待・酷使」「養育拒否」「棄児」など虐待が直接の入所理由である者の割合があわせて33.1％と急増している（2008（平成20）年）[*4]。

*4 第1章 18ページ表1-1参照。

こうした入所児童は、施設において被虐待的人間関係の再現を引き起こしたり、引きこもり、不登校や情緒不安定、内気など行動面や情緒面でさまざまな問題行動を起こし、また、学習の遅れや対人関係の不適応、衝動的で無気力な行動パターン等の課題を抱えている。

(2) 援助の方法

近年、児童養護施設には、虐待を受けた子どもの入所が増加しているが、なかでも、愛着障害を起こしている子どもに適切なケアを行い、他者との関係性を回復していく必要がある。そのためには、できる限り家庭的な環境のなかで、職員との個別的な関係性を重視したきめ細やかなケアを提供していくことが求められている。そこで、虐待された子どもを家庭的な環境で養育し、社会的自立を促進するため、2000（平成12）年には地域小規模児童養護施設が、さらに2005（同17）年からは、施設内において虐待などによって、心に深い傷を負ってしまった子どもに手厚いケアを行うための小規模グループケアを行う体制が強化された。

また、2004（平成16）年からは入所児童の早期家庭復帰を図るための家庭支援専門相談員（ファミリーソーシャルワーカー）および虐待を受けた子どもへの対応等を行う被虐待児個別対応職員が配置された。

さらに、2006（平成18）年からは虐待の増加を受け、入所児童に対する適切な援助を行える体制を確保するために、心理療法が必要な入所児童が10人以上いる施設において、心理療法担当職員が常勤配置ができることとなった。

児童養護施設において、日常の投薬管理や健康管理、感染症の予防等医療的ケアが必要な児童に適切に対応するため、看護師の配置がなされた。

また、児童福祉法等の一部を改正する法律（平成20年法律第85号）が2009（平成21）年4月から施行された。改正の主な内容は、社会的養護体制の拡充として里親制度が見直された。そのなかで「養育里親」と「養子縁組里親」を制度上区別し養育里親に対し研修等を義務化し、都道府県における里親支援に関する業務を明確化した[*5]点があげられる。養育里親手当もそれまでのものから倍額された。さらに5人以上の子ども（里子）を養育者の住居において養育する小規模住居型児童養育事業（ファミリーホーム）が創設され、里親と施設と並ぶ子どもの養育の委託先として位置づけられた。

児童福祉施設は、被措置児童等虐待対応ガイドラインが示され、被措置児童等虐待が定義づけられ施設内で職員による虐待等が起きた場合の外部へ知らせる仕組みと通告者の不利益取扱の禁止や都道府県の講じるべき措置が明確化された。

(3) 今後の課題

児童養護施設の入所児の53.4%が虐待を受けた経験があり、23.4%が何らかの障がいをもっているなど、被虐待児のみならず、多様なハンディをもつ子どもが多く入所している状況下にある。いわゆる境界線にある子どもたちで、類型化になじまないカテゴリーが出現し、児童自立支援施設、知的障害児施設等の対象児童が渾然一体として児童養護施設に不分別に措置されているのが現状である。こうしたことからこれからの児童養護施設は、治療・教育機能の強化が必要であり、日常生活を通しての治療を基本とする養育体制の確立が必要不可欠である。そのためには施設職員はこれまで以上に専門性（専門的技術を有する職員の配置、専門施設の利用など）が求められ、職員も体験論のみでの養護ではなく、専門的視点からの対応をしていかなければならない。しかし、職員の配置は1976（昭和51）年以来、入所児童の少年（学童以上）6：1人、幼児4：1人、3歳未満児2：1人という基準のままであり、職員配置数の問題、施設設備の問題など、児童の権利擁護の面からも最低基準の見直しが急務で、専門機関としての職員配置、最低基準の整備が望まれる。

2 ── 障がい系施設

2006（平成18）年4月より障害者自立支援法が一部施行、同年10月より本格施行された。障がい児・者施設では本法律の施行により障がい種別（身体

[*5] 詳しくは、同章147ページ参照。

障がい児・者、知的障がい児・者、精神（情緒）障がい児・者）ごとのサービスが一元化された。これに伴い、これまで措置により入所、通園していた障がい児（加齢児を含む）については、原則として「保護者（加齢児については、本人）が知的障害児施設等と契約を結び、これに基づきサービスの提供を受け、都道府県（指定都市、児童相談所設置市を含む）はこれに係る費用について給付（障害児施設給付）を支給すること」となった。なお、知的障害児施設、知的障害児通園施設、盲ろうあ児施設、肢体不自由児施設、重症心身障害児施設の利用については引き続き児童福祉法に基づいている。

1　知的障害児施設

(1) 知的障害児施設とは

❶施設の目的と概要

　知的障害児施設とは、児童福祉法第42条により、「知的障害児施設は、知的障害のある児童を入所させて、これを保護し、又は治療するとともに、独立自活に必要な知識技能を与えることを目的とする施設とする」と規定されている。入所の対象となる知的障がいは一つの疾患ではなく原因もさまざまで、知的機能や発達障がいの程度の違いも大きい。その援助についても、幅広い対応が必要となる。本人の障がいの程度や、家庭に問題があり保護者に養育を任せることが不適当な場合など、知的障害児施設に入所の対象となる。

　知的障がいは原因や程度がさまざまで、明確に定義することは難しいが、知的機能の発達障がいが学習、運動、身辺自立、情緒、対人関係、言語などさまざまな領域に影響し、生活していくうえで社会的不適応や社会的自立を妨げる原因となっていることが多い。

　知的障害児施設では、これらの子どもを入所させ、障がいの程度、年齢などに応じて将来、身辺自立や社会的自立ができるよう生活指導、学習指導、職業指導が行われる。

❷入所児童の特性

　知能指数（IQ）70以下が知的障がいと判断されることもあるが、知能指数はあくまで目安の一つであり、それのみで判断してしまうことや、過信することは、本人を誤ってとらえることにもなりかねず注意が必要である。知能指数よりも、本人の生活適応における問題点（コミュニケーション、身辺自立、家庭生活、心身の健康と安全、学習、労働、余暇など）がどの程度であるのかということが、知的障がい児をみていくうえで重要である。なぜなら、たとえ知能指数の数値が同じであっても、社会生活能力には違いが大きいといった場合もあるからである。

知的障がい児は、各領域に発達の遅れやアンバランスが重なって認められることが多く、それらが乳幼児期から影響し、周りの不適切な対応も加わって、社会的な自立を遅らせてしまっている場合が多い。

　乳幼児期の例をあげると、首がすわらない、歩きはじめが遅れる、言葉が出ない、言葉の数が少ない、身の回りのことが一人でできない、友達と一緒に遊べないなどの問題が考えられる。本人自身の問題に加え、周囲の人の過保護や過干渉といった不適切な対応や、正しい理解がないなどの環境的な要素も加わると、社会的な自立や適応はさらに遅れ、困難となってしまう。

　注意すべきなのは、たとえ発達の遅れが重度で多領域に及んでも、働きかけ次第で必ず、わずかであっても変化し、改善していくということである。

(2) 求められる援助

　身辺自立については、年齢が低い段階では、周りからの援助を得なくとも身の回りのことが一人でできるということが本人の自信にもつながり、意味が大きい。また、学齢期を過ぎると、職業に就くうえで自分の生活を自分で処理できることは、働くことの根本を支えることになる。身辺自立は、知的障がい児にとっても大切な課題であるが、毎日繰り返される基本的な生活習慣の動作も繰り返し、段階を追って指導が行われれば、生活に必要な技術は時間がかかっても身につけていくことができることは多い。

　しかし、標準的な発達段階に比べて、はるかに長い時間と多くの回数を必要とするために、継続的な指導が得られないことも多い。結果として、本人自身もできないものと思い込んで取り組む姿勢を失ってしまっていたり、成人になってようやく身辺自立ができるようになるということもある。

　援助にあたっては、実際に手をそえる、見本を見せるなど、具体的にわかりやすい形で、少しずつ、繰り返して集中して働きかける姿勢を心がけたい。

　知的障害児施設の役割の一つとして、「保護」があげられる。「保護」とは、本人に対し一方的に受身的な保護をするということではない。それぞれの能力、特性に応じた発達援助を行いつつ、健康と安全を保護するということである。知的障がい児の最近の傾向として、重度化、高年齢化が指摘されている。重度化、高年齢化に伴い、より能力・特性に応じた援助、人権や個性の尊重が重要となる。

　自立とは、すべてのことを一人でできるようにするということではない。周囲からの理解と必要な援助を得て自分の意思と判断で暮らすことが、自立した生活ということができる。

(3) 自閉症児施設について

　自閉症については、わが国でも1955（昭和30）年ころより関心がもたれるようになった。言葉や社会性、対人関係、こだわりのある行動など子どもの対応に困ることも多く、さまざまな方法が試みられてきた。現在では、脳の機能障がいが原因とされている。

　1980（昭和55）年から、自閉症病棟も児童福祉法による知的障害児施設として認められることとなった。児童福祉施設最低基準第48条に「自閉症を主たる症状とする児童を入所させる知的障害児施設」とあるように、自閉症児施設も知的障害児施設の一つである。自閉症児施設は、医療法上の病院で、入院の必要のある自閉症児を対象とした第1種自閉症児施設と、病院・診療所ではない（入院の必要がない）第2種自閉症児施設とがある。ほとんどの自閉症児は、知的障害児施設や知的障害児通園施設に入所、通園している。

(4) 今後の課題・展望

　知的障害児施設に入所する子どもについては、満20歳まで入所期間を延長できること（児童福祉法第31条第2項）や、障がいが重度の場合は満20歳を過ぎても引き続き入所できる（児童福祉法第63条の2）こともあり、18歳以上の過齢児が増加している。また、自閉症児施設にも同じような傾向がみられる。

　今後は、こうした過齢児に対する作業活動や職業指導を地域福祉との関係を重視しながら、入所している人たちが生き生きと生活できるように充実させていくことが求められている。また、重度な障がいのある子どもについて、全身的な運動を中心とした働きかけや、感覚刺激、感覚訓練などをどのように活動に位置づけていくかということも今後の課題である。

2　盲ろうあ児施設

(1) 盲ろうあ児施設とは

　盲ろうあ児施設とは、児童福祉法第43条の2により、「盲ろうあ児施設は、盲児（強度の弱視児を含む。）又はろうあ児（強度の難聴児を含む。）を入所させて、これを保護するとともに、独立自活に必要な指導又は援助をすることを目的とする施設とする」と規定されている。

　盲とは一般に矯正視力が0.02未満をさすが、視覚を利用した日常生活が困難である。したがって視覚以外の聴覚、触覚なども利用する必要がある。弱視は矯正視力0.04以上0.3未満をさしている。視覚を利用した日常生活はできるが文字などを拡大するなどの補助が必要となる。

　聴力の程度については平均聴力レベルによって軽度、中等度、重度とおよ

そ知ることができるが、単純に数字に対応したものではなく、先天性、後天性、あるいはその両方か、また補聴器の適合具合など多くの要因に左右される。

近年において、盲ろうあ児の施設数は、ほとんど増減なく推移しているが、視覚・聴覚障害だけでなく、知的障がいも伴う重複障がいや家庭での養護の問題、心理的な問題も伴って入所する児童もある。そうした場合には、より幅広い視点から発達や支援を考えなければならない。

(2) 求められる援助
❶盲児の場合

視覚障がいは「情報障がい」といわれるように、十分に環境を認知し理解することができないために、自発的に移動したり運動することが少なくなりがちである。そのため、身体発達や運動発達、さらには事物の理解の発達に影響し、遅れが生じやすい。また、視覚を通じて自分の体の動きを再認識できないために、体が前後左右に傾くなど、姿勢や動作の悪さがみられることもある。

視覚障がい児は、話しはじめが遅れることも多い。言葉の発達と学習の過程で周囲が見えないため事物の認知理解が難しい、話すことの動機づけが弱い、口の形の模倣ができないことなどによると考えられる。しかし、年齢が進むにつれて言葉の数も増えて、遅れは取り戻すことが多い。

また、実際の経験が乏しいためバーバリズムと呼ばれ、言葉の意味をよく理解しないまま使う傾向がある。できるだけ触覚や聴覚を利用して物に触るなどの経験で、言葉の概念、イメージを育てておくことが大切となる。視覚刺激が少ないために、「目を押す」「頭を振る」「体をゆする」「同じ場所でぐるぐる回る」など、自己刺激的なブラインディズム[*6]と呼ばれる行動がみられることもある。これも成長にしたがってなくなっていくことが多いが、できるだけ年齢が小さいころから、体を使って積極的に外界に働きかけていく経験を積んでおくことが大切である。

そのほか、視覚障がい児は自己中心的、協調性の弱さ、依存心の強い傾向などと指摘されることもあるが、その多くの原因は周囲の環境の過保護や社会的な経験不足が積み重なった場合に生じていることが多く、注意が必要である。

❷ろうあ児の場合

聴覚障がいは、言葉に関する障がい、コミュニケーションの障がいととらえることができる。特に、言語習得年齢以前の聴覚障がいは、話し言葉や明

*6 ブラインディズム
盲児の行動特徴の一つ。手の甲で目をこする、目の前で盛んに手を振る、体を前後にゆするなど視覚に障がいがあることが関係した一種の自己刺激行動と考えられる。会話ができるようになると消失することも多いといわれる。

瞭な発音の発達に弊害を及ぼす。したがって、聴覚障がいそのものをできるだけ早期に発見し、早期療育(補聴器などによる聴力の補償と言語指導、種々のコミュニケーション指導)につなげる必要がある。

　聴覚障がい児の情緒面の未熟さ、依存心の強さなどの傾向が指摘されることもあるが、これらは不適切な成育環境に影響された場合に生じると考えることができ、特有の性格は存在しないと考えてよい。

(3) 今後の課題・展望

　視覚障がいや聴覚障がいだけでなく知的障がいも伴う重複障がいが増加している。また、家庭養護に欠ける理由で入所するケースも増えている。今後はこうした傾向に対応して単に視覚・聴覚障がいを、一つの障がいとしてではなく、一人ひとりの個性としてとらえ、それぞれの児童の総合的な生活の観点から社会生活力（ソーシャルスキル）を身につけさせていく援助が求められる。

3　肢体不自由児施設

(1) 肢体不自由児施設とは

　肢体不自由児施設とは、児童福祉法第43条の3により、「肢体不自由児施設は、肢体不自由のある児童を治療するとともに、独立自活に必要な知識技能を与えることを目的とする施設とする」と規定されていて、手足が不自由な子どもたちを入所させて、医学的治療を行うとともに生活面における保育や教育を行う場ということができる。

　これは、児童福祉法に規定された施設であると同時に、医療法に基づく病院としての機能を併せ持つ施設である。肢体とは、四肢と体幹をさし、四肢は上肢と下肢、体幹は脊椎を中心として頸椎も含む上半身をいうが、胸部や腹部の内臓は含まない。その肢体が不自由であるから、四肢、体幹に運動機能の障がいがあり、将来の生活に不自由をきたすおそれがある児童を肢体不自由児ということができる。

　肢体不自由となる原因や症状は多様であるが、医学、医療技術の進歩、早期対策の普及によって、肢体不自由の起因疾患は減少してきている。そのなかで、脳性まひが大きな比率を占めている。

(2) 求められる援助

　肢体不自由児は運動障がいや随伴障がいに加え、治療のために（長期入院を強いられる）制限の多い環境に育つなど、発達的に多くの問題を抱える。

社会性の面では、生活の中心が治療、訓練で占められ、限られた人との交流になり、社会性の発達が損なわれることがある。学習面では乳幼児期から運動や生活環境が制限され、自分で直接行動・経験して外界から学ぶ機会が少なく、将来の学習の基礎となる経験的な見聞や理解が乏しくなりがちである。しかし、肢体不自由児であっても発達の遅れやゆがみなどの問題があるとは必ずしもいえない。医療や運動障がいに起因する制限があるにしても、発達段階や年齢に応じた遊びや生活経験、教育面での配慮が早期から十分行われれば、障がいにかかわる問題も回避、もしくは最小限にとどめることができる。

　特に、乳幼児期においては、ともすれば身体的な問題に関心がいきがちであるが、知的な理解や社会性の礎ともなる重要な時期であり、後になって取り戻すことは大変難しい。生活のなかでできるだけものに触れたり、人とかかわったり、さまざまなことを直接経験できる機会が多くなるように配慮し、働きかけることが必要である。

　肢体不自由児も身体的な障がいだけではなく、知的障がい等を併せ持つことも多い。そうした場合には、肢体不自由に関する配慮に加え、より具体的にわかりやすく生活や学習的な面について段階的に働きかけることも必要となる。これらは、単に2つの要素が合わさっているだけではなく、複雑に関係しあっている。たとえば、ある場面では知的な理解面を重点に、違う場面では作業や運動面の身体的動きを重視するといった対応が必要となる。

(3)　今後の課題・展望

　肢体不自由児については、特に早期療育が重要である。そのため、肢体不自由児施設では、幼児や学齢期の子どもの入所割合がほかの児童福祉施設に比べて多い。これから成長発達していく子どもにとって、医学的なケアと生活指導を合わせて受けることができる環境は、障がいをもつ家族支援の面でも必要性が高く、その役割は今後もますます大きくなっていくと考えられる。

4　重症心身障害児施設

(1)　重症心身障害児施設とは

　重症心身障がいという呼び方は診断名ではない。重度の知的障がいと重度の肢体不自由を併せ持つ子どもたちをさして、行政・福祉関係者のなかで使われている言葉である。重症心身障がい児が社会的な問題として関心をもたれるようになったのは、昭和30年代に入ってからであった。それまで人間的な扱いを受けることなくあまり知られることのなかった障がいの重度な子ど

もの入園施設が、1961（昭和36）年の小林提樹による島田療育園、糸賀一雄によるびわこ学園と相次いで設立され、1966（同41）年からは、全国の国立療養所に重症心身障害児病棟が設置されることとなった。そうした動きのなかで、1967（同42）年、児童福祉法の一部改正により重症心身障害児施設も児童福祉施設の一つに加えられることとなった。

　重症心身障害児施設については児童福祉法第43条の4に「重症心身障害児施設は、重度の知的障害及び重度の肢体不自由が重複している児童を入所させて、これを保護するとともに、治療及び日常生活の指導をすることを目的とする施設とする」と規定されている。すなわち、児童福祉施設であると同時に医療法に基づく病院という両面性をもつ施設である。子どもたちの心理や社会性、生活面と医療・治療の両面のバランスがとれた援助を行う必要がある。

(2) 求められる援助

　重症心身障がい児の多くは、脳性まひを基礎疾患としてもっていることから、重度の運動障がいや姿勢異常が起こりやすい。早期発見・早期治療といわれるように、特に乳幼児期に治療的アプローチを行っておくことは、その後の成長過程における障がいによる影響をできるだけ少なくするうえで重要である。

　障がいが重度であるために、四肢の運動機能から感覚、呼吸、摂食、体温調節などに及ぶ主に医療的なアプローチと対人反応やコミュニケーション、知的、情緒、社会的発達を配慮した働きかけの両面が大切である。生活のほとんどを介助に頼らなくてはならない場合が多いが、身体障がいが重度で意思を伝える表現手段をもたないからといって、必ずしも知的な理解が欠けているということではない。また、知的に理解することができなくとも、情緒的・感覚的に周りを判断していることが多い。

　重症心身障がい児の支援については、特に最も基本的で根本的な「人権を尊重する姿勢」が求められる。障がいがいかに重度であっても人とかかわり、人に認めてもらうことは大きな喜びであり、さまざまな経験をしてみたいという気持ちに変わりはない。重症心身障がい児は、言葉でのコミュニケーションをとることは難しい場合がほとんどだが、自分が愛され大切にされているか否かは情緒的・感覚的に判断することができる。

　年齢が低いうちにしておくべきことは多いが、将来どのように暮らしていくのかという生涯のライフサイクルを視野に入れておくことも必要である。また、周囲が援助することが多いため、できるだけ一方的にならぬようコミュ

*7 QOL
[Quality of Life]
生活の質、人生の質、生命の質。自分らしさを追求した、一人ひとりの生活の満足度。

ニケーションに十分注意しながら、QOL*7を高めることが大切である。

(3) 今後の課題・展望

　重症心身障害児施設の入所については、その必要があれば年齢は限られていない（児童福祉法第63条の3）。そのこともあって、全国の施設入所者の約8割は成人である。こうした長期入院している人たちへの生活の支援のあり方が課題となっている。また、重症心身障がい児（者）のおよそ7割は在宅生活者である。そして在宅の3分の2以上が18歳未満である。重症心身障害児施設においても、こうした在宅で暮らす重症心身障がい児（者）への通園事業やショートステイなどの在宅支援の役割がますます大きくなりつつある。2006（平成18）年4月より、障害者自立支援法の施行に伴い、在宅の重症心身障がい児（者）に対して介護給付による入浴、食事、排泄介護等の障害福祉サービスが支給されている。さらに、医療の進歩に伴い「超重症児」と呼ばれ、呼吸管理や食事機能、消化器症状など濃厚な医療とケアを常に必要とする、大変重度の障がいのある子どもたちの療育についても大きな課題となっている。

3 ── 情緒・行動系施設

　情緒や行動等に問題を有する児童の処遇については、これまで以上に地域における子育て支援対策が整備されているが、その主なものは次のとおりである。
　2004（平成16）年の児童福祉法改正により各市町村に「要保護児童対策地域協議会」が設置されることになったが、これは虐待を受けている児童、不登校および非行などの問題を有する児童に対する市町村の体制を強化することを目的としている。この協議会は、現在ではほとんどの市町村に設置され、市町村が福祉事務所、児童相談所、学校等の関係機関との連携のもとで、要保護児童の早期発見・早期対応を図ることができるようになってきている。
　また、1997（平成9）年の児童福祉法改正では、児童相談所と連携しつつ、より地域に密着したきめ細かに地域の児童の問題に対応できるようにするため、児童養護施設などの児童福祉施設に児童家庭支援センターが付置された。これにより、児童福祉施設等がもつ専門的な支援能力は、施設に在籍しない児童やその保護者にも活用されることになり、地域の子育て支援体制はさらに充実してきた。その後、2008（平成20）年の児童福祉法改正により、児童家庭支援センターは児童福祉施設以外の一定の要件を満たす医療機関や

NPO法人なども設置できるようになっている。

　さらに、虐待などの理由により家庭での養育が困難として施設へ入所措置された児童が、入所した施設の職員から受ける虐待の発生防止や早期対応を図るため、そのような虐待の届出・通告機関として都道府県、市町村および児童福祉審議会等に電話窓口を開設するなどの被措置児童等虐待対策も整備されている。

　なお、軽度発達障がいについては、これまで制度の狭間に埋もれ、障がいとして社会的に認知されにくい側面があったが、2005（平成17）年4月より施行された発達障害者支援法により社会的認識が高まり、援助体制の充実が図られつつある。

1　情緒障害児短期治療施設

(1) 情緒障害児短期治療施設とは

❶施設の目的と概要

　情緒障害児短期治療施設は、児童福祉法第43条の5により、「情緒障害児短期治療施設は、軽度の情緒障害を有する児童を、短期間、入所させ、又は保護者の下から通わせて、その情緒障害を治し、あわせて退所した者について相談その他の援助を行うことを目的とする施設とする」と規定されている。

　ここでいう情緒障がいとは、知的障がい・身体障がいとは別に、社会的な発達が未熟なため社会生活に不適応を起こしている状態をいう。また、軽度の障がいとは情緒障がいの重さをいうのではなく、不適応症状が家庭、学校および地域社会における対人関係の歪みから起きていることを意味している。

　このような子どものために、児童福祉法に基づいて医療、福祉および教育が連携して援助する施設を児童心理療育施設ともいう。2009（平成21）年10月1日現在全国に31か所あり、都道府県立等の公営施設6か所、民営施設25か所で、入所定員の合計は1,469人、在籍人員は1,159人（厚生労働省「社会福祉施設等調査」）である。

❷入所児童の特性

　入所児童のもつ情緒障がいは、一般的に次の3つに分類される。
①非社会的問題（引きこもり、不登校、緘黙、内気等）
②反社会的問題（虚言、万引き、反抗、怠学、乱暴等の軽度の非行）
③神経性習癖（夜尿、チック、爪かみ、偏食・拒食等）

　最近は、これらの子どもに加え、被虐待児童の入所が急激に増加している。被虐待児童は、虐待を行う保護者との間に信頼関係を築くことができず、心的外傷体験をもつだけでなく、親子関係をベースにした社会化が進行しにく

い。そのため、被虐待児童は社会生活能力が大きく損なわれ、救出保護された施設における集団生活にさまざまな不適応を起こすことになるのである。

なお、入所児童の学年別の内訳は、全国的には中学生が最も多く、小学校高学年、小学校低学年、高校生の順となっている。

(2) 求められる援助
❶援助の方法

入所児童に対する援助は、心理治療、生活指導および学校教育から構成され、医師（精神科・小児科等）、セラピスト（心理療法を担当する職員）、看護師、児童指導員、保育士、小中学校教諭等がスタッフとして配置されている。

心理治療は、1週間に1回程度、遊戯療法、箱庭療法、カウンセリング、心理劇等の治療技法を用いて、子どもが自己の内面を表現し、心の癒しや人格の再統合を図る援助を行っている。生活指導は、子どもが職員との間に温かく安定した人間関係をはぐくむなかで社会的能力を高める援助を、学校教育は、習熟度にあわせた学習指導を行って学力の向上に努めている。

施設では、子ども本人の指導に加え、保護者に対しても定期的な面接指導やケースワークを行い、親子関係や家庭環境の調整を行っている。また、子どもと保護者を一体にして行う家族療法も行っている。これらは、子どもだけを治療してもその環境が整備されなければ問題が再発するからで、他の児童福祉施設でも実施されることがあるが、その活動が最も専門的で体系化されているのが、情緒障害児短期治療施設である。

通所指導では、医療機関の外来部門と同じ形態をとって、保護者、子どもおよび地域関係者からの相談に応じ、地域との連携を高めるなかで、問題の早期発見・早期対応に努めている。

最近では、これらの援助技術を発展させた総合環境療法が注目されている。これは、職員が自分の担当する部門にこだわらず、子どもや保護者が施設生活のさまざまな部門や場面で体験する葛藤場面を重視し、その体験内容の内面化や行動化を通した気持ちの整理と行動の統制ができるよう援助する技法である。職員は、自分の担当する部門を越えて、ケース検討会議を通した情報の共有化とチームワークによって、子どもや保護者が一つの葛藤場面から獲得したものを順次積み上げて統合を図っていくのである。

❷自立支援計画の視点

自立支援は、情緒障がいの子どもの対人関係等の歪みを是正し、社会生活への適応能力を高めることを目的としているが、主なものは次のとおりである。
・症状の意味を探る

許容的かつ親密な人間関係のなかで、子どもが起こさざるを得なかった非社会的、反社会的および神経症的問題*8の発生プロセスや、背景にある問題を子どもや保護者に理解できるようにする。
・情緒の安定を図る
　子どもの安心感、自己肯定感および人への信頼感を高め、ものごとや人に対する感じ方と態度を変えることによって対人関係の改善を図る。
・社会参加能力を高める
　子どもが家族や友人あるいは学級等の集団に対して、積極的にかかわろうとする力を養う。

(3) 今後の課題
❶外来部門の充実
　情緒障害児短期治療施設のなかには、入所治療を行うだけで外来部門のない施設がある。情緒障がいの治療は、早期発見・早期対応が重要なので、児童相談所の措置とは別に、地域と密着した活動のできる外来部門の充実が求められる。

❷児童虐待への対応能力の強化
　児童虐待は増加の一途をたどっている。この問題は児童相談所を中心として、保健所、市町村、警察等の多くの機関が連携体制を組んで対応しているが、児童福祉施設にも子どもの安全確保と心のケア、保護者指導等の役割が期待されている。なかでも情緒障害児短期治療施設は、高度な治療機能をもつ施設としてより困難性の高いケースへの対応を図る必要がある。

2　児童自立支援施設

(1) 児童自立支援施設とは
❶施設の目的と概要
　児童自立支援施設とは、児童福祉法第44条により次の子どもを入所、または保護者のもとから通所させて、自立支援を図る施設である。
①不良行為をなし、又はなすおそれのある児童
②家庭環境その他の環境上の理由により生活指導等を要する児童
　児童自立支援施設は、2009（平成21）年10月1日現在で全国に55か所あるが、その内訳は、国・独立行政法人立2か所、都道府県立48か所、市区町村立3か所、社会福祉法人立2か所（厚生労働省「社会福祉施設等調査」）で、ほとんどが都道府県立である。その理由は、この施設が、都道府県が必ず設置しなければならないものとして法令に規定されているからである。

*8　神経症的問題
保護者等から拒否、過保護、偏愛および冷淡等の不適切な養育を受けて不安定になった子どもは、乱暴・盗み等の周囲にとって迷惑な行動（反社会的問題）や、引きこもり・不登校等の周囲との関係を希薄にする行動（非社会的問題）をとる。また、このような子どもは、周囲との関係というよりも、本人自身がひどく気にしたり悩んだりしてますます不安定になってしまい、吃音・夜尿といった症状が出る場合もある。この場合の吃音・夜尿を神経症的問題という。

また、国立の児童自立支援施設は、問題行動の内容や処遇の困難性等から他の児童自立支援施設では指導・支援が難しい子どもを全国から入所させたり、全国の児童自立支援施設における処遇の向上に資する活動や職員養成を行っている。本項では、最も多く設置されている都道府県立、政令指定都市立の児童自立支援施設を中心にした説明を行うこととする。

❷入所児童の特性

　児童自立支援施設へ入所する子どもは、小学校高学年から中学校卒業児まで幅広いが、最も多いのは中学生である。これは、子どもの年齢が低ければ保護者が児童相談所等の相談機関や学校の援助を受けて問題を解決することが容易であるが、その反対に子どもの年齢が高い場合には、問題が複雑化して解決が困難になるため、子どもと保護者を一時的に分離して子どもを入所させることがあることが起因している。

　入所前の子どもの居所は、自宅が最も多いが、児童養護施設、情緒障害児短期治療施設の場合もある。後者のように他施設からの入所の場合は、被虐待児童が施設という安全な場所へ保護され、心の癒しを進めるなかで反社会的行動を顕在化させる例が少なくない。

　児童自立支援施設へ入所する児童の問題は、窃盗、シンナー吸引、暴力、性的逸脱、怠学、家出、深夜徘徊等の触法、虞犯行為が最も多いが、注意欠陥多動性障がい（ADHD）や被虐待児童症候群との診断を受けた子どもの集団不適応問題[*9]も増えている。

　また、入所児童の特徴として「教科学習の習慣がなく基礎学力に乏しい」「年齢にふさわしい生活習慣が獲得されていない」「対人関係が希薄で親、その他の大人、仲間への信頼感をもっていない」等が指摘されている。入所児童の約半数が中学校卒業と同時に退所しているが、それ以前に自立支援が達成されて入所前の学校への復学・家庭引き取りとなる子どももいる。

(2)　求められる援助

❶援助の方法

　運営形態は、職員夫婦が、数人の入所児童と家族のように寝食をともにし、そのなかで自立支援を図る夫婦小舎制と、大勢の入所児童を何人かの職員が児童の入所している施設へ通勤し交代でみていく中舎通勤交替制・大舎通勤交替制とがあるが、どのようにするかは、各都道府県にまかされている。

　配置される職員は、児童自立支援専門員を主力として、児童心理司、看護師、医師、栄養士、学科指導員等である。また、これらの職員は役割を分担して、学校教育と同じように各教科目の学科指導を行ったり、規則正しい生

---

*9　集団不適応問題
子どもが保育所や学校等の集団生活の場において、自らが周囲に受け入れられていないとの疎外感を抱いたり周囲からの排斥を受けて、集団生活になじめないことをいう。注意欠陥多動性障がい（ADHD）の場合、中枢神経系の器質的な問題により注意の集中や持続が困難で集団行動を乱してしまい、それを不真面目だとかしつけ不足だと誤解されることがある。また、被虐待児童症候群の場合、虐待を受けていた子どもに独占欲が強い、乱暴、わがままな行動を示す等の特徴があって集団生活に支障をきたす。虐待を行う保護者から集団生活の送り方を教えられておらず、そのような形でしか自分を表現できないことが周囲から理解されないことがある。

活習慣の獲得や正しい社会的価値観の形成を図る生活指導および就労援助を目的とした職業指導を行っている。

❷自立支援計画の視点

自立支援計画は、入所する子どもがともすると家庭や地域から疎外され、施設入所を自らの行動に対する懲罰として受けとめることが多いので、それらのことを踏まえ、次のことを基本にして立案されている。

・施設入所への動機づけを行う

施設入所が懲罰的な意味をもつものではなく、入所児童の利益になることを子ども本人が理解できるように説明する。たとえば、施設入所によって自分の学力にあった教科学習ができ、生活習慣の確立を図ることができる、それらが社会へ戻る準備となること等。

・子どもが納得できるルールを設定する

入所中に子どもが守るべき生活の決まりは、職員が一方的に決め、子どもがそれに従うというのではなく、職員と入所児童との信頼関係に裏打ちされた話し合いのなかで設定する。そのためにも、子どもと職員との関係が集団処遇のなかで希薄にならないような個別援助の充実を図っておく。

・子どもにも援助計画や評価基準がわかるようにする

施設生活でどのような行動が期待されているのか、施設を退所し家庭復帰するためには何がどう変化すればいいのかを子どもにわかるように示し、本人が目標や希望をもって生活するとともに、その結果に自信や達成感がもてるようになるため、評価の視点や基準を職員と子どもとが確認しておく。

・家庭環境調整を入所直後から行う

子どもは自立支援の終了とともに家庭や地域へ戻る。その動きをスムーズにするため、入所時点から定期的に家族、出身学校および児童相談所の職員らと話し合いを行い、家庭や地域における受け入れ準備を進める。

(3) 今後の課題

❶職員の専門性の確保

児童自立支援施設へ入所する子どもは変化し、注意欠陥多動性障がい（ADHD）や被虐待児童症候群等のより複雑で困難な問題を抱える子どもが増加しつつある。このような新しい問題に直面するなかで、職員の専門性をいかに確保するかが問題になっている。

❷運営形態の問題

夫婦小舎制は、恵まれない家庭環境に育った入所児童にとっては望ましい運営形態であるが、職員の負担が大きいので中舎通勤交替制・大舎通勤交替

制へ移行する傾向がある。夫婦小舎制で実施してきた処遇プログラムの共有と指導の統一性を通勤交替制のなかでどのように維持するか、現在それぞれの施設で模索している状況である。

❸アフターケアの充実

施設入所中に自立支援計画に基づく援助を受けてせっかく施設を退所したものの、生活基盤が不安定であったり、職場定着ができないため地域社会のなかで自立した社会生活を営むことが難しい児童が少なくない。そのため、要保護児童対策地域協議会、自立援助ホーム、職業指導を行う里親等が中心となって、施設退所児童が地域で自立していくための支援体制を整備する必要がある。

4──里親による養護

1　里親制度の概要

(1) 里親とは何か

里親とは、児童福祉法第6条の3に基づき、「養育里親及び厚生労働省令で定める人数以下の要保護児童を養育することを希望する者であつて、養子縁組によつて養親等になることを希望する者として都道府県知事が児童を委託する者として適当と認めるもの」である。

一般に、親の病気や離婚などで家庭での養育に欠ける要保護児童の多くは、児童相談所の措置により乳児院や児童養護施設などの児童福祉施設へ入所している。しかし、なかには、施設における集団生活になじみにくい児童や、情緒的安定を図るためよりきめ細かな個別的配慮が求められる児童がおり、これらの児童に対しては、自分の家庭や家族に迎え入れ家族の一員として愛情・誠意をもって養育する大人が必要である。里親はこのような役割を担うものとして制度化されているのである。

また、近年では、児童が人格の完全かつ調和のとれた発達を遂げるためには、可能なかぎり地域のなかで生活することが望ましいとされ、児童福祉施設ではさまざまな工夫と努力が重ねられている。しかし、里親は施設に比べると条件的にさらに有利なため、施設入所に代わるものとして地域生活の保障を重視した里親制度の活用も行われている。

(2) 里親登録と子どもの委託

　里親として子どもを育てるためには、まず、里親になり登録することが必要である。そして、その後に児童相談所の措置により子どもを委託されるのである。つまり、児童相談所は制度的に里親として登録されていない者に子どもを委託することはないのである。

　2009（平成21）年度末現在、登録里親数は、全国で7,185人であり、子どもが委託されている里親は2,837人である。また、里親に委託されている児童数は、3,836人である（厚生労働省「平成21年度福祉行政報告例」）。

　里親登録と子どもの委託の流れは、概ね次のとおりである。
① 申し込み：里親希望者の居住地を管轄する児童相談所への相談、申し込み
② 調　　査：児童相談所職員の面接・家庭訪問による家庭状況の把握
③ 認　　定：知事による都道府県児童福祉審議会の意見聴取と里親としての適否の審査・認定
④ 登　　録：知事が認定した者の里親としての登録
⑤ 委　　託：子どもと里親の条件を考慮した児童相談所からの児童委託

(3) 里親とファミリーホーム

　里親は次に示す4種類があり、委託される児童の条件や里親になるための資格要件などが異なっている。また、里親と施設との中間に位置づけられるファミリーホームも新設されている（表8－1）。

① 養育里親

　　他人の子どもを預かって育てる里親で、登録里親の多くがこれに該当する。被虐待児童などを育てる専門里親のように、専門的な子育て能力を必要としない。

② 親族里親

　　保護者のいない子どもを、祖父母など3親等以内の親族が育てる里親。児童と親族との関係の保持や親族による家庭的養育の保障を図る。

③ 専門里親

　　被虐待児童などの心の傷の癒しや専門的な子育て能力を必要とする子どもを育てる里親。家庭復帰を前提として児童の自立や問題の改善を図るための専門性を備えている。

④ ファミリーホーム

　　3人以上の養育者が、その者の自宅で5～6人の子どもを育てるといういわば里親型のグループホーム。里親制度の見直しのなかでできたも

表8-1　里親類型別一覧表

	養育里親	親族里親	専門里親	ファミリーホーム
対象児童	要保護児童（保護者のない児童又は保護者に監護させることが不適当であると認められる児童）	次の要件に該当する要保護児童 ①親族里親と三親等内の親族関係にあること ②児童の両親その他当該児童を現に監護する者が死亡、行方不明、拘禁等の状態により、これらの者による養育が期待できないこと	児童虐待等の行為により心身に有害な影響を受けた要保護児童	要保護児童
資格要件	①心身ともに健全であること ②児童の養育についての理解、熱意、児童に対する豊かな愛情を有していること ③経済的に困窮していないこと ④児童の養育に関し虐待等の問題がないと認められること ⑤児童福祉法、児童買春、児童ポルノに係る行為等の処罰及び児童の保護等に関する法律の規定により、罰金以上の刑に処せられたことがないこと	養育里親と同じ（ただし、「③経済的に困窮していないこと」の要件は適用されない）	①養育里親の要件に加え、次のいずれかに該当すること ア．3年以上の養育里親経験を有すること イ．3年以上児童福祉事業に従事した者で都道府県知事（指定都市市長）が適当と認めた者であること ウ．都道府県知事（指定都市市長）がア、イと同等以上の能力を有すると認めた者であること ②専門里親研修を修了したこと ③委託された児童の養育に専念できる者であること	養育里親の要件に加え次のいずれかに該当すること ア．養育里親として同時に2人以上の児童を2年以上養育した経験を有すること イ．養育里親として5年以上登録し且つ通算5人以上の児童を養育した経験を有すること ウ．児童福祉事業に3年以上従事した経験を有すること
登録の有効期間	5年間	登録制度なし	2年間	5年間
委託児童の最大人数	養育里親において現に養育している児童（実子、委託児童をあわせて）6人まで	人数制限なし	養育里親と同じ制限に加え、委託児童についても2人までに制限	5〜6人
委託期間	児童が18歳に達するまでであれば制限なし	養育里親と同じ	2年以内	養育里親と同じ
レスパイト・ケアの可否	可能	可能	可能	可能
養育計画の要否	要	要	要	要
その他	養育里親登録後5年毎の更新講習を受ける	児童の委託が解除されたとき認定も取り消される	委託児童の家庭環境への調整に協力しなければならない	常時養育者1人、養育補助者（通い）1人を含む3人の養育者がいることが必要

資料：厚生労働省雇用均等・児童家庭局家庭福祉課『子どもを健やかに養育するために―里親として子どもと生活をするあなたへ』日本児童福祉協会　2003年　pp.22-23　一部改変

ので、里親の確保が難しい状況を改善するものとして期待されている。

(4) 生活諸費および手当の支弁

　里親に対しては、委託された児童の養育に必要な経費として、国などから里親手当、生活費、教育費、医療費等が支払われる。これらは、児童福祉施設に入所した児童の養育に必要な経費負担と類似しているが、金額等は里親の種類により異なっている。たとえば、里親手当を例にすると、養育里親に対しては、委託される子どもが一人の場合は7万2,000円、二人の場合は10万8,000円、専門里親に対しては、一人の場合は12万3,000円、二人の場合は21万円（いずれも月額）となっている（2010（平成22）年4月1日現在）。なお、親族里親には里親手当の支給はない。

(5) 里親の支援体制

　里親が委託された児童の養育をめぐって何か困ったことがあれば、児童相談所へ相談することができる。児童相談所の児童心理司、児童福祉司などの専門職員は、通常の児童相談と同じように社会診断や心理診断などを行って里親の困りごとの解決に向けた助言指導を行っている。

　また、里親は、委託された児童の養育状況を、定期的に児童相談所へ報告することが義務づけられており、里親はその報告を基に児童相談所から必要な援助を適宜受けることができるようになっている。

　里親が冠婚葬祭や育児負担軽減のために一次的に休みを必要とするときは、児童養護施設等が委託児童の養育を里親に代わって行う里親へのレスパイトケアも整備されている。同時に、家庭支援専門相談員（ファミリーソーシャルワーカー）や個別対応職員を増員し、里親の引き受け手の開拓・支援等を行っている。

　以上の公的な支援体制のほかに、子どもを委託された里親を会員とする都道府県・指定都市ごとの里親会、それらの全国組織としての「財団法人全国里親会」が結成されており、これらの里親会では、研修会、レクリエーション事業、機関紙の発行などを通じて里親の親睦、養育技術の向上、里親制度の普及に努めている。

2　養育里親と養子縁組を前提とする里親

(1) 二種類の里親

　本来、里親とは、事情があって保護者と一緒に生活できない児童を、児童福祉の理念に基づいて自宅に預かり、実親にかわって養育する人のことをいう。

　したがって、里親は、預かっている子どもが満18歳に達して児童福祉法の対象外になるか、家庭の状況が改善して子どもが家庭へ復帰するまでの間の親代わりをつとめるという有期限の子育てを行うものであった。欧米などでは、里親として子どもを養育するものはこのような養育里親がほとんどである。

　しかし、日本では、里親を希望する人のなかに、預かった他人の子どもを養子縁組して法的に親子になり、預かった子どもを自分の家族として育てようとする人が少なくないのが実態である。そして、この背景には、実子のない里親が里子に自らの家や財産の管理・保全を託したいとの思い、つまり日本の家制度が介在することがある。このような意図で里親となり子どもを養育するものは、養子縁組を前提とする里親といわれている。

表8－2　養子縁組制度の概要

項　目	普　通　養　子	特　別　養　子
型	契約型 養親と養子の契約（同意）で整う。子ども（15歳未満）の場合は実親が法定代理人となって契約する。	国家宣言型 裁判所（国）が、「親子とする」と審判し、宣言する。
養　子	養親よりも年少者。年齢は問わない。	要保護要件が必要。 申し立て時点で、6歳未満であること。ただし、6歳未満から養親に引き取られ養育された8歳未満の子どもも可能。
養　親	成年に達したもの。養子よりも年長者。単身でも可能。養子の親権者となり、養育の義務を負う。	養親は夫婦（婚姻関係）でなければならず、少なくとも片方が25歳以上でもう片方が20歳以上でなければならない。養子の親権者となり、養育の義務を負う。
姓	養子は養親の姓を名乗る。	養子は養親の姓を名乗る。
実親との関係	養子は、実親と養親の2組の親をもつ。実親との法律上の親子関係は残されている。	実親との親子関係がきれ、養親とだけの親子関係になる。
戸籍の表記	実親と養親の両方の名前が記載され、養子は「養子（養女）」と書かれる。但し書きには「養子（養女）となる届け出…」と書かれる。	養親だけが記載される。養子は、嫡出子と同様に、「長男（長女）」と書かれる。但し書きには「民法817条の2による裁判確定…」と書かれる。
相　続	実親と養親の両方の扶養義務と相続権をもつ。養子は養親の嫡出子の身分を取得する。	養親の扶養義務と相続権をもつ。養子は養親の嫡出子の身分を取得する。
離　縁	双方（養親・養子）の同意があれば離縁できる。ただし、養子が15歳未満の時は、養子の法定代理人と養親との協議となる。	基本的には離縁することが認められておらず、特に養親から離縁を申し出ることはできない。ただし、養親の虐待などがあれば、養子、実父母、検察官の請求により離縁することができる。
成立までの期間	通常は、約1～2か月で成立。	6か月の試験養育期間後、審判。
縁組の申し立て	家庭裁判所に申し立てをする。 家庭裁判所が養親の調査をし、実親の同意も確認した上で許可される。	家庭裁判所に申し立てをする。 家庭裁判所が養親の調査をし、実親の同意を確認して認容か却下に決定する。ただし、実父母が行方不明である場合などはこの限りでない。
その他		戸籍編成上、養子が自分のルーツを探るための手がかりが残されている。血族結婚を防ぐための障害は残されている。

資料：家庭養護促進協会・大阪事務所ホームページ（http://home.inet-osaka.or.jp／~fureai/youshi.htm）

　このように、里親を希望する人には二種類あることが知られていたが、これまでは里親の登録や児童の委託等の実務についてはこれらは区別せずに行われていた。
　しかし、現在はこれらを区別し、養育里親になる人には、登録された時に児童福祉施設における子育ての実習を含め2回の研修を受けることや5年に1回登録更新時に研修を受けることが義務づけられている。

(2) 養子縁組制度の概要

　養子縁組制度には、普通養子制度と特別養子制度とがある（表8－2）。普通養子制度は一般にいわれる「養子・養親関係」で、後になってその関係を解消することができるが、特別養子制度は実の親との関係を切断するとともに基本的には養子・養親関係を解消することができないことになっている。

　普通養子縁組は、本来、養親と養子との合意で成立するものであり、養子になる者の年齢により未成年養子と成人の養子とに別れる。特に未成年者を養子とする場合は、家庭裁判所の許可が必要であることや、養子となる子どもの実親が子どもに代わり同意する方法も認められていることに特徴がある。

　一方、特別養子縁組は、養親と養子との合意ではなく、家庭裁判所の審判、つまり福祉的措置（民法817条の7）によって決定される。また、養子となる子どもと実親の血族との親族関係を終了したり、養子となる子どもが6歳未満でなければならないこと、試験養育・監護期間として6か月間、養子と養親とが一緒に暮らして、その監護養育状況を報告しなければならないなど、普通養子制度に比べると、より厳格な要件を満たさなければならないことに特徴がある。

3　里親制度の課題

　里親制度は、次代を担う子どもの育ちを社会全体で支え、子どもが安心して成長できる社会づくりの一翼を担うものである。したがって、実親と一緒に生活できない子どもを実親にかわって育てる里親の役割は極めて重要である。2009（平成21）年度末現在、里親等に対する子どもの委託率は、10.3％（厚生労働省「平成21年度福祉行政報告例」より算出）であるが、国が定めた「子ども・子育てビジョン」では2014（平成26）年度の目標値を16％としており、依然その値を下回っているため、この委託率をいかにしてあげるかが大きな課題となっている。

　また、同様に、地域の子育てネットワークのなかでいかに里親の子育てを支援するかも喫緊の問題となっており、これらについては、次のような課題がある。

(1) 里親を地域における子育て支援ネットワークの一翼を担うものとして位置づける

　児童虐待、不登校、非行などの児童問題が深刻化しているなか、こうした問題の発生予防や問題解決は、地域における単一の子育て支援機関が対処するだけでは難しいので、そうした機関が有機的に連携した子育て支援ネット

ワークを整備する必要がある。そして、そのなかで里親の位置づけや役割を明確にすることにより、要保護児童対策は、施設入所か里親委託かという二者択一的な視点から両者の連携や里親と子育て支援機関との連携という新しい視点に転換され、里親制度の新機軸を見出すことができる。

(2) 里親と児童福祉施設との連携をさらに高める

　乳児院や児童養護施設などの入所施設は、これまで入所児童の支援に大きな役割を果たしてきたが、今後はそのような実践から培ってきた子育ての技術を、将来他人の子どもを養育することになる登録里親にも習得させるため、登録里親の施設内研修を行うなど、里親の育児能力の向上を図るために児童福祉施設の専門的機能を活用することが必要である。こうした取り組みは既に行われているが、さらなる連携が望まれている。

(3) 里親のバックアップ体制を整備して専門性の向上を図る

　里親が他人の子どもを養育する上で直面する問題は少なくない。里親がそれらの問題に対処できるようにするためには、子どもの養育に関する知識等を習得する研修や専門里親希望者に対するより高度な専門性を備えた実習、スクーリングなどの研修がすでに始まっている。児童相談所に里親担当の専門職員を配置して委託児童や里親の相談事業を行って、里親の専門性の向上を図ることが必要である。

(4) 里親制度の普及

　里親制度は児童福祉法の施行により1948（昭和23）年にスタートし、登録里親の数は、その後、逐年的に増加したが、1962（同37）年をピークに年々減少している。そのため、保護されている児童の約4分の3（約3万人）は、児童養護施設等に入所している状況である。そして、要保護児童を委託されている里親は、登録した里親のわずか6％にすぎない。これらの点は、要保護児童の過半数が里親に預けられているアメリカ、イギリス、フランスなどと大きく異なっている（厚生労働省「児童養護施設入所児童等調査」（平成20年2月1日現在））。また、欧米では親族による里親や虐待を受けた児童をケアする専門里親の制度は珍しいことではないが日本では始まったばかりである。

　そのため、現在、児童福祉行政が中心となって、里親募集のためのキャンペーン、講演会、シンポジウムを開催したり、里親希望者や里親制度支援者に対するポスター、リーフレット、インターネット等による情報提供を行っ

て里親制度の普及・啓発活動を展開しているが、まだまだ十分な成果をあげるにはいたっていないのが現状である。

【参考文献】
1）平山宗宏『日本子ども資料年鑑2006』KTC中央出版　2006年

# 第9章 地域における児童の社会的養護機関

1 ── 地域の相談機関

1　地域の相談援助の仕組み

　子どもに関する相談は、従来から児童福祉法に基づき、主として児童相談所が対応してきた。しかし近年、子どもの虐待に関する相談や通告の件数が急増していることにより、緊急かつより高度な専門的対応が求められる一方で、育児不安のように身近な子育て相談ニーズも増大している。

　こうした幅広い相談のすべてを児童相談所のみが受け止めることは効率的ではない。そのため市町村をはじめとする、多様な機関によるきめ細やかな対応が求められるようになった。

　その体制を整備するため、児童福祉法をはじめとして、児童虐待防止法や児童相談所運営指針、市町村児童家庭相談援助指針、要保護児童対策地域協議会設置・運営指針などが改正され、よりきめ細やかな対応が可能となっている。

　特に2008（平成20）年11月に成立した改正児童福祉法（2009（同21）年4月より順次施行）は、児童問題の発生予防からその対応まで、実態に即した改正内容となっている[*1]。

*1 改正の流れについては第3章　54ページ参照。

①子育て支援事業（乳幼児家庭全戸訪問事業、養育支援訪問事業、地域子育て支援拠点事業、一時預かり事業）と家庭的保育事業を児童福祉法に根拠を置く第2種社会福祉事業に位置づけ
②里親制度の改正
③小規模住居型児童養育事業（ファミリーホーム）の創設
④要保護児童対策地域協議会の機能強化
⑤年長児の自立支援策の見直し
⑥施設内虐待の防止

　これまでも児童福祉法の改正などを通して、児童虐待の定義の明確化や、国および地方公共団体の責務などの強化、児童虐待の通告義務の範囲の拡大などが図られた。そして、児童家庭相談に応じることを住民に身近な市町村の業務として法律上明確にし、虐待の未然防止・早期発見を中心に、積極的

な取り組みを求めつつ、児童相談所（都道府県）の役割を、専門的な知識や技術を必要とするケースへの対応や、市町村の後方支援に重点化するなど、地域における児童家庭相談体制を充実させてきた。

　そして、これまで児童相談所が行ってきた子どもや家庭に関する相談・援助の受け付けは、第一義的に市町村へと移行された。また市町村は、子どもの抱える問題やニーズや子どもの置かれた環境の状況などを的確にとらえ、それぞれの子どもや家庭に最も効果的な援助を行い、その最善の利益を擁護することとなった。

　このように児童相談所は、市町村に対して適切な支援を行うことはもとより、幅広い専門機関や職種との連携を強化し、司法関与の仕組みを有効に活用するなど、児童家庭相談に迅速かつ的確に対応するとともに、親子の再統合を促進するなど、子どものみならず保護者も含めた家庭への支援に一層積極的に取り組む機関となった。

　このような市町村と児童相談所との役割分担・連携の基本的考え方としては、まず市町村が住民などからの通告や相談を受け、子育て支援サービスなどの身近な各種の資源を活用することで対応可能と判断される比較的軽微なケースについて対応する。そしてケースの緊急度や困難度などを判断するための情報収集を行い、立入調査[*2]や一時保護、専門的な判定、あるいは児童福祉施設への入所などが必要なケースについては、直ちに児童相談所へ連絡することになっている。

　しかしながら子どもに関する相談を「軽微」や「専門的」と判断するための具体的な基準はない。そのため、市町村が自ら対応することが困難であると判断したケースについては、児童相談所を中心に対応しているのが現状である。このことから、日頃から市町村と児童相談所は十分な連携のもと、双方の専門性の向上を図ることが大切である。また、福祉事務所（家庭児童相談室）、学校（幼稚園、小・中・高等学校等）や教育委員会、保育所、保健所や市町村保健センター、主任児童委員や児童委員、児童家庭支援センター、知的障害者更生相談所および身体障害者更生相談所ならびに発達障害者支援センター、児童福祉施設、里親、自立援助ホーム、警察、医療機関、婦人相談所、配偶者暴力相談支援センター、法務局や人権擁護委員、民間団体、公共職業安定所、社会福祉協議会、家庭裁判所、弁護士会などの関係機関や施設などとの連携を図り、各機関とのネットワークを構築し、子ども・家庭の問題の発見・解決を地域全体で取り組んでいくことが重要である。

　そのため、地方公共団体は、要保護児童（保護者のない児童、または保護者に監護させることが不適切であると認められる児童）の適切な保護や、要

*2 立入調査
児童福祉法第29条および児童虐待防止法第9条では、虐待が行われている恐れがあるようなケースで子どもの保護が必要な場合に、保護者の協力を得ることができないときは、児童相談所の職員などが子どもの住所や居所に立ち入り、必要な調査や質問をすることができるとしている。

*3 要支援児童
要支援児童とは、乳児家庭全戸訪問事業の実施その他により把握した保護者の養育を支援することが特に必要と認められる児童若しくは保護者に監護させることが不適当であると認められる児童及びその保護者のことである。

*4 特定妊婦
特定妊婦とは、出産後の養育について出産前において支援を行うことが特に必要と認められる妊婦のことである。

*5
2010（平成22）年4月1日現在の要保護児童対策地域協議会（子どもを守る地域ネットワーク）を設置している市区町村は98.7％である。また平成23年度末には99.8％が設置する見込みである。「要保護児童対策地域協議会」の詳しい説明については、第12章 201ページ参照。

*6 一時保護
棄児や被虐待児などを緊急保護したり、要保護児童の行動観察や短期入所指導のため、児童相談所長や都道府県知事等が必要と認める場合は、子どもを児童相談所に付設している一時保護所に一時保護したり、児童福祉施設などに委託一時保護することができる。この一時保護は行政処分であり、その期間は原則として2か月までである。また一時保護は子どもの親権を行う者や未成年後見人の同意が得られない場合にも行うことができる。

図9-1 市町村・児童相談所における相談援助活動系統図

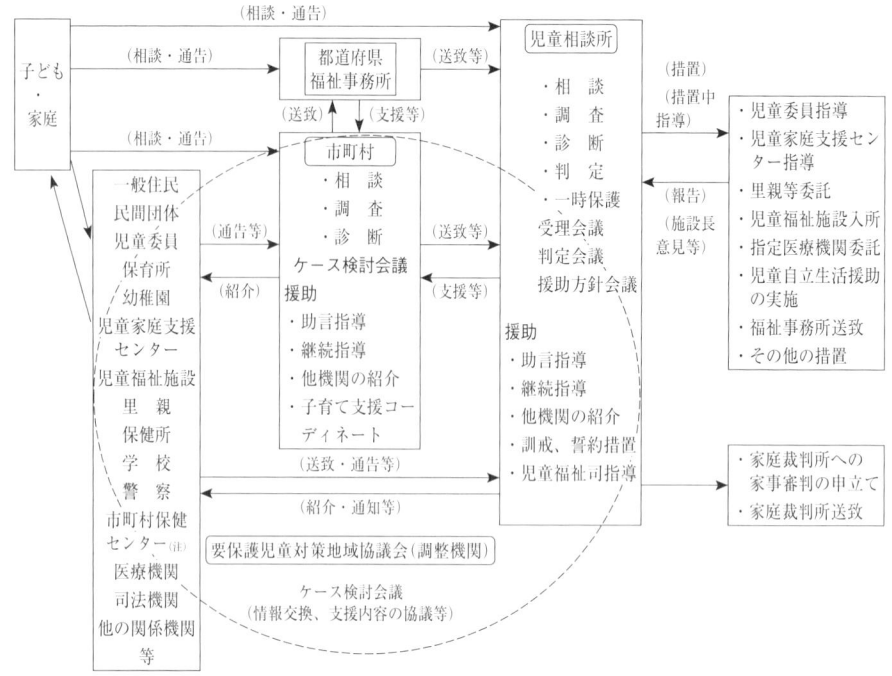

注：市町村保健センターについては、市町村の児童家庭相談の窓口として、一般住民等からの通告等を受け、相談援助業務を実施する場合も想定される。
資料：厚生労働省「市町村児童家庭相談援助指針（2010年3月31日改訂）」

支援児童*3、特定妊婦*4 への適切な支援を行うための調整機関として、要保護児童対策地域協議会*5 を置くよう努めている（児童福祉法第25条の2）。

2 援助機関

(1) 児童相談所

児童相談所は、都道府県や指定都市に設置義務がある（児童福祉法第12条、第59条の4、地方自治法第156条）。また2006（平成18）年4月からは中核市程度の人口規模（30万人以上）を有する市を念頭に、政令で指定する市（児童相談所設置市）にも、児童相談所を設置できるようになった（児童福祉法第59条の4第1項）。2010（同22）年5月1日現在、児童相談所は全国で205か所に設置されている（厚生労働省「平成22年度全国児童相談所一覧」）。

具体的な業務としては、①家庭などからの子どもに関する相談に応じ、専門的な知識や技術を用いた相談者への助言・支援、②子どもやその家庭についての必要な調査、また医学的・心理学的・教育学的・社会学的・精神保健上の判定、③子どもやその保護者に対する、調査や判定に基づいた必要な指導、④子どもの一時保護*6、がある。

第9章 地域における児童の社会的養護機関

　児童相談所には、所長や、社会診断を行う児童福祉司、心理診断を行う児童心理司、一時保護を担当し行動診断を行う児童指導員や保育士などが勤務している。子どもたちの処遇については、これら職員がチームで判定（総合診断）を行い、それに基づく指導や措置などの援助が実施される。

　また、児童相談所の児童福祉司の配置基準が2005（平成17）年4月から見直され、児童福祉司の1人あたりの標準人口は「おおむね10万から13万」が「おおむね5万から8万」に改正された（児童福祉法施行令第2条）。

　特に近年、死亡事例の増加が著しいことから、厚生労働省は2007（平成19）年1月に児童相談所運営指針等を改正し、原則として48時間以内に安全確認[*7]を行うなど、子どもの安全確認を最優先とした対応を行うこととした。

　2009（平成21）年度に児童相談所が処理した児童の福祉に関する相談件数は371,800件である。相談の種類別にみると「障害相談」が192,082件（51.7％）と最も多く、次いで「養護相談」が87,596件（23.6％）、「育成相談」が51,794

*7　48時間以内の安全確認
2009（平成21）年4月1日現在、このような時間ルールの設定は、67自治体のすべてで行われている。また設定時間を48時間以内としているのは63自治体であり、24時間以内としているのは群馬・福井・鳥取・長崎の各県である。

図9－2　児童相談所における相談援助活動の体系・展開

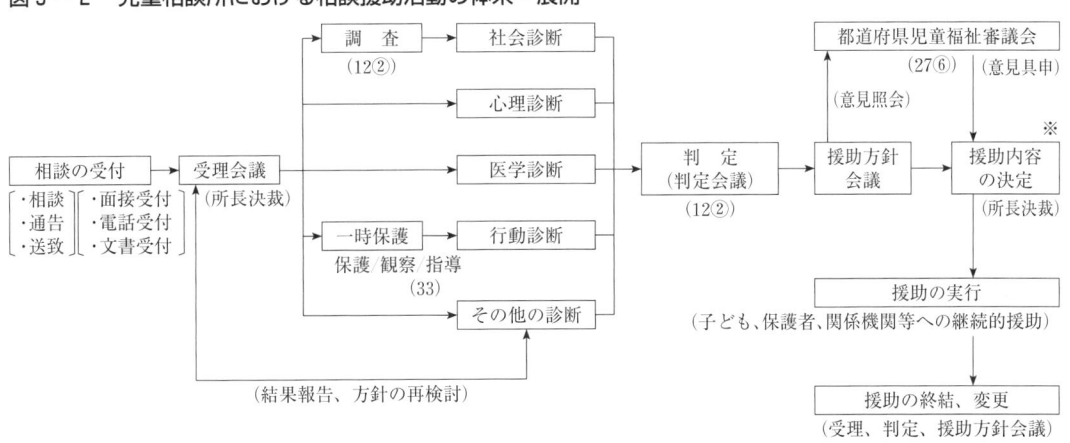

	援	助	
1	在宅指導等	2	児童福祉施設入所措置（27①Ⅲ）
	(1) 措置によらない指導（12②）		指定医療機関委託（27②）
	ア　助言指導	3	里親、小規模住居型児童養育事業委託措置（27①Ⅲ）
	イ　継続指導	4	児童自立生活援助の実施（33の6①）
	ウ　他機関あっせん	5	福祉事務所送致、通知（26①Ⅲ、63の4、63の5）
	(2) 措置による指導		都道府県知事、市町村長報告、通知（26①Ⅳ、Ⅴ、Ⅵ、Ⅶ）
	ア　児童福祉司指導（26①Ⅱ、27①Ⅱ）	6	家庭裁判所送致（27①Ⅳ、27の3）
	イ　児童委員指導（26①Ⅱ、27①Ⅱ）	7	家庭裁判所への家事審判の申立て
	ウ　児童家庭支援センター指導（26①Ⅱ、27①Ⅱ）		ア　施設入所の承認（28①②）
	エ　知的障害者福祉司、社会福祉主事指導（27①Ⅱ）		イ　親権喪失宣告の請求（33の6）
	オ　障害児相談支援事業を行う者の指導（26①Ⅱ、27①Ⅱ）		ウ　後見人選任の請求（33の7）
	カ　指導の委託（26①Ⅱ、27①Ⅱ）		エ　後見人解任の請求（33の8）
	(3) 訓戒、誓約措置（27①Ⅰ）		

（数字は児童福祉法の該当条項等）

資料：厚生労働省雇用均等・児童家庭局『児童相談所運営指針2009（平成21）年3月31日改訂版』

件（13.9％）などとなっている（図9－3）。

　また、同年度に全国の児童相談所で対応した児童虐待相談件数は44,211件となっている（第1章図1－3参照）。この数字は統計を取り始めた1990（同2）年度を「1」とすると、19年間で約40.2倍となる。この数は実際の虐待件数のいわば「氷山の一角」にすぎないであろう。しかしながら、2004（同16）年10月の改正児童虐待防止法の施行によって、通告対象の範囲が「虐待を受けた子ども」から「虐待を受けたと思われる子ども」に拡大されたことや、痛ましい事件の発生と相まって、虐待そのもののメカニズムや対応・防止策などが広く国民に知られるようになったことの現れとも考えられる。

　なかでも身体的虐待が最も多く（39.3％）、次いで、ネグレクト（34.3％）、心理的虐待（23.3％）、性的虐待（3.1％）となっている（図9－4）。

　主たる虐待者は、実母が最も多く（58.5％）、次いで実父（25.8％）となっており、この両者を合わせると84.3％となる。被虐待児については、小学生が最も多く（37.6％）、0歳～学齢前で42.0％を占めているところに特徴がある（図9－5）。また死亡事例に関して言えば、59.1％が0歳児である（社会保障審議会児童部会児童虐待等要保護事例の検証に関する専門委員会「子ども虐待による死亡事例等の検証結果等について（第6次報告）」（平成22年7月））。

(2) 市町村

　市町村は、前述のように、子どもの相談援助活動の第一線機関として位置づけられている。市町村が行う業務としては、児童や妊産婦の福祉に関する

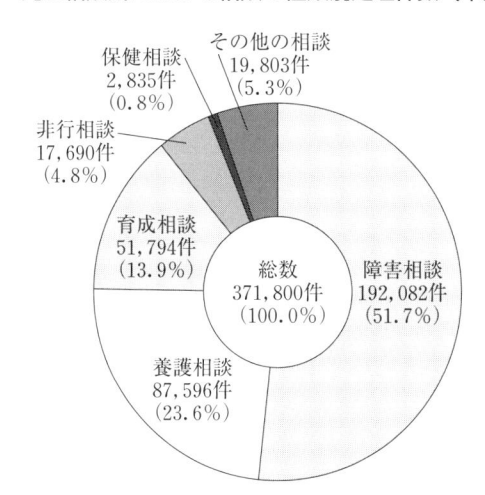

図9－3　児童相談所における相談の種類別処理件数（平成21年度）

保健相談 2,835件（0.8％）
その他の相談 19,803件（5.3％）
非行相談 17,690件（4.8％）
育成相談 51,794件（13.9％）
養護相談 87,596件（23.6％）
障害相談 192,082件（51.7％）
総数 371,800件（100.0％）

資料：厚生労働省「社会福祉行政業務報告（平成21年度）」

図9-4 児童虐待の相談種別対応件数

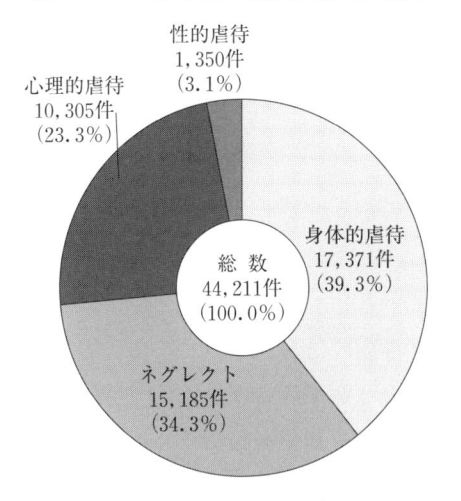

- 性的虐待 1,350件（3.1%）
- 心理的虐待 10,305件（23.3%）
- 身体的虐待 17,371件（39.3%）
- ネグレクト 15,185件（34.3%）
- 総数 44,211件（100.0%）

図9-5 被虐待者の年齢別対応件数

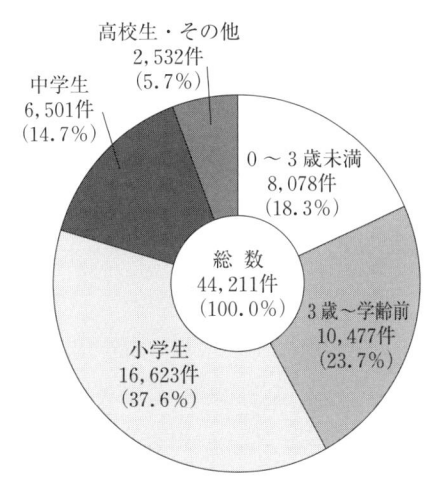

- 高校生・その他 2,532件（5.7%）
- 中学生 6,501件（14.7%）
- 小学生 16,623件（37.6%）
- 0～3歳未満 8,078件（18.3%）
- 3歳～学齢前 10,477件（23.7%）
- 総数 44,211件（100.0%）

資料：厚生労働省「社会福祉行政業務報告（平成21年度）」

資料：厚生労働省「社会福祉行政業務報告（平成21年度）」

以下の業務がある（児童福祉法第10条第1項各号）。
①必要な実情の把握に努めること
②必要な情報の提供を行うこと
③家庭などからの相談に応じ、必要な調査や指導などを行うこと

そしてこのような業務のなかで、専門的な知識や技術を必要とする場合は、児童相談所の技術的援助や助言を求めなければならない。また、医学的・心理学的・教育学的・社会学的及び精神保健上の判定が必要な場合は、児童相談所の判定を求めなければならない。また市町村は、要保護児童の通告先としても追加された（児童福祉法第25条）。

(3) 福祉事務所（家庭児童相談室）

福祉事務所とは、社会福祉法第14～17条に基づく「福祉に関する事務所」の通称である。都道府県と市に設置義務があり、町村は任意設置となっている。2010（平成22）年4月1日現在の福祉事務所設置数は、都道府県214か所、市992か所、町村31か所の合計1,237か所となっている（厚生労働省「福祉事務所の設置状況」）。

福祉事務所は担当地区における住民の福祉問題全般に関する総合窓口的な役割を果たし、社会福祉六法に基づく援護・育成・更生に関する事務を行っている。なかでも日本国憲法第25条の生存権規程を具体化した生活保護制度の運営について大きな役割を果たしている。

なお、家庭児童相談室は、主として福祉事務所に設置されており、1964（昭和39）年度より任意設置された住民に一番近い児童福祉問題の窓口である。ここ

では社会福祉主事(ケースワーカー)や家庭相談員が、福祉事務所における家庭児童福祉業務のうち専門的技術を必要とする業務を、児童相談所や保健所、学校、警察署、主任児童委員や児童委員などと連携を取りながら行っている。

(4) 市町村保健センター・保健所

地域住民の健康の保持および増進に寄与することを目的として制定された地域保健法では、保健所が広域的・専門的なサービスを、市町村保健センターが住民に身近な保健サービスを実施することとしている。

保健所は都道府県、指定都市、中核市、特別区に設置されている。その業務としては、①精神保健福祉・難病対策・その他一般の保健指導や健康相談、②未熟児・障がい児等の保健相談や指導、③医療費公費負担等に関する書類の交付および受理などである。

市町村保健センターは、地域住民に身近な保健サービスを総合的に行う拠点として市町村に任意設置されている。その業務は、①健康相談、②保健指導、③健康診査、④その他地域保健における必要な事業である。特に子どもとの関係では、4か月児・10か月児・1歳6か月児・3歳児の乳幼児健康診査[*8]、子どもの予防接種、妊娠・出産・育児に関する心配ごと相談、両親学級、妊産婦・新生児・乳幼児への家庭訪問などを行っている。そしてこのような活動を通して、障がいのある子どもや虐待されている子どもなどの早期発見に努めている。

(5) 児童家庭支援センター

児童家庭支援センターは、地域の子どもの問題について、地域や家庭からの相談・助言、児童相談所から受託した指導、関係機関・施設等との連絡調整などを総合的に行う第2種社会福祉事業である。ここは児童や保護者など意向の把握に努めるとともに、懇切を旨とする在宅支援を行うセンターであるため、相談・支援を担当する職員(2名)と心理療法等を担当する職員(1名)が配置されている。

(6) 児童委員・主任児童委員

社会奉仕の精神をもって、常に住民の立場に立って相談に応じ、必要な援助を行い、社会福祉の増進に努める民生委員は、児童委員を兼ねている(児童福祉法第16条第2項)。この児童委員は、地域の子どもや妊産婦の健康状態や生活状態を把握し、それらの者が必要な援助を受けられるようにしたり、それらの者に対する福祉サービス事業者との連絡調整を職務としている(児

---

*8 乳幼児健康診査(乳幼児健診)

乳幼児健診は母子保健法に根拠をもち、市町村が1歳6か月児および3歳児に対して健康審査を実施することや(同法第12条)、必要に応じ、妊産婦、乳児、幼児に健診を実施すること(同法第13条)を定めている。そのため多くの市町村では、1歳6か月・3歳児の健診のほかに3～4か月健診を行っている。そのほかにも、市町村が独自に子どもの成長・発達の節目である10か月や5歳児などに健診を行っている。

童福祉法第17条第1項)。さらに児童委員が主任児童委員に指名されると(児童福祉法第16条第3項)、関係機関と児童委員の連絡調整や、児童委員の活動に対する援助や協力を行うこととなる(児童福祉法第17条第2項)。

(7) NPO法人

NPO法人とは、正式には「特定非営利活動法人」といい、特定非営利活動促進法(NPO法)の規定によって成立した特定非営利活動を行う団体のことをいう。同法にいう「特定非営利活動」とは、同法に定める17分野[*9]に該当する活動であって、不特定かつ多数の利益の増進に寄与することを目的とするものである。17分野の活動のなかには、子どもの健全育成を図る活動も含まれており、その活躍が期待されている。

2 ── 事例に学ぶ児童養護の関係機関

1 虐待の事例(地域子育て支援センターがかかわる例)

A校区の児童委員は、月に1回、未就園児の親子を集め、子育て支援の会「ひまわりクラブ」を開催していた。あるとき、そこに参加したある母親が、「最近引越してきたマンションの同じ階の部屋から、ときどき激しい子どもの泣き声が聞こえる」と、児童委員のBさんに話してくれた。その日のうちに、Bさんはその家の前を通ってみたが、そのときには何も聞こえなかった。その地域では、新しく引越してきた子どもがいる家には、できるだけ児童委員が訪問するようにしていたため、後日Bさんは主任児童委員のCさんと一緒にその家庭を訪れた。

部屋から出てきたのはDさんだった。その玄関先で、BさんとCさんは自己紹介をし、「お子さんがいて引越してこられると、最初は何かと不便なこともあると思って、私たちはみなさんに声をかけているのですよ」と話した。そして「ひまわりクラブ」の案内を渡して帰った。DさんにはEくんという1歳半の男の子が一人いるとのことだった。

翌月に開かれた「ひまわりクラブ」には、Dさんが時間ちょうどにEくんを連れてやってきたので、BさんとCさんは「よく来てくれましたね」と歓迎し、会場へ招き入れた。「ひまわりクラブ」に初めて参加するDさんとEくんは、最初は落ち着かない様子だったが、Bさんが帰り際に声をかけると、またこのような集まりに来てみたいとのことだった。しかし「ひまわりクラブ」は月に1回しか開かれないため、近隣のF保育所の地域子育て支援拠点事業(センター型)の「G」を紹介した。そこでは週に2回の園庭開放[*10]や、週1回の親子教室などを行っている。園庭開放のときには、都合がつく限りBさんもお手伝いに行っているこ

[*9] NPO法に定める17分野
①保健、医療又は福祉の増進を図る活動、②社会教育の推進を図る活動、③まちづくりの推進を図る活動、④文化、芸術又はスポーツの振興を図る活動、⑤環境の保全を図る活動、⑥災害救助活動、⑦地域安全活動、⑧人権の擁護又は平和の推進を図る活動、⑨国際協力の活動、⑩男女共同参画社会の形成の促進を図る活動、⑪子どもの健全育成を図る活動、⑫情報化社会の発展を図る活動、⑬科学技術の振興を図る活動、⑭経済活動の活性化を図る活動、⑮職業能力の開発又は雇用機会の拡充を支援する活動、⑯消費者の保護を図る活動、⑰前各号に掲げる活動を行う団体の運営又は活動に関する連絡、助言又は援助の活動。

[*10] 園庭開放
保育所や幼稚園などの園庭を地域の親子に開放し、自由な遊び場を提供する活動である。実際にはこの場が保護者から子育てに関する相談を受けたり、地域の親子同士が出会いとなっていることが多い。

とも伝えた。

　その翌週にDさんが初めてGの園庭開放にやってきたとき、Bさんはへ行くことができなかったが、Dさんは自ら「Bさんからここを教えてもらいました」と担当者のH先生に話した。H先生はBさんからDさんの名前を聞いていた。その日は広い園庭でEくんはのびのびと遊び、Dさんはその様子を見ていた。そして「また来ます」と言って帰っていった。

　それから数週間したある日、Gでは園庭開放の日が雨天の場合は、F保育所のホールを開放することにしていたが、その日は雨が強かったので来所者が誰もいなかった。そのなかをDさんはEくんを抱いてやってきた。ホールではしばらく親子で遊んでいたが、「雨のなかをよく来てくれましたね」とH先生が声をかけると、「あの…先生、子どものことで聞いてほしいことがあるのですが…」とDさんが言った。そこでH先生は他の保育士にEくんをみてもらって、別室でDさんの話を聞くことにした。

　Dさんは、長い不妊治療の末、Eくんに恵まれたが、生まれてみると想像以上に育児が大変だったので息苦しさを感じていることや、夫が転勤族なので親しい友人も身近にいないこと、夫は毎日帰りが遅く、休日出勤も多いことなどを話した。そして「実は最近イライラして、ついEを叩いたりひどいことを言ってしまったりするんです」と話し、涙を流した。H先生は「よく話してくれましたね。Dさんはこれまで一生懸命に家事や育児に取り組んできたのですね。これからのことは私も一緒に考えさせて下さい」と言った。

　H先生はDさんのケースについてGを所轄するⅠ市へ連絡した。Ⅰ市では要保護児童対策地域協議会の会長と児童相談所、事務局の三者で緊急度判定会議*11（緊急受理会議）を行った。そこでDさんはEくんを叩いているものの、生命への危険性は少ないと判断され、基本的に在宅にて支援し、Dさんへの心理的サポートと育児指導をすることになった。具体的には、H先生を主たる直接援助者とし、Gでの親子教室への参加や児童委員による訪問指導を行うことにした。そしてDさんには心理的安定のためにカウンセリングの受診をすすめた。その間はEくんはF保育所の一時保育を利用した。このようなサポートを受けるなかで、Dさんは安定することができるようになり、Eくんとの関係も好転した。

*11　緊急度判定会議
子どもの年齢や傷の程度、生命の危険の有無、保護者の状況などを把握し、迅速に緊急度や重症度を総合的に検討し、緊急対応が必要かどうかを判断する会議である。一般的にはリスクアセスメントツールを用いることが多い。

2　障がい児の家庭支援（保育所に通う年齢の子ども）

　保健センターの1歳6か月児健診で、体重測定をするために母親のAさんがBちゃん（女の子）の服を脱がせようとしたところ、Bちゃんが嫌がった。しかしながら体重測定の順番が近づいたため、AさんはBちゃんを叱りながら、無理矢理に服を脱がした。するとBちゃんが暴れ出し泣き叫んだため、Aさんも大声を出して注意した。体重測定の順番が来ても、Bちゃんは嫌がって暴れるため、AさんがBちゃんを抱きかかえ、一緒に体重計に乗った。しかしBちゃんがとても

第 9 章　地域における児童の社会的養護機関

暴れたため、体重を計ることができなかった。その場には多くの親子が訪れており、Aさんは周囲が自分たちに注目している視線を感じ、「いい加減にしなさい！」と言って思わずBちゃんの頬を叩いてしまった。その様子を見ていた保健師のCさんが、「お母さん、体重測定は後でもいいわよ」と声をかけ、親子を別室に案内した。

　別室に入るなり、Aさんはワッと泣き出した。CさんはBちゃんの様子を観察しながら、Aさんが落ち着くまで待った。少しするとAさんが「さっきはすみませんでした」と言ってCさんを見た。Cさんは、健診時に慣れない場所で落ち着かない子どもはよくいるということをAさんに話した。するとAさんは「でもBはいつもこうなんです」「公園に行っても、この子は乱暴だから、他の子と一緒に遊べない」「同じ年の子のお母さんからは、最近ドラマとかで話題になっている発達障がいじゃないかと言われている」「夫は単身赴任中で、私の育て方が悪いと思われたくない」と話した。CさんはBちゃんに言葉の遅れがあるのではないかと尋ねた。するとAさんが「Bはまだ『あーあー』しか言わない」と答えた。

　そこで健診担当の小児科医に診察してもらったところ、「専門の医療機関を紹介するから、そこを訪ねるように」と言われた。Cさんは「どんなことでも相談に乗るから、いつでも連絡してほしい」と伝え、Aさんと別れた。

　その後、AさんはBちゃんに少し言葉が出たことや第二子を妊娠したこともあり、専門機関を受診しないままだった。Aさんとしては、Bちゃんが相変わらず多動なのはBちゃんの個性だと思いたかったのである。Cさんも何度かAさんに連絡を取ったが、不在が続いた。第二子の出産時、Aさんは実家へ里帰りし、その間はAさんの母親がBちゃんを見てくれた。しかしながらBちゃんがあまりに多動な上に言葉でのコミュニケーションが取りにくいため、祖母はBちゃんを一日中追いかけることになり、くたびれ果ててしまった。そして祖母はAさんに「Bちゃんを一度どこかで診てもらったらどうか」と話した。実の母にそう言われたAさんは、自宅に戻って間もなくC保健師に連絡を取った。

　C保健師はすぐに家庭訪問を行った。そこでAさんの話をじっくり聞き、疑問や質問に答えた。そのなかでAさんは「ずっとBに障がいがあるかもしれないと思ってきたけど、健診のときに先生から病院へ行くように言われて、やっぱりとてもショックだった。でも2人目の子どもが産まれて、これからますます育児が大変になるのだから、Bのこともちゃんとしようと思った」「そのときにCさんが『相談に乗る』と言ってくれたことを思い出した」と話した。

　その後、Aさんは単身赴任中の夫にも話し、一緒に専門機関を受診したところ、Bちゃんは発達障がいと診断され、児童相談所を紹介された。そこで居住地内の親子通園型療育センターの利用をすすめられた。BちゃんはAさんと週2、3回、療育センターへ通うようになった。Aさんはそこに通う多くの親と知り合い、お互いに親身な交流や情報交換ができるようになって生活の場を広げている。

【参考文献】
1）日本子ども家庭総合研究所『子ども虐待対応の手引き－平成21年3月31日改訂版－』有斐閣　2009年
2）児童福祉防止対策支援・治療研究会『子ども・家庭への支援・治療をするために－虐待を受けた子どもとその家族と向きあうあなたへ－』日本児童福祉協会　2004年
3）厚生労働省「児童相談所運営指針（雇児発0331第6号　平成22年3月31日）」
4）厚生労働省「市町村児童家庭相談援助指針（雇児発第0331第6号　平成22年3月31日）」
5）厚生労働省「要保護児童対策地域協議会設置・運営指針（雇児発第0331第6号　平成22年3月31日）」

第10章 次世代育成支援と地域の子育て支援

1 ── 少子化対策と次世代育成支援

　少子化に対応するためには、国、地方公共団体をはじめ、企業等を含めた社会全体で取り組む必要がある。そこで、国がどういう施策を推進してきたか概観する。1994(平成6)年12月16日、「今後の子育て支援のための施策の基本的方向について」(エンゼルプラン)が策定され、子育てと仕事の両立支援、家庭における子育て支援などを基本的方針として、総合的・計画的に施策が推進されることになった。次に1999(同11)年12月「重点的に推進すべき少子化対策の具体的実施計画について」(新エンゼルプラン)が策定された。しかし、少子化の流れを止めることはできなかった。そこで、2002(同14)年9月に厚生労働省は、「少子化対策プラスワン」をまとめ、今までの「仕事と子育ての両立支援」を見直し、4つの柱に沿った対策を行った。

　急速な少子化の進行は、社会・経済全体に影響を与えることが懸念されており、政府は「次世代育成支援に関する当面の取り組み方針」を2003(平成15)年7月に定めた。併せて、「次世代育成支援対策推進法」を公布、施行した。これは、少子化社会対策基本法(同年同月制定)に連動する形で定められた。

　また、2004(平成16)年12月24日に策定された「少子化社会対策大綱に基づく重点施策の具体的実施計画」(子ども・子育て応援プラン)は、少子化対策大綱が掲げる4つの重点課題に沿って、2005(同17)年から5年間に講ずべき施策の具体的な内容と目標を提示している。「子どもと家庭を応援する日本」重点戦略等をふまえて、地域における次世代育成支援対策を推進するために、2008(同20)年には、児童福祉法の改正が行われた[*1]。主な内容は、子育て支援事業等を法律上位置づけることによる質の確保された事業を普及促進するものである。2009(同21)年4月から、①乳児家庭全戸訪問事業、②養育支援訪問事業、③地域子育て支援拠点事業、④一時預かり事業が施行され、そして、要保護児童対策地域協議会の機能を強化した。また、2010(同22)年4月には、家庭的保育事業が施行された。

　なお、政府は、今後の子育て支援の方向性について、2010(平成22)年1月29日、「子ども・子育てビジョン」を策定した。同ビジョンは、「1　社

*1
改正の流れについては第3章 54ページ参照。

会全体で子育てを支える」「2　『希望』がかなえられる」の二つを基本的考え方とし、2014（同26）年度までの5年間に取り組む主要な施策と数値目標を打ち出した。

児童手当制度は、1972（昭和47）年に一般児童の健全育成施策の一環として創設された（同年1月1日施行）。その後、子育て環境を充実させるために、改正が行われてきた。

子ども手当を公約に掲げた民主党を中心とする連立政権により、2011（平成22）年度に子ども手当制度（「平成22年度における子ども手当の支給に関する法律」平成22年3月31日公布）が新たに設けられた（児童手当法は廃止されていない）。

2 ── 地域の子育て家庭支援施策

1　地域の要保護児童施策

地域の子育て家庭を支援する施策は、地域に所在する機関や施設の専門性を活用しながら、子育てをしている保護者に対して行っている。ここでは子育て支援の内容について述べる。

(1)　子育て短期支援事業

子育て短期支援事業は、1990（平成2）年度から母子・父子家庭の親が疾病等の社会的な事由や仕事の事由等によって、一時的に家庭における子どもの養育が困難になった場合に、都道府県が指定する養護施設（現「児童養護施設」以下、児童養護施設という）、母子寮（現「母子生活支援施設」以下、母子生活支援施設という）、乳児院など児童福祉施設や里親において、一定期間保護し養育する「家庭養育支援事業（ショートステイ）」として実施されてきた。

1991（平成3）年度からは、父子家庭の父等の仕事が恒常的に夜遅くなるような場合に、児童養護施設や里親が食事や入浴の世話をするとともに生活指導も行う「父子家庭等児童夜間養護事業（トワイライトステイ）」が実施されてきたが、1993（同5）年度、ショートステイ事業と併せて、子育て支援短期利用モデル事業として再出発した。そして1995（同9）年度には、「子育て支援短期利用事業」として位置づけられた。利用事由について出張、看護、学校等の行事への参加や恒常的な残業等にまで拡大され、また、子どもや夫の暴力等により緊急的に保護を必要とする母子等も対象とされるように

なった。事業の内容は、「短期入所生活援助（ショートステイ）事業」と「夜間養護等（トワイライトステイ）事業」に改編された。そして、2000（同12）年4月からは、保育士等の派遣方式や休日に預かる事業が追加されている。

また、2003（平成15）年7月16日の法改正により、児童福祉法第2章第2節の「居宅生活の支援」のなかに新たに創設された「子育て支援事業」の一つとして、「子育て短期支援事業」へ移行し、現在では市町村（特別区含む）を実施主体として取り組まれている（2005（同17）年4月1日より施行）。

本事業の種類とその対象者の利用期間については、次の通りである。

❶短期入所生活援助（ショートステイ）事業
●対象者
下記の事由に該当する家庭の児童または母子等とする。
・児童の保護者の疾病
・育児疲れ、慢性疾患児の看病疲れ、育児不安など身体上または精神上の事由
・出産、看護、事故、災害、失踪など家庭養育上の事由
・冠婚葬祭、転勤、出張や学校等の公的行事への参加など社会的な事由
・経済的問題等により緊急一時的に母子保護を必要とする場合
●利用期間
養育・保護の期間は、原則7日以内とする。

❷夜間養護等（トワイライトステイ）事業
対象者
・保護者が、仕事等の理由により平日の夜間または休日に不在となる家庭の児童

この事業は、児童養護施設等の実施施設で行われるものであるが、児童等の近隣に実施施設がないこと等により必要な養育・保護を行うことが困難である場合には、実施施設は、あらかじめ登録している保育士、里親等に委託することができるとしている（市町村が適当と認めた者であること）。

(2) 障害者相談支援事業

「障害児（者）地域療育等支援事業」は、概ね人口30万人（障害保健福祉圏域）に2か所程度の実施施設を指定して、在宅の障がい児、知的障がい児、重症心身障がい児（者）の療育等の相談、指導、各種サービスの利用の援助などを行っている。大別すると療育等支援施設事業、療育拠点施設事業があり、療育等支援施設事業は、2000（平成12）年6月の社会福祉事業法等の一部改正で、「障害児相談支援事業」として法定化された。

この事業は、在宅の知的障がい児・身体障がい児・重症心身障がい児の発達相談、療育支援、生活支援をしており、具体的には、電話相談、来所相談、保育所・幼稚園など所外における相談、各種講座の開催、情報提供等が行われている。また、この事業は、保健センターの保健師が、1歳6か月児健診、3歳児健診等において、子どもの発達、虐待等とかかわりが深い専門職で、子どもの保護者からの相談を受けるので、保健師との連携を密にしている。

　この事業は児童福祉法上にて、市町村の実施する事業として定められていたが、2006（平成18）年10月の障害者自立支援法の施行に伴い、児童福祉法から移行し、障がい者と統合された事業名称「障害者相談支援事業」となった。

(3) 障がい児教育

　障がいのある児童には、これまで障がいの程度と種類に応じて特殊教育が行われてきた。それは、盲学校（視覚障がい）、聾学校（聴覚障がい）、養護学校（知的障がい、肢体不自由、病虚弱）と小・中学校に設置された特殊学級によって行われてきた。学校教育法が2006（平成18）年に一部改正され、盲学校等は特別支援学校となり従来の「特殊教育」から一人ひとりの教育的ニーズに応じた「特別支援教育」に転換することになった。特殊学級は、特別支援学級となり、その対象者は、知的障がい者、肢体不自由者、身体虚弱者、弱視者、難聴者等で特別支援学級において教育を行うことが適当なものとされている。

　児童福祉施設のなかで、知的障害児施設、肢体不自由児施設、盲児施設、ろうあ児施設、情緒障害児短期治療施設などに入所している就学児童は、特別支援学校、または特別支援学級に通学し教育を受けている。

(4) 特別支援学校・特別支援学級

　これまでは「障がい児をいかに教育するべきか」という視点で障がい児教育は展開されてきたが、近年では、障がいを一つの特性としてとらえ「支援を必要としている子どもが主体性を保ちつつ、平等に、かつ健全に成長していける支援とは何か」を考える、すなわちインクルーシブ教育の視点に基づいた取り組みがなされている。その大きなあらわれとして障がい児教育は特別支援教育という新たな課題に取り組み始めた。また、2006（同18）年には学校教育法・同法施行規則の一部改正が行われ、盲学校、聾学校、養護学校のすべての障がいの種類を越え、特別支援学校という呼称に2007（同19）年4月より統一された。ここでは、障がい児はもちろんであるが、これまで特

殊教育の対象とされなかった学習障がい（LD）、注意欠陥多動性障がい（ADHD）、高機能自閉症等の軽度発達障がい児に対しての教育も位置づけている。なお、2005（同17）年より施行されている発達障害者支援法により、発達障がい児（者）への支援のあり方が問われてきたが、特別支援学校・特別支援学級の実現は、結果として、本法律の意図をくみとったものとなった。

このように特別支援教育の理念にもとづいて施行された特別支援学校・特別支援学級では、対象となる障がいや年齢について広範囲にとらえ、今までの障がいの種別に対応した局地的教育ではなく、すべての小・中学校で実施されることになり、地域において障がいのある児童の一人ひとりを教育的ニーズにもとづいて支援することになった。

2　次世代育成支援と児童健全育成施策

児童健全育成施策は、児童福祉法にすべての児童を対象として施策事業を行うとしてきたが、特に次世代育成支援対策推進法が成立し、国・地方公共団体・企業等が次世代を担う子どもの育成に取り組むことになった。ここでは、それに向けて行われている施策を紹介する。

(1)　保育サービス

女性の就労は増大し、共働き家庭が一般化しているなか、保育サービスの需要はますます増加し、多様化している。

保護者の労働等による日中の乳幼児の保育は、保育所が中心的な役割を担っている。保育サービスには、認可された保育所を補完するものとしてへき地保育所、季節保育所がある。その他、事業所内保育施設やベビーホテル等認可外保育施設がある。また、在宅型保育サービスとして、家庭的保育事業、ベビーシッターなどによって行われている。

都市部では、特に保育需要が拡大し保育所入所待機児童が存在している。そうした状況を鑑み、保育所の緊急整備をはじめ定員の弾力化、設置主体制限の緩和等受入拡大が図られている。また、保育対策等促進事業[*2]では、仕事等社会的活動と子育て等の家庭生活との両立を容易にするとともに子育ての負担感を緩和し、安心して子育てができる環境整備が推進されている。

(2)　放課後児童クラブ

放課後児童クラブは、1997（平成9）年の児童福祉法の改正により、放課後児童健全育成事業として法定化され、第2種社会福祉事業として位置づけられた。

[*2] **保育対策等促進事業**
保育対策等促進事業は、特別保育事業として地域の保育需要に対応するために実施されてきたところであるが、さらに施策の充実と総合的な展開を図るために、2008（平成20）年に改正された。さらに、2009（同21）年に一部改正された。その主な内容は①一時預かり事業、②特定保育事業、③休日・夜間保育事業、④病児・病後児保育事業、⑤待機児童解消促進事業、⑥保育環境改善等事業である。

これは、小学校に就学しているおおむね10歳未満の児童で、その保護者が労働等で昼間家庭にいないものを対象としており、本事業の実施主体は、市町村、社会福祉法人、その他のものとされている。実施場所は、児童館・児童センターや学校の空き教室などを使用して地域の実情に合ったサービスを実施提供している。

なお、放課後児童健全育成事業は、女性の就労が一般化し、仕事と子育ての両立支援をするために小学校入学後の放課後の健全育成に対する支援が必要になってきたためである。その流れを受けて、新エンゼルプラン、子ども・子育て応援プランにおいても放課後児童クラブの推進が盛り込まれている。さらに積極的に推進する観点から、2007（平成19）年度に「放課後子どもプラン」*3が打ち出された。このプランは、市町村が実施主体となり子どもたちの放課後の居場所や過ごし方について一体的なケアを行うものである。

(3) ファミリー・サポート・センター

ファミリー・サポート・センターは、育児の援助を受けたい会員と子育ての援助を行いたい会員からなる会員組織である。援助活動は、市町村が配置するファミリー・サポート・アドバイザーが両者のマネージメントを行い、具体的な支援内容は、保育所への送迎や保育終了後の子どもの預かり、放課後児童クラブ終了後の子どもの預かりなどである。ファミリー・サポートは、多様な家族支援サービスの一つである。

「子ども・子育てビジョン」では、目指すべき社会への政策4本柱、「3 多様なネットワークで子育て力のある地域社会へ」のなかで、同センター事業の普及促進が掲げられ、現状の570市町村から950市町村への実施拡大を目標としている。

そのほか、施設保育以外の在宅保育サービスとしては、ベビーシッターサービス、家庭的保育事業*4などがある。これらのサービスは、一定の条件を満たすものに補助が行われる。また、施設保育に比べ機転が利き臨機応変に対応してくれる利点をもっている。

(4) 地域子育て支援拠点事業

地域子育て支援拠点事業は、1993（平成3）年創設の「地域子育て支援センター事業」、2002（同14）年創設の「つどいの広場事業」で子育て支援の拠点を推進してきたが、2007（同19）年度から、これらの事業と児童館の活用を図り、新たに地域子育て支援拠点事業（ひろば型、センター型、児童館型）として再編された。地域において子育て親子の交流を促進する子育て支

*3 放課後子どもプラン
各市町村において教育委員会と福祉部局が連携を図り、「放課後児童クラブ」と文部科学省が実施するすべての子どもを対象とする放課後子ども教室推進事業を一体的あるいは連携して実施する「放課後子どもプラン」を2007（平成19）年度に創設した。文部科学省と厚生労働省の連携のもと、学校の余裕教室等を活用する。原則としてすべての小学校区で放課後の子どもの安全で健やかな活動場所の確保に向けて取り組みを進めている。

*4 家庭的保育事業
増大する低年齢児の保育需要に対して、応急的入所待機児童対策として、保育者の自宅で3人程度の少人数の乳幼児を預かる事業である。2000（平成12）年度より「家庭的保育」の名称で国の補助事業となった。2008（同20）年の児童福祉法の改正で市町村が、保育に欠けると認める乳幼児について、家庭保育者の居宅等において保育を行う事業として、児童福祉法の事業に位置づけられた。保育所を補完する役割が同法第24条に明記された（2010（平成22）年より実施）。

援拠点の設置を推進し、地域の子育て支援機能の充実を図り、子どもの健やかな育ちを促進するものである。事業の内容は、①子育て親子の交流の場の提供の促進、②子育て等に関する相談、援助の実施、③地域の子育て関連情報の提供、④子育て及び子育て支援に関する講習等の実施となっている。

ひろば型は、地域の公共施設内のスペース、商店街の空き店舗などを拠点として乳幼児と子育て中の親が気軽に集まる、また子育て相談や情報の提供等の活動を行っている。センター型は、地域子育て支援センター事業として、保育所などに併設、または独立した施設などを拠点として親子交流や子育てサークルへの援助、相談援助等の活動を行っている。児童館型は、児童館、児童センターにおける一般児童が利用しない時間等を活用して子育て親子が交流し集う場を提供し、地域の子育て力を高める取り組みを行っている。

また、「子ども・子育てビジョン」では、子育て支援の拠点として地域子育て支援拠点事業については、現状の7,100か所から1万か所に増やしていくことを目標としている。

地域子育て支援拠点事業は、主に乳幼児（0～3歳）とその親（子育て中で特に母親）が気軽に集まり、交流や語り合うなどすることで精神的な安心感をもたらし、また子育て相談や情報提供等を行っている。地域で過ごす子どもとその親を支援する事業で、育児相談のできる場を提供することは児童虐待の防止にもつながるのである。

児童虐待の発生を予防するには、子育てしている親の孤立を防止し、子育て不安や子育て負担感を軽減するきめ細かい子育て支援策の充実が大切である。

(5) 児童館

児童館は、児童厚生施設[5]として位置づけられており、「児童に健全な遊びを与え、その健康を増進し情操を豊かにすること」を目的としている。①小型児童館（小地域を対象とする）、②児童センター（小型児童館の機能に加えて、運動、遊びを通して体力増進を図る）、③大型児童館（A型・B型・C型）の類型に大別され、子育てサークルの活動場所の提供や、乳幼児クラブなどの親子支援などが行われ、在宅で子育てをする親（実際には「親と子」「祖母と孫」など）と子の居場所、相談場所としての機能をもっている例が多くなっている。また、地域子育て支援拠点事業（児童館型）として地域交流活動を展開している。

また、保育所併設型民間児童館事業やコミュニティ児童館の整備等が推進され、子育て支援事業が行われている。

[5] 児童厚生施設
児童厚生施設は、児童福祉法第40条に「児童遊園、児童館等児童に健全な遊びを与えて、その健康を増進し、又は情操をゆたかにすることを目的とする施設」と規定されており、屋内型として児童館、屋外型として児童遊園がある。

(6) 母子保健事業

　近年、子育てをしている親が育児不安を抱え、孤立しているものが増大している。そこで、母子保健サービスは、母子保健サイドから、妊娠中の母親から思春期までの子どもをもつ人を対象に電話・面接などにより、子育てについての相談に応じている。また、地域の子育てサークルなどの情報も提供している。このことは、児童虐待の発生予防を行う子育て支援の重要な柱である。保健所では、児童・妊産婦の保健の知識の普及、未熟児の訪問指導、障がい児療育の指導等を行っている。市町村保健センターでは、次のようなものがあげられる。

　① 妊産婦健康診査
　② 乳幼児保健指導、訪問指導
　③ 1歳6か月児・3歳児の健康診査

　母子保健サービスは、住民に身近な市町村で一元的に実施されているものが多くなってきた。

(7) 児童手当（経済的支援）

　児童手当制度は、1971（昭和46）年に制定され、1972（同47）年1月から施行されている社会保障制度の一環である。児童手当は、児童の養育者に児童手当を支給することにより家庭における生活の安定に寄与するとともに、次代の社会を担う児童の健全な育成資質の向上に資することを目的としている。これまで、幾度かにわたり支給対象や所得制限の緩和などの充実が図られてきており、小学校6年生までとされ、同時に所得制限の緩和による支給率の拡大が図られた。

　また、2007（平成19）年度からは新しい少子化対策、子育て支援という観点から、3歳未満は、出生順位にかかわらず一律1万円、3歳以上については、第1子、第2子が月額5,000円、第3子以降は、1万円が支給された。

　なお、児童手当制度は、前述のように子ども手当制度と相まって、次代の社会を担う子どもの成長および発達に資するために、子どもを養育している者すべてに対し、中学校修了までの児童一人につき月額1万3,000円支給されている（平成22年度）。

3　認定こども園と「就学前の子どもに関する教育、保育等の総合的な提供の推進に関する法律」

　総合施設「認定こども園」構想の背景には、少子化の進行や教育・保育のニーズの多様化に伴い、これまでの保育所・幼稚園等の取り組みでは対応で

きない状況がでてきたことにある。その具体的背景には農村部では少子化が進み両施設とも空きがあり、子どもの集団が小規模化し運営も非効率である。都市部では、保育所待機児童が多く存在する。また、育児不安の大きい専業主婦家庭（特に０～２歳児をかかえた家庭）への支援が大幅に不足しているなどの実態がある。

「認定こども園」は、2003（平成15）年６月に閣議決定され、「就学前の教育・保育を一体とした総合施設を設置する」と総合施設として位置づけられた。また、同年12月「規制改革の推進に関する第三次答申」では、2004（同16）年度中に基本的な考えをまとめ、2005（同17）年度に全国35か所で試行事業が実施され、2006（同18）年度から本格的に実施されることになった。2006（同18）年６月に認定こども園の本格的実施に向けて「就学前の子どもに関する教育、保育等の総合的な提供の推進に関する法律」（以下「就学前保育等推進法」）が、成立・公布された。また、同月「認定こども園の認定基準に関する国の基準」が策定された。

認定こども園は、図10－１のように、①就学前の児童のすべてを対象とし、保育に欠けるかどうかは問わない、②地域における子育て支援を実施する（すべての子育て家庭を対象に、子育て不安に対応した相談や親子のつどいの場

図10－１　認定こども園の機能について

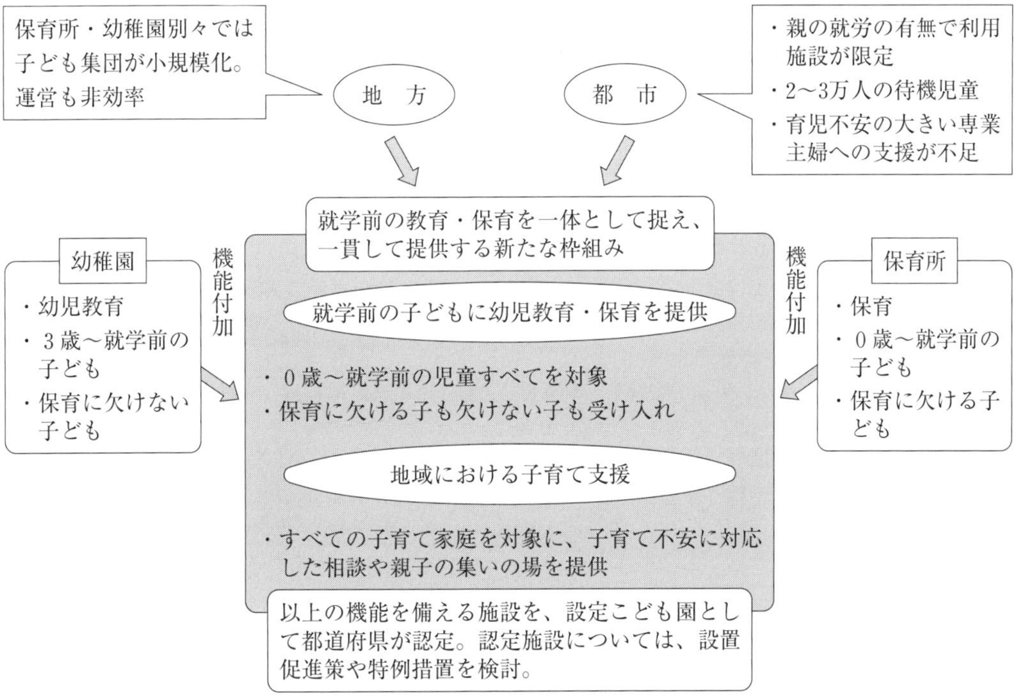

保育所・幼稚園別々では子ども集団が小規模化。運営も非効率 → 地方

都市 ←
・親の就労の有無で利用施設が限定
・２～３万人の待機児童
・育児不安の大きい専業主婦への支援が不足

幼稚園
・幼児教育
・３歳～就学前の子ども
・保育に欠けない子ども

機能付加 →

就学前の教育・保育を一体として捉え、一貫して提供する新たな枠組み

就学前の子どもに幼児教育・保育を提供

・０歳～就学前の児童すべてを対象
・保育に欠ける子も欠けない子も受け入れ

地域における子育て支援

・すべての子育て家庭を対象に、子育て不安に対応した相談や親子の集いの場を提供

以上の機能を備える施設を、設定こども園として都道府県が認定。認定施設については、設置促進策や特例措置を検討。

← 機能付加

保育所
・保育
・０歳～就学前の子ども
・保育に欠ける子ども

資料：全国保育協議会編『保育年報2006』96ページ

を提供する)、を備えた施設とするとしている。認定子ども園の種類は、幼保連携型(保育所・幼稚園の認可を受けている)、幼稚園型(幼稚園の認可を受けている)、保育所型(保育所の認可を受けている)、地方裁量型(保育所・幼稚園のいずれも認可を受けていないもので都道府県が認証する)の4種類となっている。利用手続きは、利用希望の保護者が直接申し込みをし、契約は施設と直接行う方法である。しかし、保育に欠ける児童は施設を経由して市町村が認定する。利用料については、施設が利用料を設定し徴収する。施設は設定した利用料を市町村に届け出る。

　教育・保育の内容については、幼稚園教育要領と保育所保育指針の目標が達成されるよう教育・保育を提供することとしている。

　さらに、子育て支援は、認定こども園における機能の一つで、①保護者への支援を通じて保護者自身の子育て力の向上を積極的に支援する、②多様な子育ての支援が考えられるが、たとえば、子育て相談や親子の集う場を週3日以上開設するなど、保護者の利用可能な体制を確保する、③職員が研修等により子育て支援に必要な能力を涵養し、その専門性と資質を向上させていくとともに、地域の子育てを支援するボランティア、NPO、専門機関等と連携する等さまざまな地域の人材、社会資源を生かしていくこととしている。

　認定こども園は、保護者にとって教育・保育の選択肢が拡大されたことになるが、一方で施設設備の条件、保育の内容や職員配置・資格などの課題も抱えており、体制の整備が急務とされている。

【参考文献】
1) 神戸賢次編『四訂　新選・児童福祉』みらい　2009年
2) 後藤卓郎編『新選・社会福祉 一部改訂』みらい　2008年
3) 改訂・保育士養成講座編纂委員会編『改訂・保育士養成講座2006　第2巻　児童福祉』全国社会福祉協議会　2006年
4) 全国保育協議会編『保育年報2006』全国社会福祉協議会　2006年
5) 下司昌一他編著『特別支援教育をどう進め、どう取り組むか』ぎょうせい　2005年
6) 「社会福祉学習双書」編集委員会編『児童家庭福祉論』全国社会福祉協議会　2009年
7) 内閣府「子ども・子育てビジョン」2010年
8) 厚生統計協会『国民の福祉の動向』2010年

第11章 施設養護の職員と求められる倫理

1 ──専門職（職種）と職務

1 児童福祉施設の種類と職員

　児童福祉施設における職種および職員の配置については、児童福祉法および児童福祉施設最低基準、その他の関連した諸法令によって定められており、児童福祉施設に配置される職種はその目的と機能によって多岐にわたっている。

2 主な職種の職務内容

　施設養護の専門職（職種）は、それぞれの児童福祉施設の目的や機能に応じて配置されているが、そのなかのいくつかの職種について説明する。

❶施設長

　施設における運営管理の最高責任者で、事業計画、収支予算等、法人の理事会において決定された事項を執行する。施設の運営に関しては、親権代行権に基づき子どもの監護・教育・懲戒に対しての責任をもち、サービス管理、財産管理、人事管理等の業務に携わる。また対外的には、児童相談所および福祉事務所をはじめとする監督官庁との連絡調整にあたり、学校および地域等との関係の構築や連携を行い、施設を代表する役割と責任をもっている。

　施設長は人格的にも円満で、責任ある考えや行動が要求される。また、子どもの健全育成と子どもの最善の利益のための条件づくりを第一義にして、施設の運営を行っていかなければならない。そのためには専門性の追求を図り、職員とともに不断の研鑽を積み重ねる姿勢が何よりも求められる。また、施設の運営および経営はもとより、社会福祉に対する哲学をもち、リーダーシップを発揮することが望まれる。

❷児童指導員

　児童福祉施設最低基準第21条第3項に、「児童の生活指導を行う者をいう」と児童指導員は定義されており、他の児童福祉施設における児童指導員は、この規定を準用することになっている。

表11－1　児童福祉施設の種類と職員（任意配置含む）

施　設　名	職　　種
助産施設	医療法に規定する病院として必要な職員（第一種助産施設）　助産師　嘱託医（産婦人科）および医療法に規定する助産所としての職員（第二種助産施設）
乳児院	施設長　医師または嘱託医（小児科）　看護師（一部は保育士または児童指導員で代替可能）　栄養士　調理員等　事務員　心理療法担当職員　家庭支援専門相談員
母子生活支援施設	施設長　母子指導員（保育士）　少年指導員　嘱託医　調理員　事務員　心理療法担当職員　被虐待児個別対応職員
保育所	施設長　保育士　嘱託医　調理員
児童養護施設	施設長　保育士　嘱託医　調理員　児童指導員　職業指導員　栄養士　事務員　心理療法担当職員　家庭支援専門相談員　被虐待児個別対応職員
知的障害児施設	施設長　保育士　嘱託医（精神科）　調理員　児童指導員　職業指導員　栄養士　事務員　介助員
自閉症児施設	施設長　保育士　調理員等　児童指導員　職業指導員　栄養士　事務員　医療法に規定する病院として必要な職員（第一種自閉症児施設）　介助員　医師および看護師（第二種自閉症児施設）
盲児施設・ろうあ児施設	施設長　保育士　嘱託医（眼科または耳鼻いんこう科）　調理員　児童指導員　職業指導員　栄養士　事務員　介助員
肢体不自由児施設	施設長　保育士　児童指導員　職業指導員　医療法に規定する病院として必要な職員　理学療法士または作業療法士
肢体不自由児療護施設	施設長　保育士　嘱託医　調理員　児童指導員　職業指導員　栄養士　事務員　介助員　看護師
重症心身障害児施設	施設長　保育士　児童指導員　医療法に規定する病院として必要な職員　理学療法士または作業療法士　心理指導を担当する職員
情緒障害児短期治療施設	施設長　保育士　調理員　児童指導員　栄養士　事務員　医師（小児科・精神科）　看護師　心理療法担当職員　家庭支援専門相談員　被虐待児個別対応職員
児童自立支援施設	施設長　嘱託医　調理員　職業指導員　精神科の医師または嘱託医　事務員　児童自立支援専門員　児童生活支援員　心理療法担当職員　家庭支援専門相談員　被虐待児個別対応職員　栄養士
児童厚生施設(児童館・児童遊園)	施設長　児童の遊びを指導する者
児童家庭支援センター	施設長　相談・支援担当職員　心理療法担当職員
知的障害児通園施設	施設長　児童指導員　保育士　運転手　嘱託医　栄養士　調理員　事務員
難聴幼児通園施設	施設長　児童指導員　保育士　聴能訓練担当職員　言語機能訓練担当職員　嘱託医　栄養士　調理員　事務員　職業指導員
肢体不自由児通園施設	施設長　医療法に規定する診療所として必要な職員　児童指導員　保育士　看護師　職業指導員　理学療法士または作業療法士

　児童指導員の職務の内容は子どもの生活指導であるが、実際には多岐にわたっている。具体的には日常生活を子どもとともにしながら、子どもの生活の安定を図り基本的な生活習慣を身につけさせること、地域とのかかわりによって社会性を養わせること、学習指導によって基礎的な深みのある学力をつけさせることなど、個々の子どもの現況に即した配慮をし、子どもの自主性を尊重しながら子どもの自立へ向けた支援を展開することが求められている。また、事業計画・処遇計画・児童自立支援計画等の立案および実施に伴う職員間の連絡調整、親子関係の調整、アフターケア、地域とのかかわり、学校や児童相談所、里親や民生委員・児童委員、主任児童委員等関係機関との連絡調整などの業務に携わるなど重要な役割を担っている。なお、こうし

た外部との調整は後述する保育士よりも中心となって担う。

児童指導員の資格については、児童福祉施設最低基準第43条に次のように規定されている。

一　地方厚生局長等の指定する児童福祉施設の職員を養成する学校その他の養成施設を卒業した者

二　学校教育法の規定による大学の学部で、心理学、教育学若しくは社会学を専修する学科又はこれらに相当する課程を修めて卒業した者

三　略

四　学校教育法の規定による大学院において、心理学、教育学若しくは社会学を専攻する研究科又はこれらに相当する課程を修めて卒業した者

五　外国の大学において、心理学、教育学若しくは社会学を専修する学科又はこれらに相当する課程を修めて卒業した者

六　学校教育法の規定による高等学校若しくは中等教育学校を卒業した者（中略）若しくは通常の課程による12年の学校教育を修了した者（通常の課程以外の課程によりこれに相当する学校教育を修了した者を含む。）又は文部科学大臣がこれと同等以上の資格を有すると認定した者であつて、2年以上児童福祉事業に従事したもの

七　学校教育法の規定により、小学校、中学校、高等学校又は中等教育学校の教諭となる資格を有する者であつて、厚生労働大臣又は都道府県知事が適当と認めたもの

八　3年以上児童福祉事業に従事した者であつて、厚生労働大臣又は都道府県知事が適当と認めたもの

児童指導員は、保育士や他の職種と比べて資格要件が緩やかであり、固定化した専門教育に偏らないで多様な分野から幅広い教養と感性をもった人材に対して機会を与えているということができる。しかしこのことは、児童指導員の専門性の確保という視点からみると、今後の課題となっている。

❸職業指導員

児童福祉施設最低基準第42条第2項に児童養護施設において、「職業指導を行う場合には、職業指導員を置かなければならない」とし、児童福祉施設最低基準第45条において、

「児童養護施設における職業指導は、勤労の基礎的な能力及び態度を育てることにより、児童の自立を支援することを目的として、児童の適性、能力等に応じてこれを行わなければならない。

2　職業指導は、営利を目的とせず、かつ、児童の福祉を損なうことのないようこれを行わなければならない。

3 私人の設置する児童養護施設の長は、当該児童養護施設内において行う職業指導に付随する収入があつたときには、その収入を適切に処分しなければならない。
4 児童養護施設の長は、必要に応じ当該児童養護施設外の事業場等に委託して児童の職業指導を行うことができる。ただし、この場合、児童が当該事業場から受け取る金銭の使途については、これを貯金させる等有効に使用するよう指導しなければならない」

として、職業指導の内容等について規定している。児童自立支援施設における職業指導については、児童福祉施設最低基準第45条の規定を準用することとしている。

また、知的障害児施設における職業指導を行うにあたって遵守すべき事項は、児童福祉施設最低基準第51条に、

「知的障害児施設における職業指導は、児童の適性に応じ、児童が将来できる限り健全な社会生活を営むことができるようこれを行わなければならない。
2 前項に規定するほか、知的障害児施設における職業指導については、第45条第2項から第4項までの規定を準用する」

と規定され、知的障害児通園施設、盲ろうあ児施設、肢体不自由児施設において職業指導を行うにあたって遵守すべき事項は、児童福祉施設最低基準第51条の規定が準用されることになっている。

職業指導は、児童が将来できる限り健全な社会生活を営むことができるように、また勤労の基礎的な能力や態度を育て自立を支援することに目的がある。それは、児童福祉施設におけるリービングケアの重要な位置づけとして援助計画に盛り込まれなければならないことである。

❹保育士

児童福祉法第18条の4に「保育士とは、(中略) 登録を受け、保育士の名称を用いて、専門的知識及び技術をもつて、児童の保育及び児童の保護者に対する保育に関する指導を行うことを業とする者をいう」と規定されている。

保育士は2001（平成13）年児童福祉法の改正によって国家資格となり、都道府県知事の指定する登録名簿への記載をする登録制が取り入れられ、保育士登録を受けていない者が保育士または類似した名称を名乗ることを禁止する名称独占が認められた。

保育士の資格要件は、児童福祉法第18条の6により「厚生労働大臣の指定する保育士を養成する学校その他の施設（以下「指定保育士養成施設」という。）を卒業した者」、または都道府県知事が行う「保育士試験に合格した者」であり、登録手続きを経て保育士の名称を用いることができる。

保育士の職務は、子どもの生活全般にわたる幅広い内容が求められており、中心になるのは子どもとの日常の生活を通して行われる生活指導である。具体的には、受容をもとにした母性的愛情で愛着の再形成を図り、子どもとの信頼関係を確立し、子どものもつ内発する力を大切にして、心と体の発達を促していくことである。それを基盤に基本的生活習慣を身につけさせることや学習指導を通して深みのある基礎的な学力をつけること、人と人とのかかわりを通して社会性を醸成させることなど、内容によって個別的指導や集団的指導を取り入れながら、子どもの自立へ向けての支援を行うことが求められる。

最近の入所児童は、不適切な養育環境で育ったことや虐待を受けたことなどが起因して、心に深い痛手を受け、情緒的に不安定であったり人間不信に陥っていたりする場合が多くなってきている。保育士としての日常的な処遇の枠を超えて、児童指導員はもとより心理療法担当職員等、他の職種の職員との連携をもとにした治療教育を必要とするケースが増え、職員間のチーム実践こそ課題解決に向けて重要になっている。

対象になる子どもは、児童福祉法によれば原則として乳児から満18歳未満であるが、子どもの保護者に対する子育てに関しての指導や、退所した子どもや家族のアフターケアなど保育士の職務の内容は多岐にわたっている。

❺母子指導員

母子指導員は母子生活支援施設において、母子の生活指導を行う。職務の内容は生活指導であるが、さまざまな事情により家庭が崩壊し、心身ともに痛手を受けた母子に対して、安全で安心できる場の確保がなされなければならない。生活指導は、信頼ある関係があって初めて成り立つことである。

児童福祉施設最低基準第29条には、「母子生活支援施設における生活指導は、個々の母子の家庭生活及び稼働の状況に応じ、就労、家庭生活及び児童の養育に関する相談及び助言を行う等の支援により、その自立の促進を目的とし、かつ、その私生活を尊重して行わなければならない」としている。

母子指導員の資格は、児童福祉施設最低基準第28条に次のように規定されている。

一　地方厚生局長又は地方厚生支局長（以下「地方厚生局長等」という。）の指定する児童福祉施設の職員を養成する学校その他の養成施設を卒業した者

二　保育士の資格を有する者

三　社会福祉士の資格を有する者

四　学校教育法（中略）の規定による高等学校若しくは中等教育学校を卒業した者、同法第90条第2項の規定により大学への入学を認められた者

若しくは通常の課程による12年の学校教育を修了した者（通常の課程以外の課程によりこれに相当する学校教育を修了した者を含む。）又は文部科学大臣がこれと同等以上の資格を有すると認定した者であつて、2年以上児童福祉事業に従事したもの

❻児童自立支援専門員と児童生活支援員

児童自立支援施設は、児童福祉法第44条に規定されているように、「不良行為をなし、又はなすおそれのある児童及び家庭環境その他の環境上の理由により生活指導等を要する児童を入所させ、又は保護者の下から通わせて、個々の児童の状況に応じて必要な指導を行い、その自立を支援し、あわせて退所した者について相談その他の援助を行うことを目的とする」施設である。

子どもの自立や生活を支援する職員として、児童福祉施設最低基準第80条には、児童自立支援専門員は児童自立支援施設において児童の自立支援を行う者、児童生活支援員は児童自立支援施設において児童の生活支援を行う者であるとし、児童福祉法施行令第36条第3項には児童自立支援専門員は子どもの自立支援をつかさどる、同条第4項には児童生活支援員は子どもの生活支援をつかさどることを規定している。

児童自立支援専門員と児童生活支援員は、子どもと起居をともにしながら生活指導を行い、個々の子どもの適性や能力に合わせて将来社会人として自立し、健全な社会生活を営んでいくことができるように支援することが、それぞれの職務の内容となっている。

児童自立支援専門員と児童生活支援員の資格については、児童福祉施設最低基準第82条および第83条に規定されているが、児童自立支援専門員は児童指導員の資格に加えて児童自立支援に関する専門的知識や技術が求められ、児童自立支援専門員を養成する学校（例：国立武蔵野学院付属児童自立支援専門職員養成所等）を修了して勤務している場合が多く、児童生活支援員は保育士の資格を有する者であることが多い。

❼心理療法を担当する職員

心理療法を担当する職員の資格は、児童福祉施設最低基準第75条第3項に「学校教育法の規定による大学の学部で心理学を修め学士と称することを得る者又は同法の規定による大学の学部で心理学に関する科目の単位を優秀な成績で修得したことにより、同法第102条第2項の規定により大学院への入学を認められた者であつて、個人及び集団心理療法の技術を有し、かつ、心理療法に関する1年以上の経験を有するものでなければならない」と規定されている。

心理療法担当職員は、児童福祉施設最低基準第75条で情緒障害児短期治療

施設に設置が義務づけられているが、被虐待児等心的外傷を受けた子どもの相談業務を受け持つ児童家庭支援センターや従前の生活治療教育の領域をはるかに超えた被虐待児の入所の増加に伴い、生活治療教育に加えてより専門的な治療教育の必要性から心理療法担当職員が児童養護施設等においても配置されている。

職務内容は、子どもの社会的適応能力の回復を図り、健全な社会生活を営むことができるように、子どもとの日常生活を通じて個別的および集団的指導を行うことが求められている。不適切な扱いを受けた子どもや虐待された子どもの入所が増加しているなかで、受けた心の痛手を癒し人間不信を取り除くことができるよう、他の関係する職員と協働して子どもの発達を保障する心理療法担当職員の位置づけは極めて重要である。

❽家庭支援専門相談員（ファミリーソーシャルワーカー）

家庭支援専門相談員は、虐待等の家庭環境上の理由により入所している子どもの保護者等に対し、児童相談所との密接な連携のもとに電話や面接等により子どもの早期家庭復帰、里親委託等を可能とするための相談・指導等の支援を行い、入所児童の早期退所を促進し、親子関係の再構築等が図られることを目的として設置されている。資格要件は、人格円満で児童福祉に関し相当の知識・経験を有する者となっている。

近年増加している家庭環境や養育環境において不適切な扱いを受けた子どもに対し、心の癒しによって人間不信を取り除き本来の発達を保障する保育士や児童指導員、心理療法担当職員、被虐待児個別対応職員は施設養護の内側での対応が求められるが、家庭支援専門相談員は児童相談所をはじめとして関連する機関と協働して早期家庭復帰に向けての対外的な取り組みが求められている。

家庭支援専門相談員は、児童家庭福祉の実現のために極めて重要な役割を担っていて、児童福祉施設の今後の取り組みの一つの方向性を具体的に示していくことになるともいえる。

❾被虐待児個別対応職員

被虐待児個別対応職員は、被虐待児等特に個別の対応が必要とされる子どもへの個別面接、創作活動での１対１の対応、生活場面での１対１の対応、保護者への定期的な助言・援助、訪問、里親への照会、他の児童指導員や保育士への助言・指導等を行う職員である。配置する条件として、①定員が50人以上であること、②職種別職員定数並びに３歳未満児及び年少児の職員定数を満たし、かつ、それ以外に個別対応を行う職員が置かれていること、③児童福祉施設最低基準がすべて満たされていることがあげられる。

日常生活場面において個々の子どもの現況に直接触れることによって、子どもの心の痛手を受けとめ、他の専門職員と協働して個々の子どもの治療教育を行うことが職務の中心であるが、保護者への助言や援助など幅広い領域を担当することが求められている。

　また、年々増加の傾向にある被虐待児の心のケアは児童養護施設における喫緊の課題であり、集団において十分なケアができにくい子どもに対して個別に対応する職員は、心理療法担当職員とともに被虐待児等処遇に特別な配慮を要する子どもに対して重要な役割を担っている。

2 ── 専門性と職員倫理

1　施設養護の課題と専門職員に求められているもの

(1)　専門職員の条件

　児童福祉施設は乳児から高校生（必要に応じて20歳）までという実に年齢幅のある子どもを対象としている。児童福祉施設で暮らす子どもの入所の理由は、①養育環境や家庭環境に問題のある子ども、②心身に障がいのある子ども、③情緒・行動面に問題のある子ども等さまざまである。

　児童福祉施設は家庭養護を補完するという社会的養護の役割を果たす使命が課せられており、実践者としてかかわる職員には専門性と人間性が求められている。専門職員としての職種は多岐にわたっているが、条件として共通することは、①知識、②技術、③価値観、④社会的活動（地位）であり、そこにバランスのとれた専門性と人間性が必要となる。具体的には児童の権利擁護をもとにして最善の利益を保障するという観点に立ち、暮らしをともにする者としての教育的配慮や姿勢が求められている。

(2)　子どもの発達と専門職員の役割

　一般的に子どもは未熟から成熟へ向けて発達しつつある存在であり、生理的にも精神的にも社会的にも両親や家族、かかわる大人の援助が基盤となって初めて本来の発達が可能である。児童福祉施設で暮らす子どもは、それぞれに主たる要因とともにさまざまな事情がその背景にあり、両親および家族と離れて暮らしていることで共通する。かかわる専門職員にとって、①その状況から生まれる障壁を取り除くこと、②その子が本来もっている諸能力と生き抜く力を育むことが与えられた課題であるといえる。基本的に考えておかなければならないことはこの２つの要件であり、それを具現化するものは

専門職員のもつ専門的な知識や援助技術とその根幹となる人間性であるといえる。

子どもとの日常のかかわりにおいて具体的に求められるものは、感性の豊かさであり、それに基づく子どもに対する心配りである。それは受容することから始まり、十分な母性的愛情をもとにして子どもの愛着の再形成がまずなされなければならない。人は、人間関係においての障害を取り除くことによって、本来の能力を発揮できるからである。施設養護の機能としての生存権と発達権の保障は、そこから始まるといえる。

子どもが児童福祉施設に入所する前の家庭環境、育ちの条件、一人ひとりの発達の仕方等それぞれに違いがあり、それらが複雑に結びついて児童の今のあらわれとなっている。それゆえ、日々のふれあいを通して子どもの本来の姿を客観的にとらえ、それぞれの子どもを理解し、成長発達を促す支援が専門職員の役割といえる。それをもとにした子どもに対する日々のかかわりは最も基本的で重要なことであり、子どもの背景にある家族や地域のニーズを受けとめ、家族の再統合をも視野に入れた子どもの自立に向けての支援が求められている。

児童福祉施設のもつ機能と蓄積された子育てに関する知識と援助技術を家族や地域に還元し、援助を必要としている子どもや家族の生活全体を援助の対象としてとらえる視点こそ、今後の施設養護の課題になっている。

2 児童福祉の基盤と専門職員に求められる資質

(1) 子どもの権利保障の視点

児童福祉は、日本国憲法第25条（生存権と国の社会保障的義務）、第13条（個人の尊厳と幸福追求権）、第26条（教育を受ける権利）、第11条（基本的人権の享有）および第97条（基本的人権の本質）等を基盤において、子どもの人権を保障するためのものである。

また、日本政府が1951（昭和26）年に制定した「児童憲章」、1959（同34）年の国連による「児童権利宣言」、1994（平成6）年に日本政府が批准した「児童の権利に関する条約」、それぞれの憲章および条約が実現をめざしているものは、児童の権利擁護であるといえる。1999（同11）年に制定された児童買春・児童ポルノ禁止法[*1]では「児童に対する性的搾取及び性的虐待が児童の権利を著しく侵害する」と児童の権利に対する擁護が明確に記され、2000（同12）年に制定された児童虐待防止法[*2]においては、「子どもの権利条約の内容を尊重する」と提案理由のなかで述べられている。また、2006年12月には国連の障害者権利条約アドホック委員会にて障害者権利条約が採択

*1 正式には、「児童買春、児童ポルノに係る行為等の処罰及び児童の保護等に関する法律」という。

*2 正式には、「児童虐待の防止等に関する法律」という。

された。この条約では、「すべての人に保障される人権が障害者にも等しく保障され、障害者の社会参加を進めるよう努める」ことを述べており、障がい者はもちろん障がい児の権利に対する擁護が明言された。一方、日本においては施設職員が入所児童を虐待する事例が後を絶たず、「児童福祉施設における施設内虐待の防止について」（厚生労働省雇用均等・児童家庭局総務課長通知2006）が出され、「児童養護施設等における適切な処遇の確保について（平成9年12月・家庭福祉課長通知）」「児童養護施設等に対する児童の権利擁護に関する指導の徹底について（同11年10月・同通知）」や、児童福祉施設最低基準の改正（同17年1月施行）で、児童福祉施設の職員による「入所児童に対する虐待等の禁止」（第9条の2）について明記された。次いで2009（同20）年11月児童福祉法が改正され、被措置児童に対する職員の虐待禁止と通告義務及び通告者の保護が規定された。

　子ども一人ひとりが人間らしくその子らしく生きることを保障することが基本となって、その実現のために児童福祉施設の存在があることを明確にしていることを忘れてはならない。職員の資質は、根底を流れる基本的な精神を受けとめ、それを日常の専門的活動において活かすことができるかどうかにかかっている。

(2) 子どもの権利を護るための専門性

　児童福祉施設は、児童福祉法に基づいて設置運営され、子どもの人権を、子どもの権利を公的に保障するものである。専門職員は職務に応じた専門的知識と専門的援助技術を有することはむろんのこと、よりレベルを向上させるための不断の努力と対象児童への日常生活を通して、それぞれの具体的な援助を行うとともに、積極的に専門性を発揮することが求められている。また、児童福祉施設は、地域の理解があって機能を発揮しその目的を遂行することができるわけであり、そのためにも、子どもの権利擁護を中枢において、信頼される日常の取り組みが、専門職員の協働によってなされなければならない。

　そのための具体的な専門職員の共通認識として、子どもは一人の独立した人格を有する存在であるということ、発達過程においてさまざまな援助をそれぞれに必要としていること、日常のケアについては生活そのものの支援をすること、子どもを信頼し発達の可能性を信じること、子ども一人ひとりがもつ今を豊かに生きる権利を保障すること、身も心も安心と安全な場であること、将来に向けての自立を支援する場であることなどがあげられる。

3 専門職員に求められる倫理

(1) 職員倫理の考え方

　児童福祉施設で暮らす子どもは、養育環境や家庭環境に問題のある子ども、心身に障がいのある子ども、情緒・行動面に問題のある子どもに大別することができる。それぞれの児童福祉施設において、職員が専門性をもって子どもと生活をともにしながら、子どものもつ人間としての権利を保障するために取り組んでいる。

　その営みは子どもを受容しながら愛着を再形成することから、子どもが心身ともに安心できる安全な場であるという実感が生まれ、受けた心の痛手や人間不信を取り除くことによって子ども本来の発達を保障し、将来に向けて自立を支援することである。これらの援助活動は、専門職員のもつ専門的知識や援助技術が具体的には重要な役割を果たしているが、援助活動の過程における子どもとのかかわりがあってはじめてそれは成り立つことであり、専門職員の人間性が豊かであるかどうかが基本的に問われることになる。

　専門的知識があるかどうか、専門的援助技術が優れているかどうかは自己自身で客観的に測ることが可能であるが、人間性が豊かかどうかは第三者が判断することである。それだけに、子どもとの日々の暮らしにおいて自己に対して謙虚になり、専門職員の前に人間として真摯に取り組む姿勢こそ大切にされなければならない。そこからケアする側とされる側、育てる側と育てられる側という関係がなくなり、対等な関係が生まれることによって専門職員は子どもの最善の利益に根ざした子どもの側に立てるのではないだろうか。専門職員が自己の側に立つことによって、感情に委ねた行動が生まれ、結果として子どもの権利（人権）を侵害することになる。このことは、過去に不幸にも起きた事例から私たちは学んでいることである。

(2) 「倫理綱領」にみる職員倫理の形

　「児童憲章」、「児童権利宣言」、「児童の権利に関する条約」等が求めているものは、子どもの権利擁護である。子どもの社会的養護の担い手は児童福祉施設であり、実践者は専門職員である。実践者である専門職員の仕事に対する責任を果たし、義務を守り、自らの専門職業に対する誇りを傷つけないための実践上のガイドライン・行動基準が求められる。

　具体的な形として、国際ソーシャルワーカー連盟に加盟している日本のソーシャルワーカー職能4団体（日本ソーシャルワーカー協会、日本医療社会事業協会、日本社会福祉士会、日本精神保健福祉士協会）が、それぞれに

採択している「医療ソーシャルワーカー倫理綱領」(1961(昭和36)年)、「ソーシャルワーカーの倫理綱領」(1986(同61)年)、「精神保健福祉士協会倫理綱領」(1988(同63)年)を吟味し、4団体合同で制定をめざして取り組み、2005(平成17)年に各団体において承認された新たな「ソーシャルワーカーの倫理綱領」がある。前文で次のように宣言している。

> 前文
> 　われわれソーシャルワーカーは、すべての人が人間としての尊厳を有し、価値ある存在であり、平等であることを深く認識する。われわれは平和を擁護し、人権と社会正義の原理に則り、サービス利用者本位の質の高い福祉サービスの開発と提供に努めることによって、社会福祉の推進とサービス利用者の自己実現をめざす専門職であることを言明する。
> 　われわれは、社会の進展に伴う社会変動が、ともすれば環境破壊及び人間疎外をもたらすことに着目する時、この専門職がこれからの福祉社会にとって不可欠の制度であることを自覚するとともに、専門職ソーシャルワーカーの職責についての一般社会及び市民の理解を深め、その啓発に努める。
> 　われわれは、われわれの加盟する国際ソーシャルワーカー連盟が採択した、次の「ソーシャルワークの定義」(2000年7月)を、われわれのソーシャルワーク実践に適用され得るものとして認識し、われわれの実践の拠り所とする。
>
> 定義
> 　ソーシャルワーク専門職は、人間の福利(ウェルビーイング)の増進を目指して、社会の変革を進め、人間関係における問題解決を図り、人々のエンパワーメントと解放を促していく。ソーシャルワークは、人間の行動と社会システムに関する理論を利用して、人びとがその環境と相互に影響し合う接点に介入する。人権と社会正義の原理は、ソーシャルワークの拠り所とする基盤である。
> 　われわれは、ソーシャルワークの知識、技術の専門性と倫理性の維持、向上が専門職の職責であるだけでなく、サービス利用者は勿論、社会全体の利益に密接に関連していることを認識し、本綱領を制定してこれを遵守することを誓約する者により、専門職団体を組織する。

　なお、この倫理綱領は次の「価値と原則」、「倫理基準」の2つから構成されている。

第11章　施設養護の職員と求められる倫理

>価値と原則
>　Ⅰ（人間の尊厳）　Ⅱ（社会正義）　Ⅲ（貢献）　Ⅳ（誠実）
>　Ⅴ（専門的力量）
>倫理基準
>　Ⅰ　利用者に対する倫理責任
>　　1．（利用者との関係）　2．（利用者の利益の最優先）　3．（受容）
>　　4．（説明責任）　5．（利用者の自己決定の尊重）
>　　6．（利用者の意思決定能力への対応）　7．（プライバシーの尊重）
>　　8．（秘密の保持）　9．（記録の開示）　10．（情報の共有）
>　　11．（性的差別、虐待の禁止）　12．（権利侵害の防止）
>　Ⅱ　実践現場における倫理責任
>　　1．（最良の実践を行う責務）　2．（他の専門職との連携・協働）
>　　3．（実践現場と綱領の遵守）　4．（業務改善の推進）
>　Ⅲ　社会に対する倫理責任
>　　1．（ソーシャル・インクルージョン）　2．（社会への働きかけ）
>　　3．（国際社会への働きかけ）
>　Ⅳ　専門職としての倫理責任
>　　1．（専門職の啓発）　2．（信用失墜行為の禁止）
>　　3．（社会的信用の保持）　4．（専門職の擁護）　5．（専門性の向上）
>　　6．（教育・訓練・管理における責務）　7．（調査・研究）

「ソーシャルワーカーの倫理綱領」は前文で宣言しているように「ソーシャルワークの知識、技術の専門性と倫理性の維持、向上が専門職の職責である」だけでなく、「サービス利用者は勿論、社会全体の利益に密接に関連している」ことから倫理綱領を制定している。それは自主的な倫理行動の遵守を宣言しているものであり、福祉の支援サービスにかかわる専門職員の行動基準を示した意義は極めて大きいといえる。

また、児童福祉の分野においては、2003（平成15）年に全国社会福祉協議会・全国保育協議会・全国保育士会が「全国保育士会倫理綱領」を定め、前文で次のように宣言している。

>　すべての子どもは、豊かな愛情のなかで心身ともに健やかに育てられ、自ら伸びていく無限の可能性を持っています。
>　私たちは、子どもが現在（いま）を幸せに生活し、未来（あす）を生きる力を育てる保育の仕事に誇りと責任をもって、自らの人間性と専門性の向上

に努め、一人ひとりの子どもを心から尊重し、次のことを行います。
　　私たちは、子どもの育ちを支えます。
　　私たちは、保護者の子育てを支えます。
　　私たちは、子どもと子育てにやさしい社会をつくります。

　本文は、①子どもの最善の利益の尊重、②子どもの発達保障、③保護者との協力、④プライバシーの保護、⑤チームワークと自己評価、⑥利用者の代弁、⑦地域の子育て支援、⑧専門職としての責務、という8つの領域によって構成されている。全国保育士会倫理綱領は、保育士だけでなく、保育にかかわるすべての人が内容を理解して、保育に求められる役割を自覚し、自らの人間性、専門性の向上に努めることを願って制定されている。

　いずれも専門性を維持・向上させるために目標を明確にし、価値や行動基準を定め、専門職としての社会的認知を得ることが、倫理綱領制定の条件であったといえる。このことは、他の社会福祉専門職集団においても同じことがいえ、それぞれ独自の倫理綱領の制定が今後不可欠である。

　社会福祉における専門職、とりわけ児童福祉施設における専門職員は、家族と離れて暮らす子どもの生存権と発達権を保障することが、職務の中枢を占めている。日常生活におけるさまざまな場面のなかで、子どもの最善の利益に基づいた権利擁護こそ展開されなければならない。それが可能になるために、また子ども一人ひとりが人間らしく自分らしく生きることを保障するために、児童福祉施設最低基準の見直しや、専門職員の援助改善等の条件面での整備が極めて重要なことである。一方で、職員の人権や権利擁護の意識、倫理についての「人間教育」が、専門知識や専門的援助技術等の専門教育とともに、むしろそれ以上に重要であり、児童福祉施設は研修システムを確立し、専門職員の養成校と協働して取り組むことが今後の重要な課題である。

【参考文献】
1）鈴木政次郎編著『現代児童養護の理論と実践』川島書店　2003年
2）辰己隆・岡本眞幸編『保育士をめざす人の養護内容』みらい　2003年
3）福永博文編『養護内容』北大路書房　2004年
4）秋山智久・平塚良子・横山穣『人間福祉の哲学』ミネルヴァ書房　2004年

第12章 職員の専門性の課題

1 ── 専門職に求められる技術

　近年では、児童虐待に関する記事がテレビなどのマスコミで多く報道されるのを裏づけるかのように、厚生労働省から報告される虐待相談事例の件数も年々増加の一途をたどっている。一方で、児童福祉施設の職員からは、児童福祉施設に入所してくる子どもの多くが虐待された経験をもち、不適応行動を示しているという話を聞くことが多い。

　つまり、施設入所してくる子どもの多くが、家庭崩壊、保護者による虐待などを体験したことにより、感情統制に課題を抱えているともいえる。そのようななかで、児童福祉施設における職員自身の子どもに対する虐待の報告を耳にすると、職員の側の苦悩がひしひしと伝わってくる。先に述べたような児童が入所してきていることを考慮すると、職員側に努力を求めるだけではなく、現在ある児童福祉施設の最低基準そのものについても十分な検討がなされ、改善が図られることを切に望みたい。

　いずれにしても、「子どもの人権」に対する意識が確実に高まっている状況のなかで、子どもの自立を支援し、かつ家庭との関係調整をうまく行うためには、職員に高い専門性が求められるのである。程度の差はあるにせよ、保育所や幼稚園においても育児不安や虐待の問題は他人事ではなくなりつつあり、福祉・教育分野で働くすべての職員の資質向上が望まれるのである。

　このような点をふまえて、ここでは保育者に求められる専門性について述べることとする。この分野における専門性は、職業的価値観・倫理観を基礎に置きつつ、児童福祉関係の法律等を含む制度的体系と、専門援助技術等をはじめとする実践的体系とによって支えられる。今回は、専門援助技術について便宜的に、個別援助技術と集団援助技術とに分け説明する。

1　ケースワーク

　個別援助技術（個別援助方法）とは、「ケースワーク」ともいわれるもので、一人ひとり、または家族ごとに状況を的確に把握し援助する方法である。正確には「ソーシャル・ケースワーク」といわれ、問題解決の際には個別的

に個人や家族だけに対応するのではなく、社会環境とのかかわりのなかで問題を理解し、援助するという意味がこめられている。

　個別的あるいは集団的といっても、専門技術を学ぶうえでは、まず個別援助技術の基本原則をしっかりと理解し、実践的に使えることが大切である。そのうえで、集団場面においても個別援助技術の原則を応用してみて、足りない点を集団的援助技術で補っていくというのが無理のない対応といえよう。

　個別援助技術の代表的な原則として有名なのが、「バイスティックの原則」であり、個別相談援助活動などには欠かすことのできない重要なものであるので、ここに紹介する。

①個別化の原則（来談者は一人として同じ状況にはないので、一人ひとりを個別的に理解して対応すること）

②受容の原則（来談者の話を傾聴し、気持ちを受けとめ、理解すること。来談者は心が安定し、問題解決能力も高まる）

③非審判的態度の原則（来談者は援助者に理解されることを求めているため、援助者は批判的、審判的態度はとらないこと）

④意図的な感情表出の原則（来談者が感情を抑圧することなく適切に出せるように援助すること）

⑤統制された情緒的関与の原則（来談者が激しい感情表出をした場合でも、援助者はそれに巻き込まれず、冷静に対応すること）

⑥自己決定の原則（来談者が自分で決断したこと、決定したことを最大限尊重すること）

⑦秘密保持の原則（来談者のプライバシーを守り、話の内容は原則秘密とすること）

　詳細は参考文献をみていただくこととし、具体的には、後述の事例のなかにおいて解説する。ここでは、個別援助技術の実践的訓練法として効果的と考えられる「事例検討法」も紹介しておきたい。ただしこの方法においても適切なスーパービジョン（次節で説明）を受けないと、事例を出した職員が自分の対応の仕方について批判ばかりを受けたという印象をもち、事例を出したために、かえって傷つくという恐れもあり、配慮が必要である。

　事例検討法にもいろいろあるが、ここでは極めて実践的なものの一つを紹介する。この検討法では、はじめに事例の簡単な説明があり、続いて質疑応答をした後、検討に参加した全員が、「自分がその事例の担当者、あるいは担当保育士であるとしたら、具体的にどう対応するか、さらになぜそのような対応をするのか」を記述し、その後一人ひとりが順番に発表する。こうすることで、参加者全員が「傍観者的な立場」ではなく「事例担当者という立

場」で事例を真剣に検討できるのである。事例提供者は、発表される具体的対応策とその理由を聞くことで、自分ひとりでは考えつかないようなことを多く学ぶことができ、また他の参加者についても同様のことがいえる。

2　グループワーク

一方、集団援助技術については、「グループワーク」という言葉をあてることができる。ケースワークでは、クライエント*1（相談に来た人）とケースワーカー（相談担当者）の間で結ばれた専門的な対人関係を通じて援助を行うが、グループワークでは、今述べた専門的な対人関係による援助に加えて、「グループに働く力」を活用して援助する方法に特徴がある。具体的には、グループの参加者同士に働く相互作用の力、グループ活動の過程で使われるプログラムが援助のための道具となるのである。

その結果として、集団援助技術としては、個別援助技術の原則に加えて、
①グループ内で起こる緊張・不安・葛藤などを、参加者同士の話し合いや助け合いで解決するようにもっていく
②自分の能力等にふさわしいグループのなかで積極的かつ自発的に活動できるようにする
③グループの参加者間で、いろいろな交流体験を豊富にもてるようにする
④グループ活動に継続的に参加できるように工夫する
などの手法が、筆者の長年のグループワーク経験からも有効と考えられる。

さて上に述べたように、いろいろな形で学び、訓練して、少しずつ身につけた援助技術をいかに自立支援・家族再統合計画へと結びつけていくかが、次の課題となる。ここでは、実際に自分が担当する事例に対して、子どもおよび家族の自立のための支援をしたり、家族が再び機能できるように計画を立て、支援するという実践（ケアマネジメント）が必要となる。

3　援助の実際

この過程をわかりやすく説明するために一つの事例（プライバシー保護のためいくつかの事例を組み合わせたもの）を紹介する。

●事例①

　これは、児童福祉施設の一つである児童自立支援施設の事例である。中学2年のA男は、母親が家出をし、父親（45歳）と生活している。しかし、父親は定職にも就けない状況で、A男は食事もきちんと取れないまま、登校していた。学校も含め周囲の者が心配し、児童相談所に相談をした。相談所の勧めもあり、A男

*1　クライエント
ケースワークなどの援助を求めてやってくるサービス対象者をさすが、厳密には相談援助を受けることが決まった時点でクライエントとなる。最近は、クライエントという言葉にかえて「利用者」という言葉も使われる。弁護士や広告会社等では顧客という意味で、医療機関では患者という意味で使用されている。

は児童養護施設に入所した（措置をされた）。しかし、その施設では他の入所児童とうまくやっていけず、無断外出を繰り返すようになる。また、コンビニ店での万引き、自転車の窃盗もあり、児童養護施設での指導には限界があると判断され、中学２年生の10月、事前の施設見学も終えたうえで父親の了解のもと児童自立支援施設へ入所（措置変更）となった。

　入所に際して、Ａ男は父親、児童相談所職員（地区担当児童福祉司）、出身中学校教諭、児童養護施設職員に付き添われ来園した。最初に、入所のためのオリエンテーションが施設職員（心理職員）により行われた。施設についての説明を受けた後、本人に対し入所への最終的な意思確認がなされた。その後、Ａ男が目標意識をもって安定した施設生活ができるようにと、自立支援計画作成のための話し合いがもたれた。

　Ａ男との話し合いでは、①これまでの自分の生活において、どのような点がよくなかったと思うか、②これから生活することになる施設で、自分のどのような点を変えていきたいか（とりあえず具体的に３点ぐらいの目標をあげてもらう）、③そのためには、どのぐらいの期間施設で生活することが必要と思うかなどが話題とされた。そのうえで、父親、関係者からも支援に対する希望・意見等を聞き、Ａ男のものと比較検討して、皆が納得できる支援計画を作成した。また、施設に入所してから、退所するまでの全体的な流れや、施設で生活するうえでの全般的な注意事項等についても説明がなされた。特に、新しい環境で慣れないこともいろいろあると思われるので、何か困ったことがあったら、職員等に相談するよう話をした。必要ならば個別の話し合い（心理職員による面接）もできることを伝え、安心感がもてるようにした。

　オリエンテーション後、心理職員がＡ男と父親および関係者を実際に生活する生活棟に案内し、担当の児童自立支援専門員（父親的役割を担当。以下、「専門員」）と児童生活支援員（保育士で母親的役割を担当。以下「支援員」）に紹介した。ここで、Ａ男は専門員より他の入所児童に紹介をされ、その後生活棟での生活の仕方、生活の決まり等について説明を受けた。

　それが済むと、自分の生活する部屋（Ａ男と気が合い、少しでも安心して過ごせると思われるグループの部屋）に案内され、施設では母親役を務める支援員が、Ａ男のタンスの前で、まだ緊張が解け切らない本人の立場に立って、趣味や関心のあることを中心に、いろいろと話をしながら荷物の整理をし、新しい生活への準備を手伝った。

　Ａ男は入所１か月後、掃除、作業等を拒否することが多く、嫌だと思うと、トイレに閉じこもったりした。専門員が個別面接を行い、なぜこの施設へ来ているのかを、Ａ男の気持ちを理解しつつ受け止めながら、良い悪いという判断はしないようにして、本人の言い分に耳を傾け、話し合いをした。

　２か月経ったある日のこと、午後のスポーツの時間に何をするか皆で相談していた。多数決でソフトボールをやることに決まるが、Ａ男はサッカーがやりたい

と主張し、他の入所児とけんかとなる。ふてくされていたため、夕食前に専門員が個別面接を1時間行うと落ち着いた。その後、支援員にこっそりと甘えるように、「ご飯をとっておいてください」と頼み、後で食べていた。

　入所後3か月近くになったため、入所時に仮に作成した支援計画を参考にしながら心理職員、専門員がA男と面接し、本人の意志を最大限尊重して、次のような目標が決定された。

　　目標1：進学（定時制高校）ができる学力をつける（具体的には、数学と英
　　　　　　語は中学2年生、国語は3年生を終える）
　　目標2：社会性を養う（具体的には、協調性を身につけ、人と仲良くする。
　　　　　　短気な点に気をつけ、文句を言わない）

　以上の目標を、父親および関係者との話し合いにおいて確認し、この目標が達成できれば施設を退所できる可能性があることをA男にも伝えた。また、父親と学校の先生には定期的に面会をしていただくよう依頼がなされた。

　5か月程経つと、自分の気持ち、感情をコントロールすることがかなりできるようになり、支援員から用事を頼まれても、素直に聞けるようになった。

　7か月程経った5月の連休に許可外出ということで、家に帰る準備を支援員とともにうれしそうにした。そして、約束した日には父親に見送られて、きちんと施設に戻った。

　1年1か月後のある日の夕方、ソフトボール中のA男の態度が悪いので注意をすると、最後までふてくされていた。グランドに残し1時間程話合う。夕食もいじけて食べない。食事をとっておいてくれた支援員に、A男が後から「腹が減りました」と言うので暖めて食べさせる。すると、その夜の面接時にA男が専門員に、「先生の言うことも少しわかるような気がします」と言う。他人の立場が少しわかってきたことをほめるとうれしそうな表情をしていた。

　3年生も12月となると、進路問題で忙しくなる時期である。A男は出身地にある職業安定所を訪問し、会社を紹介された。専門員、支援員とともに会社訪問して、志望会社を決めることができた。

　12月中旬、就職試験のため、支援員とともに出身地へ出向いたが、そこで出身校教諭とも再会し、励ましの言葉をもらい喜んでいた。

　その後間もなく、合格通知が届き、いかにもホッとした様子であった。

　翌年3月、出身中学校の卒業式に出席。式には父親も参加し喜んでくれた。父親とともに、自分が以前生活していた児童養護施設にも立寄りお礼を述べ、夕方施設に戻る。表情もよく、いかにも満足そうな様子であり、支援員に対しても自分からいろいろと話をしてきた。

　3月下旬に入り、夜専門員が個別面接をし、出身地への転出手続き、高校入試の手続き等について説明する。その後生活棟の全員で、A男の卒園祝いを行う。支援員に特別に調理してもらった五目すしを食べながら、仲間からお祝いの言葉をもらい本当にうれしそうであった。同時にいよいよ施設を離れ、ひとりで生き

> ていかねばならないというさみしさも心の底で感じているようであった。
> 　施設を退所する当日は、父親も来てくれ、二人で施設をあとにした。定職をもっていない父親との同居は望ましくないという児童相談所の考え方（父親も了解していた）もあり、職場（住み込み）へひとりで向かった。A男には、はじめは2〜3日に1回、慣れたら1週間に1回は連絡を入れ、近況報告をするように話をし、職員も1週間後ぐらいに、会社訪問をする予定であると伝えた。その一方で、就職先には、何かあったらすぐに連絡をいただけるようにお願いをし、必要な時はいつでも、アフターケアのため訪問させてもらうと、伝えてあった。
> 　このようなアフターケア体制のもとで、A男を見守っていたが、就職先の雇用主および家族の方々が、A男をよくかわいがって面倒をみてくれたため、A男も懐いていき、就職先に定着することができた。

この事例における大切なポイントを整理しておきたい。

まず、本人とのケースワークでは、以下の点が特に大切と考えられる。

(1) 個別面接を行う際に、A男の気持ちを理解しつつ受け止め（受容の原則）ながら、安易に良い悪いという判断はしない（非審判的態度の原則）ようにして、本人の言い分にも耳を傾けながら、話し合いがなされた。

(2) 入所後3か月近く経ったところで、入所時に仮に作成した支援計画を参考にしながらA男と面接し、本人の意志を最大限尊重（自己決定の原則）して目標が立てられた。

次に、支援員のA男への対応については保育士の役割の重要性を感じる。

(1) 入所時に、A男の生活する部屋のタンスの前で、まだ緊張が解け切らない本人の立場に立って、趣味や関心のあることを中心にいろいろと話をしながら荷物の整理をし、新しい生活への準備を手伝った。このように不安の真っ只中のA男にとって、保育士の資格をもつ支援員は母親のような存在であったといえよう。

(2) A男が他の入所児とけんかをし、夕食前に専門員の個別面接を受け、その後支援員に、こっそりと甘えるように「ご飯をとっておいてください」と頼んだとき、その甘えを自然に受け止めてあげることでA男は満足し、気持ちの安定が図られたといえる。

父親との面接において、施設の職員は、以下のような対応をした。

(1) 父親の要望を機会あるごとに聞いて、A男の自立支援計画に可能な限り取り入れた。

(2) 父親については、なかなか定職をもてないでいたが、決して父親を責めることはせず、父親ひとりでなんとか生活していることを頑張っていると認めた。

（3）施設で生活しているA男に対して、関係者との約束を守り、欠かさず面会をしてくれていることを大いに評価した。

このように、父親を定職のもてない悪い親と決めつけ、責めることもせず（非審判的態度の原則）、また他の親の状況などと比較したりせず理解し、支援したところ（個別化の原則）などが、特に重要である。

最後に、施設における子どもを支援する職員間でのチームワークについて触れておきたい。

施設への入所、退所の時点では、それに関係する職員、今回の事例では、特に心理職員と児童自立支援専門員の意思疎通、連携プレーが大切であった。そして入所後の生活指導では、児童自立支援専門員と児童生活支援員がそれぞれ家庭における父親、母親の役割を意識しつつ協力・連携してA男に対応した点が重要であることはいうまでもない。

さらに、今回の子どもの自立支援においても、施設職員と父親、児童相談所職員（地区担当児童福祉司）、出身中学校教諭、児童養護施設職員との連携・協力が重要であり、それがうまくいったこと、そしてそれに対してA男が努力したこと、これらが良い成果を生み出したことをつけ加えておきたい。

4　記録

このような支援を側面から支えるものが、それまでの経過をきちんと記録したもの、つまり、保育所・幼稚園・施設における実践記録である。

子どもに対する援助の過程を記録する最大の理由は、子どもに対して「最善の援助をすること」につながるからである。子どもにかかわる職員は、記録をすることを通じ、以下のような効果を期待することができるのである。

①子どもをより「正確に理解する」ことができる。
②「自分自身の特徴、癖などを認識しておく」ことにつながる。
③職員集団において、子どもに関する記録があることで共通理解がしやすくなり、「一貫性、継続性のある援助をする」ことができる。
④職員がスーパービジョンを受ける際の重要な資料となり、職員の「専門性を向上させる」のに役立つ。
⑤外部機関との連携において「共通理解を図る」のに役立つ。

しかし、よりよい記録を作成するためには、いくつかの点に注意することが必要である。現代は、「プライバシーの保護に極めて敏感な時代」であるとともに、「情報公開が求められる時代」であるため、情報、特に個人に関する情報について以下のように配慮する必要がある。

①事実を正確に記述する。自分の主観を交えないように気をつけ、他の職員

にも子どもの状況を正確に伝える努力を忘れてはならない。
②個人のプライバシーや人権に配慮した記述、内容とする。
③職員は子どもに対し、どのような状況において、どのような対応をしたか、そしてその結果はどうであったのかなどを、具体的にわかりやすく記述する（これによって、子ども一人ひとりに対して、どのような対応が効果的であるかが明らかになり、職員の実践力の向上にもつながるのである）。

2──スーパービジョンとチームワーク

スーパービジョンの源流は、ケースワークの源流が19世紀のイギリスのロンドンにおける慈善組織協会の活動にあるのと同様と考えられる。つまり、この慈善活動を支えていた友愛訪問員の教育、訓練、指導の過程がスーパービジョンの萌芽といえるのである。

このような歴史的経過からも想像できるように、その目的はケースワーカーの養成であり、クライエントへの処遇の向上をめざすことであるといえる。またスーパービジョンの目的は、よくいわれるように、教育的、管理的、支持的なものである。つまり、職員がクライエントに適切な処遇を行えるよう教育すること、次に、職員がクライエントに適切な援助が行える環境をつくるという管理的な役割を果たすこと、そして、職員が安定した気持ちで仕事ができるようにスーパーバイザーが支持することであるといえる。

1　スーパービジョンの形態

職員の専門性を高めるためのスーパービジョンには、いろいろな形態が考えられるが、大きく分類すれば次の2つがある。

第1は、職員が「所属機関（以下、「組織」とよぶ）内においてスーパービジョンを受ける場合」であり、第2は、「組織の外へ出かけてスーパービジョンを受ける場合」である。

まず第1の場合であるが、便宜的に次の2種類を区別しておく。
①外部からスーパーバイザーを招いてこれを行う場合
②所属長等、内部の経験豊かな職員がスーパーバイザーを務める場合

それぞれに利点があるため、スーパービジョンを行う目的に応じて使い分けるのが望ましいが、いずれの場合にも、利点は通常組織内において行えるため、より多くの職員がスーパービジョンを受けることができるというところにある。また、②の場合には、日常的な業務や仕事場面で、直接的にまた時間を置かずスーパービジョンを計画的に行うことも可能であり、この場合

をOJT（On-the-Job-Trainning）と呼んでいる。

第2の場合には、以下のようなものが考えられる。

① 組織から、業務の一環として、あるいは職務として、研修会などに出かけ、スーパービジョンを受ける場合
② 組織の業務や職務から離れ、自主的に研修会等に参加し、スーパービジョンを受ける場合
③ 専門的職能集団の組織において発表等を行い、自分の専門性について公の場面できちんとしたスーパービジョンを受け、評価を受ける場合

まず、①の場合には、当然のことではあるが組織の上司にその内容を報告する必要がある。同時に組織としては可能な限り、研修内容、スーパービジョンを受けた内容等について、他の職員にも報告できる機会を設けて、スーパービジョンの成果を組織として共有できるようにすることが望ましい。

次に、②の場合、組織の上司への報告は基本的に必要ないが、その内容が他の職員にも参考になると思われるときには、組織の上司に相談し、報告の機会をもつことも有効である。

③について、保育士を例にとれば、地域の、あるいは全国規模の保育士学会などで、論文等を発表する場合がこれにあたる。

スーパービジョンの基本は「個別的なスーパービジョン」であるが、組織においては、より多くの職員にスーパービジョンの機会を体験してもらうために、「集団的なスーパービジョン」を行うことも可能である。ただし、集団で行う場合には、スーパーバイザーに相当な力量が要求され、またスーパービジョンの内容も、個人の能力や力量の違いへの配慮が必要であり、より一般的なものにならざるを得ない、という制約を伴う場合も多い。

2　職員間のチームワーク

次に、職員間のチームワーク（連携）について説明する。

職員間のチームワークについては、便宜的に2種類あると考えるとわかりやすい。「縦のチームワーク」と「横のチームワーク」である。

保育所という組織を例にとる。「縦のチームワーク」とは、「所長－主任保育士－保育士」という構造のなかにみられるもので、保育所におけるさまざまな面において、「責任ある決定」をし、「物事を実行」していくためには欠くべからざるものといえる。一方「横のチームワーク」は、保育士という同一職種の者同士、あるいは職種は異なるが子どものために協力しながら仕事をする者同士の間でのチームワークともいえ、日々の保育に「継続性」と「一貫性」をもたせるうえで、極めて重要なものである。

このようなチームワークをスムーズに進めるためには、よくいわれるように「報告」「連絡」「相談」の「ホウ（報）レン（連）ソウ（相）」を適切に行うことが大切である。しかし、「言うは易く、行うは難し」という諺の通り、現実の組織において、このことを確実に行うことはなかなか難しい。

　保育士の多い職場においては、職場環境、特に勤務時間などの面でかなり大きな変化が起きている。これまでも児童福祉施設などにおいては変則勤務がごく当たり前で、職員が一堂に会することがなかなか難しいため、チームワークに欠かせないものとして「ホウレンソウ」が強調されていた。しかし、これが確実に実行されている組織は、日頃から相当の工夫と努力がなされているところ、というのが、施設にいたことのある筆者の印象である。この「ホウレンソウ」がきちんとなされている組織は、外からみるとよくわかるのである。たとえば、電話などで訪問の約束をし施設を訪問してみる。そのときの対応をみれば、その施設、その組織のチームワークのよさ、「ホウレンソウ」の実施具合が手にとるようにわかるものである。また、子どもの保育、あるいは養護の状況について尋ねたときの対応によっても、チームワークのよさを知ることができる。横のチームワークのよいところでは、どの職員が対応しても大きな差のない対応をしてくれるし、さらに縦のチームワークのよいところでは、責任ある返事をきちんとしてくれるものである。

　近年は施設だけではなく、24時間体制でない保育所でも大きな変化が起きている。保育所も保育時間の延長等により、勤務時間の異なる保育士が協力して保育にあたることとなり、チームワーク、そのなかでの「ホウレンソウ」の原則、さらに「責任ある対応」が一層強く求められる時代となっている。

3 ── 子育て支援と要保護児童対策地域協議会（子どもを守る地域ネットワーク）の構築

　従来、児童福祉法（昭和22年法律第164号）においては、あらゆる児童家庭相談について児童相談所が対応することとされてきた。しかし、児童虐待相談件数の急増等により、緊急、かつより高度な専門的対応が求められる一方で、育児不安等を背景に身近な子育て相談ニーズも増大することとなったため、2004（平成16）年には「児童虐待の防止等に関する法律」および「児童福祉法」が改正された。それに伴い、2005（同17）年2月から3月にかけて、以下のように指針が改正されたり策定されたりした。「児童相談所運営指針について」（同2年）が改正され児童相談所（都道府県）の役割を、専門的な知識および技術を必要とする事例への対応や市町村の後方支援等に重点化した。その一方で、「市町村児童家庭相談援助指針」が策定され、児童

家庭相談に応ずることが市町村の業務として法律上明確化され、住民に身近な市町村において、子どもに関する各般の問題につき、個々の子どもや家庭に最も効果的な援助を行うこととなった。また、「要保護児童対策地域協議会*2 設置・運営指針」が策定され、要保護児童に関しては、関係者間で情報の交換と支援の協議を行うこととなった。

*2
詳しくは、同章 201ページ参照。

　一方、地域密着型の相談援助機関については、1997（平成9）年の児童福祉法の改正に伴って、児童養護施設等に児童家庭支援センターが併設されるようになった。また、2008（平成20）年の児童福祉法改正により、児童家庭支援センターは一定の要件を満たす医療機関やNPO法人などにも設置できるようになった。その結果、2009（平成21）年2月1日調査では2007年度に全国に68か所の児童家庭支援センターが設置されており、2008（同20）年度に4か所、さらに2009（同21）年度には6か所が新規に設置予定となっている。

　こうして、子どもを育てるうえでのさまざまな親の悩みに対して、早い段階で相談に乗るという体制が整備されつつある。しかし、現実には、都道府県、政令指定都市等に設置されている児童相談所との役割分担をはじめとして、地域的な条件などもあり、設置数は限定的である。

　そのため、ここでは児童家庭支援センターに代わり、児童相談所を取り上げる。入所施設、その他機関等とのネットワークについての原則を述べたうえで、事例を紹介しながら、職員のかかわり方について解説をしていくこととする。最後に、ある児童家庭支援センターの現状を紹介する。

　はじめに、子育て支援に関するネットワークをつくりあげるために重要と思われる基本的事項について説明する。

1　相談機関および社会資源に関する正確な情報の入手

　子育て支援を行おうとする保育士等の職員は、日頃から職員間での情報交換、研修会や各種のメディアなどを通じて、子育て支援に関する各種相談機関やさまざまな社会資源について正確な情報をもっていることが望まれる。

2　関連する機関との人的信頼関係の確立

　具体的相談事例を通してどのような支援が必要かを検討すること、その支援に関係する各種機関（保健センター、児童相談所、児童養護施設を含む児童福祉施設など）の担当者との連携および信頼関係の確立などが、ネットワークを形成するうえでは極めて重要である。この際留意すべき点は、個人プレーに走るのではなく、必ず所属機関の一員であるという意識をもち行動するこ

とである。その際には、先にチームワークのところで述べたことを念頭に置き、上司や同僚等への「ホウレンソウ（報告・連絡・相談）」を忘れないことが大切である。

3　相談に来た人のプライバシーの保護

　地域にある身近な相談機関の最大の欠点は、身近であるがゆえに、相談に来た人のプライバシーが意外なところで漏れる恐れがあるということである。専門機関、あるいは専門家という以上は、このプライバシーの保護（守秘義務）が極めて重要で、これが十分保障されることで信頼関係も生まれ、相談援助がよりスムーズに展開するのである。ただし、ネットワークを組むことになると、関連する他の機関へ必要最小限の個人情報を伝えなければならないことも生じてくる。その際に忘れてならないのは、相談に来ている人の了解を得ることが原則必要となることである。

4　必要に応じて関係機関を訪問すること

　ネットワークを組む際に、関係機関を訪問し、担当者に直接会い、話をすることで、その後の連携がとてもスムーズに展開することが多い。関係機関をみたこともなく、電話等での間接的な情報交換のみで連携を進めていると、思わぬ誤解が生ずることもあり、可能な限り、職員は自分の目で相手の施設をみて、担当者と直接話をする機会をもつことが望ましい。

　以上のことを念頭に置き、具体的な事例をみてみたい。

　この事例は、保育所より地域の（主任）児童委員に相談があり、保健センター、児童相談所、児童養護施設、中学校等が連携して対応したものである。

●事例②

　ことの起こりは、保育園への登園日数が少なく、入園月の4月は7日、5月は3日、6月は登園なしと、次第に回数が減ってしまったという子ども（年少児D君）に対してどうしたらよいのか、ということで始まった。保育園では、園長が主管課とも相談のうえ、主任が家庭訪問をすることで、家庭の状況をみながら保護者の母親にD君を登園させるように依頼したが、不登校の兄がいるということで協力が得られなかった。そこで、地域の主任児童委員とも相談したところ、児童相談所を紹介された。主任児童委員とともに、相談所の地区担当者（児童福祉司）を訪れ助言を求めたところ、兄の中学校より、不登校ということで最近相談があり、すでに児童相談所が動きはじめていることがわかった。児童相談所は、調査のため、保健センターの保健師とも連絡をとりながら家庭訪問を開始すると

ころで、この家族に関係している多くの機関が動き出していることがわかったのである。

そこで、子育てに関して問題のある家庭への支援という共通テーマに基づき、児童相談所を中心に地域にある関係機関の連絡会議が招集され、定期的に情報交換と具体的な支援やそれぞれの機関がどのような役割を担いながら連携していくかが話し合われた。この家庭は母子家庭で、中学生で不登校の兄、保育園年少組のD君、そして1歳半の妹の4人家族であった。1歳半の子どもも健診に来ないため、ちょうど保健師が家庭訪問を何回かしていたところであった。家庭は、洗濯物が家中に散らばり、即席ラーメンの器が転がっているような状態とのことであった。家庭訪問をしても母親は出てこず、不登校の兄が、保健師の話を母に伝えるという状況であった。

各関係機関がそれぞれ、機関の目的に応じて、家庭訪問等をしながら情報収集し、子どものために何ができるか検討し、具体的対策を考えた。そして、母親をあまり追い込んだりせず、無理のない程度のかかわりをもち、母親に対して、どういう援助を受けると助かるのかを根気よく話し合った。当初は、顔もみせなかった母親であるが、保健師が1歳半の子どもをあやしながら母親と話をすると、少し心を許してくれたのか、保健師の訪問時は母親が自分で対応してくれるようになった。そこで連絡会議では、母親へのキーパーソン（鍵を握る人物）を保健師と決めて、各機関が情報提供し、それぞれができる支援をすることとした。そうこうするうちに、次第に乱暴になってきた中学生の兄のことで母親が相当困っていることが判明したため、児童相談所が児童福祉施設への措置も含めて、保健師とともに相談に乗った。しばらく時間はかかったが、中学生の兄も施設での生活に関心をもったため、母親と兄を施設見学に連れていくこととなった。きれいな設備の施設と、職員とともに案内してくれた同年齢の入所児童がやさしかったことがよかったか、兄は入所に前向きとなった。母親も少し困り出していたところであったため、入所に向けての話はスムーズに進んだ。ただし、兄はいつか家には戻ることが前提であることを母親に意識してもらうため、兄の家庭帰省の実施、母の施設への訪問、などが母親に提案され了承された。施設への訪問については、家庭状況も考慮して児童相談所の担当福祉司が、車で母親を送迎し協力することとした。母親も入所について承諾をしたため、兄の児童養護施設への入所が決定した。このことで、母親はかなり心の余裕ができたようである。主任児童委員が年配の面倒見のよい女性ということもあり定期的に保健師と家庭訪問した。家のなかの片づけについても世話をやいてくれたため、家のなかも少しずつきれいになっていった。そうこうするうちに、ことの発端になった登園しないD君の方も、少しずつ安定してきた母親が送り迎えでがんばってくれたため、登園する回数が増えていった。まだ休むことはあるものの、状況は大きく好転した。その結果、この家庭の子育て支援に関する会議も回数を減らすことができるようになった。

これは、地域における関係機関の支援ネットワークがうまく機能した事例といえる。

　次に、児童家庭支援センターに関する他県での状況を少し取り上げることとする（その内容については、筆者が概ね予想していたものである）。

　これはB県に設置された、ある児童家庭支援センターについてレポートしたものである。このセンターは児童養護施設に付設され、3人のスタッフで、各種事業への対応を24時間行っており、かなり厳しい状況がみられる。

　相談事業では、来所相談と電話相談を行っているが、そのうえ、「B県児童虐待24時間相談体制整備事業」（虐待ホットライン）を県から委託され、実施している。相談内容は多岐にわたるが、その内容は深刻なもの、緊急を要するもの、軽微なものまでいろいろあり、1時間、2時間と相談を受けることもあるという。ホットライン相談は、夜間の電話相談が多く、児童相談所の閉所後には、児童相談所宛の電話が入る。また、警察、医療機関からの電話も夜間に多いとのことであった。

　厚生労働省はセンターの設置基準として、年間相談実績500件を課しているが、この支援センターは、昨年度1,000件以上の電話相談と約400件の面接相談を受けたとのことである。非常勤の心理治療士による心理治療も子どもまたはその保護者に対して、延べ約300回実施されている。

　次に、一般家庭向けに、乳幼児期の子どもをもつ家庭対象の講演会や、学童・思春期の子どもをもつ家族への講演会を実施したり、地域機関の専門職員対象の講演会やボランティアの養成講座も開催しているのである。

　児童相談所から相談委託を受け、指導することもある。その内容はしつけに関する指導、不登校児の指導などである。また、虐待防止に関する地域活動として、啓発活動や定期的連絡会議も開催している。

　このようにいろいろな活動をしている児童家庭支援センターであるが、いろいろな困難にも直面している。具体的には、関係機関との連携の必要性が叫ばれているものの、現実にはなかなか難しいようである。その理由の一つは、児童福祉、医療、行政の各機関がそれぞれの専門性にもとづく物差しをもっているため、なかなか統一的なとらえ方ができないところにある。

　厚生労働省の考えでは、全都道府県、さらには地区市町村でのセンター設置をめざすことには変わりがないようである。既に児童家庭支援センターの設置を容易にするために、児童養護施設等への設置附置の要件を廃止しており、また2009（平成21）年度の児童虐待防止対策予算においても児童家庭支援センターの設置の促進、心理療法担当職員の常勤化を図ることなどをうたい、地域における虐待・非行などの問題の相談・支援を行う児童家庭支援セ

ンターの役割強化に努めている。しかし、センター設置のための予算と人員がまだ十分といえないのは、先に紹介したレポートからも明らかといえる。

　以上のように、いろいろな問題点はあるものの、子育て支援は児童福祉の分野における最重要課題であるため、地道に実践を積み重ねるなかで、どのような対応が効果的であるのかを検証し、厳しい状況のなかで多方面にわたる事業を展開している支援センターを支えるための、必要な予算的措置が講ぜられることを望みたい。

5　要保護児童対策地域協議会(子どもを守る地域のネットワーク)について

　最後に、「要保護児童対策地域協議会」について少し詳しく触れておきたい。
　「児童虐待の防止等に関する法律」(平成12年法律第82号)および「児童福祉法」の二つの法律にもとづいた関係者の努力にもかかわらず、児童虐待の状況は依然危機的な状況にあり、尊い命を失う児童が後を絶たない。このような現状もふまえ、2004(平成16)年および2007(同19)年における改正を経た改正児童福祉法、改正児童虐待防止法においては、児童相談所の機能強化および児童虐待をする保護者に対する権限強化に加え、市町村の役割強化がうたわれている。その具体的表れの一つが市町村における「要保護児童対策地域協議会(子どもを守る地域ネットワーク)」の設置・運営である。児童虐待防止に向けた市町村の取り組みに対し県が事業費補助を行い、市町村が要保護児童に関して、関係者間で情報の交換と支援の協議を行うこととしたうえで、虐待防止のための要保護児童対策地域協議会の機能強化を図るため、コーディネーターの研修やネットワーク構成員の専門性強化を図ること等を支援し、児童虐待防止対策を促進させることを目的としている。
　この地域協議会の対象児童は、児童福祉法第6条の2⑧に規定する「要保護児童(保護者のない児童又は保護者に監護させることが不適当であると認められる児童)」であり、虐待を受けた子どもに限られず、非行児童なども含まれる、としている。
　今後の課題は、この要保護児童対策地域協議会と児童虐待ネットワークをいかに有効に活用し統合していくかにあると考えられる。この点で参考になるのは、2009(同21)年12月に発表された「市町村における児童家庭相談業務の状況及び要保護児童対策地域協議会(子どもを守る地域のネットワーク)の設置状況等について」という調査である。これによれば、同年4月1日現在において、児童福祉法第25条の2に規定する「要保護児童対策地域協議会」を設置済みである市町村は、全国1,798市町村の92.5％にあたる1,663か所であった。一方、先に紹介した児童虐待防止ネットワークの設置状況は

同年4月現在、全国1,798市町村の5.1％にあたる92か所となっている。2008（同20）年4月時点の状況と比較してみると、要保護児童対策地域協議会は131か所増加してきている反面、児童虐待ネットワークは81か所減少しており、整理・統廃合が進んでいるといえる（この現象については、厚生労働省の考え方に沿った市町村の動きといえる）。その結果、協議会またはネットワークの設置という点からみると、全市町村の97.6％にあたる1,755か所で設置済みであり、前年4月と比較して、50か所増加しているということになる。

【参考文献】
1）厚生労働省「市町村域での要保護児童対策協議会及び虐待防止を目的とするネットワークの設置状況調査の結果について（2009年4月現在）」厚生労働省ホームページ　報道発表資料2009年12月
2）厚生労働省　家庭福祉課「児童家庭支援センターの設置状況」2009年2月1日調査
3）厚生労働省「児童相談所運営指針の改正について」2005年2月
4）厚生労働省「市町村児童家庭相談援助指針について」2005年2月
5）橘秀徳「児童家庭支援センターの拡充を―児童福祉施設現場体験レポート後編」月例レポート　2004年1月
6）大塚達雄他編『ソーシャル・ケースワーク論』ミネルヴァ書房　1994年

第13章 施設運営と財政措置

1 ── 運営・評価

1　設置・運営主体

　児童福祉施設は、国、都道府県・指定都市、市町村などが設置し、運営する。国は厚生労働省組織令に基づき、児童自立支援施設と知的障害児施設を設置する義務がある。また、都道府県・指定都市が設置しなければならない施設は児童自立支援施設であり、それ以外の施設については、条例により任意に設置することができる。指定都市、中核市以外の市町村が設置する場合には都道府県知事への届出が必要となり、民間の運営主体が設置する場合には都道府県知事・指定都市長の認可が必要となる。2009（平成21）年10月1日現在、児童福祉施設は3万2,353か所設置されている（表13-1）。国や県が運営主体となる公立施設と社会福祉法人などが運営主体となる民間施設では各々のメリット、デメリットがあるが、近年では地方自治体が設立して民間に運営を委託するという、双方の長所を活かした形態の施設が増えている。

2　運営費

　児童福祉施設の運営においては、子どもの保護費用にかかわる制度、児童福祉施設最低基準など、いくつかの基本的な枠組みのもとに成り立っている。
　児童福祉施設に必要となる費用については、最低基準を維持するために要する費用（児童福祉法第45条）と考えられており、設備に要する経費と子どもの援助に要する経費に大別される。国、都道府県、市町村等の補助や負担の割合は決まっており、各児童福祉施設の費用の支弁権者、費用負担割合などは表13-2に示す通りである。入所措置がとられた子どもの援助に要する費用は、措置費等として公費で支出される。ただし原則として、利用者本人またはその扶養義務者の負担能力に応じて負担額が定められ、利用者またはその扶養義務者から一部費用の徴収がなされる（児童福祉法第56条）ので、公費負担額は、支弁された費用から保護者負担額を差し引いた額となる。しかし、障がい児施設に関しては、2006（平成18）年の障害者自立支援法の施

表13-1　児童福祉関係施設と在所者数および児童福祉施設の推移

(上段：施設数、下段：定員、平成21年10月1日)

区分	総数	公営	私営	在所者	1965年12月	1975年10月	1985年10月	1995年10月	2005年10月
総数	32,353 2,157,086	17,037 983,597	15,316 1,173,489	2,173,600	14,020 971,679	26,546 1,799,755	33,309 2,191,364	33,231 2,025,268	33,545 2,147,767
1 助産施設	415 3,875	195 2,152	220 1,723	−	479 4,136	1,032 7,661	780 6,073	560 4,714	456 3,649
2 乳児院	123 3,744	8 196	115 3,548	3,113	127 3,859	129 4,191	122 4,064	116 3,746	117 3,669
3 母子生活支援施設	259 5,197	75 1,227	184 3,970	10,021	621 12,768	424 8,195	348 6,938	309 6,057	282 5,648
4 保育所	22,250 2,073,744	10,380 967,402	11,870 1,106,342	2,100,357	11,199 876,140	18,238 1,699,681	22,899 2,078,765	22,488 1,922,835	22,624 2,060,938
5 児童養護施設	563 33,484	17 869	546 32,615	29,753	578 38,667	559 36,838	572 37,088	560 34,758	558 33,676
6 知的障害児施設	239 10,232	50 2,263	189 7,969	8,827	219 15,124	349 27,022	321 22,096	295 17,776	255 12,152
7 自閉症児施設	7 283	4 153	3 130	202	− −	− −	8 380	7 338	7 310
8 知的障害児通園施設	253 9,276	94 3,476	159 5,800	10,535	56 2,440	175 6,659	218 7,852	222 8,139	256 9,404
9 盲児施設	10 193	1 24	9 169	120	32 1,778	32 1,747	28 1,503	19 657	11 290
10 ろうあ児施設	10 193	2 50	8 143	125	38 2,977	34 2,184	24 1,509	17 643	14 440
11 難聴幼児通園施設	25 854	7 220	18 634	974	− −	− −	23 780	26 860	25 851
12 肢体不自由児施設	56 4,029	23 1,892	33 2,137	2,381	62 6,946	77 9,660	74 9,240	70 7,691	63 5,375
13 肢体不自由児通園施設	99 3,705	52 1,975	47 1,730	2,903	− −	39 1,625	70 2,960	79 3,270	99 3,777
14 肢体不自由児療護施設	6 260	− −	6 260	216	− −	− −	8 460	8 425	6 320
15 重症心身障害児施設	118 11,843	14 1,135	104 10,708	11,229	3 368	39 4,359	56 6,117	78 8,009	112 11,015
16 情緒障害児短期治療施設	31 1,469	6 300	25 1,169	1,159	4 200	10 500	11 550	16 770	27 1,323
17 児童自立支援施設	55 3,777	53 3,642	2 135	1,706	58 6,276	58 5,289	57 4,989	57 4,580	58 4,227
18 児童家庭支援センター	67 −	1 −	66 −	−	− −	− −	− −	− −	57 −
19 児童館	4,360	2,757	1,603	−	544	2,117	3,517	4,154	4,716
20 児童遊園	3,407	3,298	109	−	−	3,234	4,173	4,150	3,802
21 母子福祉センター	59	9	50	−	−	40	59	72	71
22 母子休養ホーム	3 −	− −	3 −	−	− −	20 −	29 −	20 −	9 −

注）1．総数については母子福祉施設（母子休養ホーム、母子福祉センター）を除く。
　　2．児童養護施設の推移については、児童養護施設の値に虚弱児施設の値を加えたものである。
　　3．児童館は、小型児童館、児童センター、大型児童館A型・B型・C型、その他の児童館の合計。
資料：厚生労働省「社会福祉施設等調査」

表13-2　児童福祉施設等費用分担表

経費の種別	措置等主体の区分	児童等の入所先等の区分	措置費等の負担区分		
			国	都道府県	市町村
母子生活支援施設及び助産施設の措置等	市及び福祉事務所を管理する町村	都道府県立施設	1／2	1／2	
		市町村立施設及び私立施設	1／2	1／4	1／4
	都道府県、指定都市、中核市	都道府県立施設、市町村立施設及び私立施設	1／2	1／2	
その他の施設、里親の措置費等	都道府県、指定都市、児童相談所設置市	都道府県立施設、市町村立施設及び私立施設	1／2	1／2	
一時保護所の措置費等	都道府県、指定都市、児童相談所設置市	児童相談所（一時保護施設）	1／2	1／2	

資料：児童福祉法第50条、第51条、第53条、第55条、第59条の4の規定より作成

行により、利用者に対して、サービスの利用程度に応じて一定の負担を求めるようになり、従来の措置費にかわり、障害児施設給付費が支給されている。なお、児童福祉施設のなかでも保育所、助産施設、母子生活支援施設においては、「利用者と行政（都道府県・市町村）との契約」、また、児童厚生施設においては「事業費補助方式」といった利用方式が適用されるが、これらについては後ほど詳述する。

　近年の措置費等の国庫負担予算額は2003（平成15）年度以降、増加傾向にある。これは、近年の被虐待児に対する保護対策を強化する動きに連動している。

3　管理

(1) 労務管理

　改めていうまでもなく、施設養護では日々生活している子ども、その保護者の個別的ニーズが職員との関係のなかで充足され、健全な発達・育成が保障されなければならない。そのうえで、施設運営は、現在の職員配置基準、労働基準法などさまざまな制度規制に従って行われなければならない。しかし、子どもの側に立った施設養護と週40時間労働、週休2日制、年次有給休暇の取得率の引き上げといった近代的労務管理とを両立させることは、非常に困難なことである。つまり、子どもの施設での生活をより良いものにしようと思うと、現行の最低基準による職員の配置基準では職員の労働超過なしには達成できない。同様に、職員の労働条件の向上を図ろうとすると、現行のままでは子どもへのケアが不十分なものとなる可能性が高い。特に、保育士や指導員の子どもたちとかかわる時間が減少すると、対人援助の機能が大きく衰えることとなる。

1980年代からのノーマライゼーションの理念や今日の子どもの複雑多岐にわたる状況への対応を背景に、一軒家で6人程度の子どもが職員とともに生活を送るグループホームの形をとった養護形態や施設の小規模化が浸透しはじめた。この傾向は、2010（平成22）年1月29日に閣議決定された「子ども・子育てビジョン」でより明確になった。2014（同26）年度目標として、小規模グループケアを2008（同20）年の446か所から800か所に、地域小規模児童養護施設を171か所から300か所に増やすといった具体的な取り組みが示されたのである。一方でこれは、それまでの職員の勤務形態の変化（宿泊型→通勤型）とは逆行するものであり、先に記したような問題を抱えている。こうした問題へは、職員の配置の適性化やチームワークの確立といった施設運営上の工夫が必要となる。職員が一緒に生活する養護形態をとるか、通勤型シフト制勤務の養護形態をとるかは、施設の運営理念に基づいて施設が選択することが望ましい。いずれの方法を選択するにしても、職員の心身の状態が健全でなければ、支援・サービス内容が不安定になるし、職員の知識や技能を向上させる努力をしなければ、子どもへ悪影響を及ぼすことになるということに十分留意しなければならない。

(2) 危機管理

　施設運営上、職員の生活の保障と同様、もしくはそれ以上に子どもの生活の保障にも注意を払わなければならない。
　まず、施設が生活の基盤となる場であることを考えると、施設設備そのものの安全面を日々点検、整備し、衛生管理に努める必要があるのはいうまでもない。2001（平成13）年厚生労働省通知「児童福祉施設等における児童の安全の確保について」では、日常の安全管理と緊急時の安全確保の2場面について点検項目が記されている。そこでは、日頃からの防災・防犯に対する訓練の実施、職員の共通理解、協力体制のほか、保護者との緊密な連絡体制や児童相談所・警察といった地域の関係機関との連携体制を確保することが定められている。各施設の種別によって留意すべき点はさまざまであるが、子どもの生命の安全の確保と情緒の安定を図ることは共通の目標であり、それを念頭に置くことで事故を未然に防ぐことも、また予防しきれなかった事故がたとえ発生したとしても、職員のスムーズな対応が可能となるのである。
　そして、子どもに直接支援を行う職員においても、子どもの権利擁護の観点から、理念だけではなく職員の自覚と実践が伴わなくてはならない。そのためには、人権への配慮、支援計画、支援内容、記録、緊急時の対応、ケース会議といった各日常職務についてのコンセンサス[*1]を職員同士で形成させ

[*1] コンセンサス
意見の一致、合意のこと。職員間での日常の職務に関する共通理解や知識のことである。

ることが大切である。今日、集団のなかでの個別対応が求められている一方で、職員の不適切なかかわりがみられることもあり、一人の子どもに複数の担当者がつくことも望まれている。どんなに優れた経験豊富な職員であっても、24時間365日全利用者と向き合うことは不可能であり、単独での対応には限界がある。子どもや職員の状態を他の職員が互いに情報を共有し、コンセンサスを得ることで、さらにそれは施設内での職員同士の監視機能も加わり、さまざまな危機を回避することができるようになる。

　子どもにとって最善の支援・サービスを提供するには、各施設が「子ども」「福祉」をどうとらえるのかということを含め、施設の理念、支援方針、職員の活用の仕方を明確にすることが必要である。

(3) 個人情報保護

　従来、職員には秘密保持義務があったが、近年の情報化の進展に伴い、個人情報の保護に関する法律が2003（平成15）年5月から施行された。2004（同16）年11月には厚生労働省より「社会福祉関係事業者における個人情報の適正な取り扱いのためのガイドライン」が示された。

　たとえば、児童福祉施設では、職員は子どもの生育歴や家庭環境といった他人が簡単には知り得ない個人情報を詳細に知る立場にあるため、個人情報の適正な取り扱いを特に強く求めるといったことが示されている。また、業務上の守秘義務のみならず、子どもとの関係において生じた子どもの秘密事項や内容について、子どもの承諾なしに他に漏らすことのないようにしなければならない。また、近年では幼稚園や小・中・高、クラブやサークルなどのHPや連絡おたよりプリントなどにおける、行事の活動報告のなかで、子どもの写真を掲載することが多くなっている。各施設が自ら作成したものについての配慮はもちろんのこと、子どもの所属する学校やクラブなどでの配信・配布物にも留意して対応することが求められる。

4　評価

(1) 苦情解決

　2000（平成12）年の社会福祉法改正により、利用者保護のための制度として、社会福祉事業経営者の苦情解決への責務が明確化された（社会福祉法第82条）。施設運営においても、施設サービスに対する子どもや保護者からの苦情や意見を幅広く収集し、支援・サービス内容の改善や水準の向上につなげるという観点から、施設内に第三者が加わった苦情解決委員会を設置することが要請されている。

苦情解決制度については、サービスに関する苦情は当事者間での解決が望ましいものであるため、一義的には事業者レベルで対応できるように苦情解決の仕組みを整備することになっている。しかし、事業者レベルでは解決が困難な場合などのために、それらの相談・助言、斡旋を行う「運営適正化委員会」が都道府県社会福祉協議会に設置されている（社会福祉法第83条）。

(2) 第三者評価

児童福祉施設では、(1)の他、施設経営の透明性、施設サービスの質、職員の専門的資質、施設設備などについての評価基準を作成し、第三者評価事業を行うこととされている。その目的は、施設運営において具体的な問題点を把握することと、支援・サービスの質を維持・向上することである。また、第三者評価事業においては、提供している支援・サービスに対して、利用者の満足度や要望を直接把握して、今後の施設運営、支援・サービスに反映していくことが大切である。そのためにも、利用児（者）本人と保護者に利用者アンケートを行うことが求められている。

厚生労働省において、福祉サービスにおける第三者評価基準が定められ、児童福祉分野では、保育所、児童養護施設、乳児院、母子生活支援施設が第三者評価事業の対象となっており、2002（平成14）年度から実施されている。

また、第三者評価のさらなる普及・促進を図るため、2004（平成16）年5月7日付けで「福祉サービス第三者評価事業に関する指針について」が出された。全国社会福祉協議会が福祉サービス第三者評価基準のあり方について検討を行い、施設種別の「福祉サービス第三者評価基準ガイドラインにおける各評価項目の判断基準に関するガイドライン」を策定した（表13－3～表13－5）。評価項目に対する評価基準の考え方や評価のポイント、評価の着眼点も示されており、施設を運営、利用するうえでも具体的な視点がわかるようになっている。

(1)(2)いずれの場合にも、子どもの健全育成のために施設がより質のよい支援・サービスを提供できるように努めなければならない。そのためには、施設側、利用者側がお互いに正しい情報を共有し、その情報が正しく行き来することが大切である。そうした、施設からの情報公開、十分な説明、子どもの権利ノートの活用、第三者評価における外部からの評価などを積み重ねることによって、支援内容の再検討システムが構築されることにつながる。

第13章　施設運営と財政措置

表13－3　児童入所施設版　福祉サービス第三者評価基準ガイドライン

Ⅰ　福祉サービスの基本方針と組織
Ⅰ－1　理念・基本方針
Ⅰ－1－(1)　理念、基本方針が確立されている。
Ⅰ－1－(1)－①　理念が明文化されている。
Ⅰ－1－(1)－②　理念に基づく基本方針が明文化されている。
Ⅰ－1－(2)　理念や基本方針が周知されている。
Ⅰ－1－(2)－①　理念や基本方針が職員に周知されている。
Ⅰ－1－(2)－②　理念や基本方針が利用者等に周知されている。
Ⅰ－2　計画の策定
Ⅰ－2－(1)　中・長期的なビジョンと計画が明確にされている。
Ⅰ－2－(1)－①　中・長期計画が策定されている。
Ⅰ－2－(1)－②　中・長期計画を踏まえた事業計画が策定されている。
Ⅰ－2－(2)　計画が適切に策定されている。
Ⅰ－2－(2)－①　計画の策定が組織的に行われている。
Ⅰ－2－(2)－②　計画が職員や利用者等に周知されている。
Ⅰ－3　管理者の責任とリーダーシップ
Ⅰ－3－(1)　管理者の責任が明確にされている。
Ⅰ－3－(1)－①　管理者自らの役割と責任を職員に対して表明している。
Ⅰ－3－(1)－②　遵守すべき法令等を正しく理解するための取り組みを行っている。
Ⅰ－3－(2)　管理者のリーダーシップが発揮されている。
Ⅰ－3－(2)－①　質の向上に意欲を持ちその取り組みに指導力を発揮している。
Ⅰ－3－(2)－②　経営や業務の効率化と改善に向けた取り組みに指導力を発揮している。
Ⅱ　組織の運営管理
Ⅱ－1　経営状況の把握
Ⅱ－1－(1)　経営環境の変化等に適切に対応している。
Ⅱ－1－(1)－①　事業経営をとりまく環境が的確に把握されている。
Ⅱ－1－(1)－②　経営状況を分析して改善すべき課題を発見する取り組みを行っている。
Ⅱ－1－(1)－③　外部監査が実施されている。
Ⅱ－2　人事の確保・養成
Ⅱ－2－(1)　人事管理の体制が整備されている。
Ⅱ－2－(1)－①　必要な人材に関する具体的なプランが確立している。
Ⅱ－2－(1)－②　人事考課が客観的な基準に基づいて行われている。
Ⅱ－2－(2)　職員の就業状況に配慮がなされている。
Ⅱ－2－(2)－①　職員の就業状況や意向を把握し必要があれば改善する仕組みが構築されている。
Ⅱ－2－(2)－②　福利厚生事業に積極的に取り組んでいる。
Ⅱ－2－(3)　職員の質の向上に向けた体制が確立されている。
Ⅱ－2－(3)－①　職員の教育・研修に関する基本姿勢が明示されている。
Ⅱ－2－(3)－②　個別の職員に対して組織としての教育・研修計画が策定され計画に基づいて具体的な取り組みが行われている。
Ⅱ－2－(3)－③　定期的に個別の教育・研修計画の評価・見直しを行っている。
Ⅱ－2－(4)　実習生の受け入れが適切に行われている。
Ⅱ－2－(4)－①　実習生の受け入れに対する基本的な姿勢を明確にし体制を整備している。
Ⅱ－2－(4)－②　実習生の育成について積極的な取り組みを行っている。
Ⅱ－3　安全管理
Ⅱ－3－(1)　利用者の安全を確保するための取り組みが行われている。
Ⅱ－3－(1)－①　緊急時（事故、感染症の発生時など）の対応など利用者の安全確保のための体制が整備されている。
Ⅱ－3－(1)－②　利用者の安全確保のためにリスクを把握し対策を実行している。
Ⅱ－4　地域との交流と連携
Ⅱ－4－(1)　地域との関係が適切に確保されている。
Ⅱ－4－(1)－①　利用者と地域とのかかわりを大切にしている。
Ⅱ－4－(1)－②　事業所が有する機能を地域に還元している。
Ⅱ－4－(1)－③　ボランティア受け入れに対する基本姿勢を明確にし体制を確立している。
Ⅱ－4－(2)　関係機関との連携が確保されている。
Ⅱ－4－(2)－①　必要な社会資源を明確にしている。
Ⅱ－4－(2)－②　関係機関等との連携が適切に行われている。
Ⅱ－4－(3)　地域の福祉向上のための取り組みを行っている。
Ⅱ－4－(3)－①　地域の福祉ニーズを把握している。
Ⅱ－4－(3)－②　地域の福祉ニーズに基づく事業・活動が行われている。

Ⅲ　適切な福祉サービスの実施

Ⅲ-1　利用者本位の福祉サービス

Ⅲ-1-(1)　利用者を尊重する姿勢が明示されている。
- Ⅲ-1-(1)-①　利用者を尊重したサービス提供について共通の理解をもつための取り組みを行っている。
- Ⅲ-1-(1)-②　利用者のプライバシー保護に関する規程・マニュアル等を整備している。

Ⅲ-1-(2)　利用者満足の向上に努めている。
- Ⅲ-1-(2)-①　利用者満足の向上を意図した仕組みを整備している。
- Ⅲ-1-(2)-②　利用者満足の向上に向けた取り組みを行っている。

Ⅲ-1-(3)　利用者が意見等を述べやすい体制が確保されている。
- Ⅲ-1-(3)-①　利用者が相談や意見を述べやすい環境を整備している。
- Ⅲ-1-(3)-②　苦情解決の仕組みが確立され十分に周知・機能している。
- Ⅲ-1-(3)-③　利用者からの意見等に対して迅速に対応している。

Ⅲ-2　サービスの質の確保

Ⅲ-2-(1)　質の向上に向けた取り組みが組織的に行われている。
- Ⅲ-2-(1)-①　サービス内容について定期的に評価を行う体制を整備している。
- Ⅲ-2-(1)-②　評価の結果に基づき組織として取り組むべき課題を明確にしている。
- Ⅲ-2-(1)-③　課題に対する改善策・改善計画を立て実施している。

Ⅲ-2-(2)　個々のサービスの標準的な実施方法が確立している。
- Ⅲ-2-(2)-①　個々のサービスについて標準的な実施方法が文書化されサービスが提供されている。
- Ⅲ-2-(2)-②　標準的な実施方法について見直しをする仕組みが確立している。

Ⅲ-2-(3)　サービス実施の記録が適切に行われている。
- Ⅲ-2-(3)-①　利用者に関するサービス実施状況の記録が適切に行われている。
- Ⅲ-2-(3)-②　利用者に関する記録の管理体制が確立している。
- Ⅲ-2-(3)-③　利用者の状況等に関する情報を職員間で共有化している。

Ⅲ-3　サービスの開始・継続

Ⅲ-3-(1)　サービス提供の開始が適切に行われている。
- Ⅲ-3-(1)-①　利用希望者に対してサービス選択に必要な情報を提供している。
- Ⅲ-3-(1)-②　サービスの開始にあたり利用者等に説明し同意を得ている。

Ⅲ-3-(2)　サービスの継続性に配慮した対応が行われている。
- Ⅲ-3-(2)-①　事業所の変更や家庭への移行などにあたりサービスの継続性に配慮した対応を行っている。

Ⅲ-4　サービス実施計画の策定

Ⅲ-4-(1)　利用者のアセスメントが行われている。
- Ⅲ-4-(1)-①　定められた手順に従ってアセスメントを行っている。
- Ⅲ-4-(1)-②　利用者の課題を個別のサービス場面ごとに明示している。

Ⅲ-4-(2)　利用者に対するサービス実施計画が策定されている。
- Ⅲ-4-(2)-①　サービス実施計画を適切に策定している。
- Ⅲ-4-(2)-②　定期的にサービス実施計画の評価・見直しを行っている。

資料：「福祉サービス第三者評価基準ガイドラインにおける各評価項目の判断基準に関するガイドライン」

表13-4　児童養護施設　福祉サービス内容評価基準ガイドライン

A-1　利用者の尊重

1-(1)　利用者の尊重

A-1-(1)-①	子ども自身が自分たちの生活全般について自主的に考える活動（施設内の自治会活動等）を推進し、施設における生活改善に向けて積極的に取り組んでいる。
A-1-(1)-②	施設の行う援助について事前に説明し、子どもが主体的に選択（自己決定）できるように支援している。
A-1-(1)-③	多くの生活体験を積ませる中で、子どもがその問題や事態の自主的な解決等を通して、健全な自己の成長や問題解決力を形成できるように支援している。
A-1-(1)-④	多くの人たちとのふれあいを通して、子どもが人格の尊厳を理解し、自他の権利を尊重し共生ができるよう支援している。
A-1-(1)-⑤	子どもの発達に応じて、本人の出生や生い立ち、家族の状況等について、子どもに適切に知らせている。
A-1-(1)-⑥	体罰を行わないよう徹底している。
A-1-(1)-⑦	子どもに対する暴力、言葉による脅かし等の不適切な関わりの防止と早期発見に取り組んでいる。
A-1-(1)-⑧	子どもや保護者の思想や信教の自由は、他の子どもや保護者の権利を妨げない範囲で保障されている。

A-2　日常生活支援サービス

2-(1)　援助の基本

A-2-(1)-①	子どもと職員との間に信頼関係を構築し、常に個々の子どもの発達段階や課題に考慮した援助を行っている。
A-2-(1)-②	子どもの協調性を養い、社会的ルールを尊重する気持ちを育てている。

2-(2)　食生活

A-2-(2)-①	食事をおいしく楽しく食べられるよう工夫し、栄養管理にも十分な配慮を払っている。
A-2-(2)-②	子どもの生活時間にあわせた食事の時間が設定されている。
A-2-(2)-③	発達段階に応じて食習慣を習得するための支援を適切に行っている。

2-(3)　衣生活

A-2-(3)-①	衣服は清潔で、体に合い、季節にあったものを提供している。
A-2-(3)-②	子どもが衣習慣を習得し、衣服を通じて適切に自己表現できるように援助している。

2-(4)　住生活

A-2-(4)-①	居室等施設全体が生活の場として安全性や快適さに配慮したものになっている。
A-2-(4)-②	発達段階に応じて居室等の整理整頓、掃除等の習慣が定着するよう援助している。

2-(5)　衛生管理、健康管理、安全管理

A-2-(5)-①	発達段階に応じ、身体の健康（清潔、病気、事故等）について自己管理ができるよう支援している。
A-2-(5)-②	医療機関と連携して一人ひとりの子どもに対する心身の健康を管理するとともに、異常がある場合は適切に対応している。

2-(6)　問題行動に対しての対応

A-2-(6)-①	子どもが暴力・不適応行動などの問題行動をとった場合に適切に対応している。
A-2-(6)-②	虐待を受けた子ども等、保護者からの強引な引き取りの可能性がある場合、施設内で安全が確保されるよう努めている。
A-2-(6)-③	施設内の子ども間の暴力、いじめ、差別などが生じないよう施設全体に徹底している。

2-(7)　自主性、自律性を尊重した日常生活

A-2-(7)-①	行事などのプログラムは、子どもが参画しやすいように計画・実施されている。
A-2-(7)-②	休日等に子どもが自由に過ごせるよう配慮している。
A-2-(7)-③	子どもの発達段階に応じて、金銭の管理や使い方など経済観念が身につくよう支援している。
A-2-(7)-④	子どもが友人や地域との関係を深められるよう支援している。

2-(8)　学習支援、進路指導等

A-2-(8)-①	学習環境の整備を行い学力に応じた学習支援を行っている。
A-2-(8)-②	学校を卒業する子どもの進路について、「最善の利益」にかなった進路の自己決定ができるよう援助している。
A-2-(8)-③	職場実習や職場体験等の機会を通して、社会経験の拡大に取り組んでいる。
A-2-(8)-④	子どもの年齢・発達段階に応じて、異性を尊重し思いやりの心を育てるよう、性についての正しい知識を得る機会を設けている。

2-(9)　メンタルヘルス

A-2-(9)-①	被虐待児など心理的なケアが必要な子どもに対して心理的な支援を行っている。

2-(10)　家族とのつながり

A-2-(10)-①	児童相談所等と連携し、子どもと家族との関係調整を図ったり家族からの相談に応じる体制づくりができている。
A-2-(10)-②	子どもと家族の関係づくりのために面会、外出、一時帰省などを積極的に行っている。

資料：「福祉サービス内容評価基準ガイドライン」

表13-5　乳児院　福祉サービス内容評価基準ガイドライン

A-1　日常生活支援サービス	
1-(1)　援助の基本	
A-1-(1)-①	乳幼児と愛着関係を築くように努めている。
1-(2)　健康管理	
A-1-(2)-①	一人ひとりの乳幼児の健康を管理し、異常がある場合には適切に対応している。
A-1-(2)-②	病・虚弱児等の健康管理について、日常生活上で適切な対応策をとっている。
A-1-(2)-③	乳幼児突然死症候群（SIDS）や窒息の予防策を講じている。
1-(3)　睡眠環境等	
A-1-(3)-①	乳幼児が十分な睡眠をとれるように工夫している。
A-1-(3)-②	快適な睡眠環境を整えるように工夫している。
A-1-(3)-③	気候や場面、発達に応じた適切な衣類管理を行っている。
A-1-(3)-④	快適な入浴・沐浴ができるようにしている。
1-(4)　食事	
A-1-(4)-①	乳幼児に対して適切な授乳を行っている。
A-1-(4)-②	離乳食を進めるに際しては十分な配慮をしている。
A-1-(4)-③	食事がおいしく楽しく食べられるよう工夫している。
A-1-(4)-④	栄養管理に十分な注意が払われている。
1-(5)　発達段階に応じた支援	
A-1-(5)-①	幼児が排泄への意識を持てるように工夫している。
A-1-(5)-②	発達段階に応じて乳幼児が楽しく遊べるように工夫している。
1-(6)　家族とのつながり	
A-1-(6)-①	児童相談所等と連携し、乳幼児と家族との関係調整を図ったり、家族からの相談に応じる体制づくりができている。
A-1-(6)-②	保護者と子の愛着関係、養育意欲の形成を援助するように努力している。
A-1-(6)-③	乳幼児と保護者に必要な心理的支援を行っている。
A-2　利用者の尊重	
2-(1)　乳幼児の権利擁護	
A-2-(1)-①	体罰が行われないよう徹底されている。
A-2-(1)-②	乳幼児に対する暴力、言葉による脅かし等の不適切な関わりの防止と早期発見に取り組んでいる。

資料：「福祉サービス内容評価基準ガイドライン」

2——利用にかかわる制度

　従来、福祉施設の利用にかかわる決定は、行政側の措置制度にあった。しかし、社会経済状況、家庭・子どもの状況、人々の価値観など多岐にわたって大きく変化してきたため、戦後策定された社会福祉制度では対応できない課題が生じることになった。こうした状況を打破しようと、社会福祉基礎構造改革が進められることになった。

　1999（平成11）年4月に厚生省（現　厚生労働省）は、社会福祉基礎構造改革にかかわる検討結果をふまえ、「社会福祉事業法等改正法案大綱骨子」を公表し、2000（同12）年には「社会福祉の増進のための社会福祉事業法等の一部を改正する等の法律」が成立し、「措置制度」から「利用契約制度」への方向づけが決定的になった。そして、障がい児の在宅サービスにおいては「支援費支給制度」とよばれる利用契約制度が2003（同15）年4月に導入された。さらに2006（同18）年10月から障害者自立支援法が施行され、障がい児は本法に基づいた利用契約制度のもと施設を利用することとなった。しかし、現在のところ養護系施設においては措置制度が維持されている。

1 措置制度

「措置費（児童保護措置費）」とは、児童福祉法の規定に基づいて、都道府県知事、市町村長によって児童福祉施設（ここでは乳児院、児童養護施設、情緒障害児短期治療施設、児童自立支援施設をさす）に入所措置がとられた場合に、児童福祉施設へ支弁する費用のことである。児童福祉施設が毎月、措置を実施している都道府県や市町村から委託費として支弁される経費のことをさす。措置費は、事務費と事業費に大別される（図13－1）。

事務費とは、児童福祉施設を運営するために必要な人件費、管理費などをさす。人件費は、職員の確保に必要な給与で構成され、職員定員は「児童福祉施設最低基準」に基づき、その職種と定数が定められている。管理費は、施設の維持管理に必要な経費で、旅費、嘱託医手当て、被服手当て、補修費などである。その他、民間施設給与改善費や事務用採暖費などがある。

事業費とは、児童福祉施設に入所している子どもに対して直接使われる費用であり、児童福祉施設ごとに異なる。事業費は、一般生活費と特別生活費に分けられる。一般生活費は、子どもの給食に必要な材料費や日常生活に必要な諸経費にあてられ、各月の初日に、在籍児童に月額単価をかけて支給される。2009（平成21）年度の1人月額は乳児院（3歳未満児分）、児童養護施設（乳児分）は5万4,730円、乳児院（3歳以上児分）、児童養護施設（乳児以外分）、児童自立支援施設（入所児分）は4万7,430円、情緒障害児短期治療施設（入所児分）は4万7,860円となっている。特別生活費は、その他必要となる費用（教育費、学校給食費、見学旅行費、入進学支度金、医療費、就職支度金、児童用採暖費など）をさす。

児童福祉施設の場合は、利用児童本人の選択の余地が少ないことや扶養義務者との関係など、多様かつ複雑な問題を抱えており、単純に措置制度から利用制度に転換することは困難である。しかし、「措置制度の社会的養護のあり方に関する専門委員会報告書」（2003（平成15）年10月）では、措置制度そのものの見直しについての提案はなされていないが、支援の内容にかかわらず、すべての施設に一律の支弁方法から、個々の施設の入所児童の様子、支援にかかわる施設の取り組みを反映した傾斜配分方式にする提案を行った。

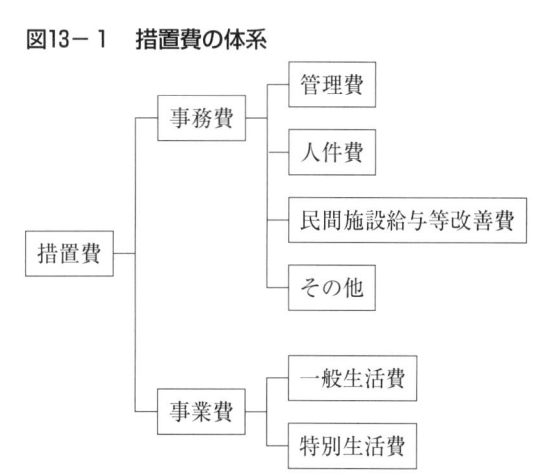

図13－1　措置費の体系

措置費
- 事務費
  - 管理費
  - 人件費
  - 民間施設給与等改善費
  - その他
- 事業費
  - 一般生活費
  - 特別生活費

資料：小笠原祐次・福島一雄・小國英夫『社会福祉施設』有斐閣　1999年　p.83を一部改変

2　利用

　2006（平成18）年10月より、障がい児を対象とする児童福祉施設（ここでは、知的障害児施設、知的障害児通園施設、盲ろうあ児施設、肢体不自由児施設、重症心身障害児施設をさす）に関しては、従来の措置制度にかわり障害児施設給付費が支給されることとなった。障害児施設給付費とは、都道府県が障がい児を対象とする児童福祉施設に対して給付するもので、利用者は、サービスに係る利用者負担額（障害者自立支援法に準ずる。現在は1割負担）で利用できるものである。

　利用の方法については、まず、障がい児施設の利用を希望する保護者が都道府県に支給申請を行う。申請を受理した都道府県は、障がいの程度や介護者の状況、児童相談所の意見を考慮して給付の有無に関する決定を行う。支給が決まった保護者は、利用する施設を自ら選択し、利用施設と契約を結ぶ。利用の方法が措置制度から契約方式に変化したのである。ただし、障がい児が虐待を受けていたり、保護者による養育が拒否されていたりした場合などは、措置制度が適用される（その際は、応能負担となる）。しかし、措置が必要な障がい児においても契約による利用となっているケースもあり、措置と契約についての線引きが難しく、その判断については都道府県の対応に差が生じていることが問題となっている。

　入所施設におけるサービスにかかる費用は1割負担、食費・光熱水費、日常生活にかかる費用等は実費負担となる。しかし、サービス利用にあたっては、所得に応じて一定の負担上限が設けられている。

　また、居宅において生活が可能となるように、障害者自立支援法に基づく障害福祉サービスが設けられている（居宅介護、行動援護、児童デイサービス、ショートステイ、重度障害者等包括支援等）。これらのサービスの利用にあたっては、保護者が市町村へ申請し、自立支援給付の支給決定を受けることが必要となる。その後、サービス提供事業者と契約を行い、サービスが開始される。

3　その他

(1)行政（都道府県・市町村）との契約方式

　保育所、助産施設、母子生活支援施設がこれに該当する。利用者は、希望する施設を選択し、行政に利用の申し込みを行う。そして、行政が利用者の希望した施設に対してサービスを提供するように委託するというものである。利用負担金については利用者から行政に支払われ、それを受けて行政が各

施設に対して、サービス提供に要した費用を実施委託費として補助する。

(2)事業費補助方式

児童厚生施設がこれに該当する。この方式では、利用者とサービス提供事業者とが直接契約を結ぶ。利用負担金については、利用者がサービス事業者に対して利用負担金を支払う。そして、事業者は、利用負担金を補完する事業費補助の支給を市町村に申請し、補助費を受給するというものである。

3 ── 児童福祉施設最低基準等

1　児童福祉施設最低基準

児童福祉施設の運営は、子どもの権利が保障され、健やかに育成されるものでなければならない。そのために、「児童福祉施設最低基準」(以下、最低基準という)が定められている。「児童福祉施設最低基準」は省令として、児童福祉法第45条に基づき、1948(昭和23)年に制定された。児童福祉法第45条には最低基準について「厚生労働大臣は、児童福祉施設の設備及び運営並びに里親の行う養育について、最低基準を定めなければならない。この場合において、その最低基準は、児童の身体的、精神的及び社会的な発達のために必要な生活水準を確保するものでなければならない」と規定しており、さらに、最低基準では、その目的を「児童福祉施設に入所している者が、明るくて、衛生的な環境において、素養があり、かつ、適切な訓練を受けた職員の指導により、心身ともに健やかにして、社会に適応するように育成されることを保障する」(第2条)ことであるとしている。

最低基準に規定されているのは、施設の構造設備の原則、職員の一般要件、児童処遇の原則、施設長の義務、施設長が行う懲戒権の濫用の禁止、虐待等の禁止、職種別職員配置、職員の資格の基準などである。たとえば、児童養護施設においては最低基準に示される設備は、居室、調理室、浴室、便所となっている。居室の面積は最低基準では、3.3㎡以上、1居室の定員は15人以下となっている。また、児童指導員または保育士の配置基準は、現在少年(学童以上)で児童6人につき1人以上、満3歳以上の幼児4人につき1人以上、満3歳未満児2人につき1人以上となっている(表13-6)。これらの最低基準が守られるように、都道府県知事などによる監査が実施されている。施設の設備や運営が最低基準に達しないときは、施設の設置者に対して必要な改善を求める勧告、命令、または事業の停止命令などが出される。

表13-6 児童福祉施設の最低基準等

施設種別	設備	居室等の基準	職員の種類	職員の配置基準
乳児院	寝室、観察室、診察室、病室、ほふく室、調理室、浴室、便所	寝室、観察室は、それぞれ乳児×1.65㎡以上	医師または嘱託医（小児科診療に相当の経験を有する）、看護師（保育士または児童指導員に代えることができる）、栄養士、調理員	乳児1.7人に1人以上の看護師、乳児10人は2人以上、10人増すごとに1人以上の看護師
母子生活支援施設	母子室、集会や学習を行う室、調理場、浴室、便所	1世帯1室以上の母子室で1人×3.3㎡以上	母子指導員、嘱託医、少年を指導する職員、調理員	
児童養護施設	居室、調理室、浴室、便所	1居室の定員は15人以下、1人×3.3㎡以上	児童指導員、嘱託医、保育士、栄養士、調理員	児童指導員及び保育士は、満3歳未満児2人につき1人、満3歳以上の幼児4人につき1人、少年6人につき1人以上
知的障害児施設	（児童養護施設に同じ）、静養室	（児童養護施設に同じ）	（児童養護施設に同じ）	児童指導員及び保育士は知的障害児4.3人に1人以上
第1種自閉症児施設	病院として必要な設備、観察室、静養室、訓練室、浴室		病院として必要な職員、児童指導員及び保育士	児童指導員及び保育士は児童6.7人に1人以上
第2種自閉症児施設	（児童養護施設に同じ）、医務室、静養室		（児童養護施設に同じ）、医師、看護師	児童指導員及び保育士は、児童4.3人に1人以上、看護師は児童20人に1人以上
知的障害児通園施設	指導室、遊戯室、屋外遊戯場、医務室、静養室、相談室、調理室、浴室またはシャワー室、便所	1指導室の定員10人、1人×2.47㎡以上 遊戯室は1人×1.65㎡以上	（児童養護施設に同じ）	児童指導員及び保育士は、乳児又は幼児4人に1人以上、少年7.5人に1人以上
盲児施設	居室、講堂、遊戯室、訓練室、職業指導の設備、音楽に関する設備、調理室、浴室、便所	1居室の定員は15人以下、1人×3.3㎡以上	嘱託医、児童指導員、保育士、栄養士、調理員	児童指導員及び保育士は乳児又は幼児4人に1人以上、少年5人に1人以上
ろうあ児施設	居室、講堂、遊戯室、訓練室、職業指導の設備、映写に関する設備、調理室、浴室、便所	（盲児施設に同じ）	（盲児施設に同じ）	（盲児施設に同じ）
難聴幼児通園施設	遊戯室、観察室、医務室、聴力検査室、訓練室、相談室、調理室、便所		（盲児施設に同じ）、聴能訓練担当職員、言語機能訓練担当職員	機能訓練担当職員、言語機能訓練担当職員は、各々2人以上、児童指導員及び保育士も含めて総数は、幼児4人に1人以上
肢体不自由児施設	病院として必要な設備、ギブス室、訓練室、屋外訓練場、講堂、図書室、作業の設備、義肢装具製作設備、浴室		病院として必要な職員、児童指導員、保育士、理学療法士又は作業療法士	児童指導員及び保育士は、乳児又は幼児10人に1人以上、少年20人に1人以上
肢体不自由児通園施設	診療所として必要な設備、訓練室、屋外訓練場、相談室、調理室		診療所として必要な職員、児童指導員、保育士、看護師、理学療法士又は作業療法士	
肢体不自由児療護施設	居室、医務室、静養室、訓練室、屋外訓練場、調理室、浴室、便所		嘱託医、児童指導員、保育士、看護師、栄養士、調理員	児童指導員及び保育士は、児童3.5人に1人以上
重症心身障害児施設	病院として必要な設備、観察室、訓練室、看護師詰所、浴室		病院として必要な職員、児童指導員、保育士、心理指導職員、理学療法士又は作業療法士	
情緒障害児短期治療施設	居室、医務室、静養室、遊戯室、観察室、心理検査室、相談室、工作室、調理室、浴室、便所	1居室の定員は5人以下、1人×3.3㎡以上	医師、心理療法担当職員、児童指導員、保育士、看護師、栄養士、調理員	心理療法担当職員は児童10人に1人以上、児童指導員及び保育士は児童5人に1人以上
児童自立支援施設	（児童養護施設に同じ）、学科指導に必要な設備は学校教育法の規定を準用	（児童養護施設に同じ）	児童自立支援専門員、児童生活支援員、嘱託医、精神科診療経験医、栄養士、調理員	児童自立支援専門員、児童生活支援員は、児童5人に1人以上

資料：吉田宏岳監『新版 児童養護の原理と内容』みらい 2002年 pp.148-149を改変

こうした基準は最低限の基準であるにもかかわらず、最低基準が最高基準としてとらえられることもある。子どもたちの生活の質は最低基準の内容によって左右されるため、今日の子どもの状況や生活の実態をふまえたうえで、子どもの生命の安全の確保や情緒の安定のための生活水準を確保する必要がある。したがって、今後、最低基準の第4条第1項に記されているように、最低基準を超えて設備、運営を向上させ、かつ、この最低基準そのものの水準を引き上げることが大切である。

2　今後の課題

「利用者主体」「人権擁護」「措置制度から利用制度への移行」「地域化」などが社会福祉施設全体の課題として示されているなか、児童福祉施設も利用者の意思を可能な限り尊重する児童福祉施設運営のあり方が問われている。入所児童や地域社会に対する施設の説明責任が求められ、また、入所児童だけでなく、地域住民に施設職員の専門知識を提供するなどの取り組みも行われている。しかし、入所児童に対する支援・サービスの充足が十分になされない状況で、施設外でのサービス提供の拡大にも対応していかなければならない現状は、ただでさえ施設職員不足がいわれているなかで、施設職員の負担を肉体的にも精神的にも重くしている。子育て支援や地域との関係構築による問題の発生の予防や軽減への役割も大切ではあるが、児童福祉施設本来のあり方をもう一度見直す必要がある。

たとえば、児童養護施設における入所児童1人の居室面積の最低基準が3.3 m²では、プライバシーの問題や学習の問題、保護された子どもの状態を考えるとまだ不十分といえる。また、多くの施設では、現在の要保護児童の状態の多様化、深刻化から、職員の個人的な負担により援助困難な子どもに対応していることが多くある。特に入所施設では子どもに対して24時間の支援が必要であり、時間帯によっては明らかに人員不足の状態を起こしている。そうした問題は、職員への負担が増加することとなり、ひいては、心身の疲労による支援・サービスの質の低下にもかかわってくる。児童虐待が大きな社会問題となっている今日、地域の子育て支援の中核を担う機関の一つになることは大切であるが、子どもの生活空間の整備や職員配置のための現行の最低基準の改善や、国や地方公共団体による積極的な財政措置が求められる。入所児童の基礎的な生活の保障がなされるように制度を整備したうえで、地域へのサービスを展開する必要がある。

【参考文献】
1）愛知県児童福祉施設長会「絆　第18号」2006年
2）浅倉恵一・峰島厚編『新・子どもの福祉と施設養護』ミネルヴァ書房　2004年
3）北川清一編『新・児童福祉施設と実践方法』中央法規出版　2002年
4）保育福祉小六法編集委員会編『保育福祉小六法　2010年版』みらい　2010年
5）伊達悦子・辰己隆編『四訂　保育士をめざす人の児童福祉　一部改訂』みらい　2010年
6）日本児童福祉協会「児童保護措置費　保育所運営費手帳（平成20年度版）」2008年
7）内閣府「子ども・子育てビジョン」2010年

索引

あ行

ICF➡国際生活機能分類
アイデンティティ➡自我同一性
愛着障害　125
アドミッションケア　69
アフターケア　69
意見表明権　93
石井十次　29
石井亮一　29
一時保護　153, 154
糸賀一雄　137
インクルーシブ教育　59
インクルージョン　123
インケア　69
インフォームド・コンセント　63
ウェルビーイング　59
NPO法人　159
エンゼルプラン　163
園庭開放　159
エンパワメント　112
岡山孤児院　29
岡山孤児院十二則　29

か行

解離症状　86
核家族化　9
学習指導　127
学習障がい　86, 87
学童保育　127
家庭　12
家庭支援専門相談員　129, 179
家庭的処遇論　34
家庭的保育事業　167, 168
家庭的養護　71
家庭養護　25, 71
基幹的職員　72
QOL　138
救護法　30
キレる子ども　16
記録　193
緊急一時保護事業　128
緊急度判定会議　160
虞犯少年　21
クライエント　189
グループワーク　189
ケア基準　99
ケアマネジメント　189
ケースワーク　187
権利ノート　98
行為障害　88
高機能広汎性発達障がい　86
合計特殊出生率　11
行動計画策定指針　22
国際生活機能分類　19
国連・障害者権利条約　59
子ども・子育て応援プラン　41, 163
子ども・子育てビジョン　42, 163
子どもの権利条約➡児童の権利に関する条約
小林提樹　137
個別援助　127
個別援助技術➡ケースワーク
コミュニティ・ケア　35
コンセンサス　206

さ行

里親　144, 147
四箇院　27

自我同一性　79
次世代育成支援対策推進法　22, 41, 49
施設長　173
施設内虐待　56, 71, 103
肢体不自由児施設　135
市町村　156
市町村保健センター　158
児童委員　158
児童家庭支援センター　158
児童期前期　77
児童期中・後期　77
児童虐待　13
児童虐待の防止等に関する法律　42, 52, 95, 181
児童虐待防止法➡児童虐待の防止等に関する法律
児童憲章　109
児童厚生施設　169
児童指導員　173
児童自立支援施設　141
児童自立支援専門員　178
児童生活支援員　178
児童相談所　153
児童手当　170
児童の権利に関するジュネーヴ宣言　90
児童の権利に関する条約　36, 90
児童福祉施設最低基準　37, 92, 215
児童福祉法　32, 37, 43, 54, 95, 150
児童養護　24
児童養護施設　128
自閉症児施設　133
島田療育園　137
社会的養護　25, 46
社会保障審議会児童部会報告　50
重症心身障害児施設　136
就学前の子どもに関する教育，保育等の総合的な提供の推進に関する法律　171

集団援助　127
集団援助技術➡グループワーク
集団不適応問題　142
恤救規則　28
障害児施設給付費　214
障害児相談支援事業　165
障害者自立支援法　130
小規模グループケア　129
小規模住居型児童養育事業　44, 55, 56
少子化　12
少子化社会対策基本法　41, 49
少子化対策プラスワン　40, 163
情緒障がい　21
情緒障害児短期治療施設　139
少年期　76
少年法　21
ショートステイ事業➡短期入所生活援助事業
職業指導員　175
触法少年　21
自立援助ホーム　114
自立支援　74
自立支援計画　72
新エンゼルプラン　163
神経症的問題　141
親族里親　145
身体的虐待　83, 105
心的外傷後ストレス障害➡PTSD
心理的虐待　84, 105
心理療法担当職員　178
スーパービジョン　194
成人期　80
性的虐待　84, 105
青年期後期　79
青年期前期　77
青年期中期　78
全国保育士会倫理綱領　185
専門里親　145

早期療育　135
ソーシャルワーカーの倫理綱領　184
措置制度　213
措置費　213

た行

第三者評価　208
立入調査　153
短期入所生活援助事業　165
地域子育て支援センター　168
地域小規模児童養護施設　50
知的障害児施設　131
注意欠陥多動性障がい　86, 87
通所型施設　108
TPO　66
DV防止法 ➡ 配偶者からの暴力の防止及び被害者の保護に関する法律
特定妊婦　154
特定非営利活動促進法　159
特別支援学校　166
特別支援教育　117, 166
特別養子制度　149
ドメスティック・バイオレンス　11, 52
トラウマ　78, 82
トワイライトステイ事業 ➡ 夜間養護等事業

な行

乳児院　124
乳児期　75
入所型施設　108
乳幼児保育　127
認定こども園　171
ネグレクト　84, 105
ノーマライゼーション　123

は行

パーマネンシー　57
配偶者からの暴力の防止及び被害者の保護に関する法律　40, 128
バイスティックの原則　188
発達障がい　86
発達障害者支援法　87
反抗挑戦性障害　88
犯罪少年　21
PTSD　69, 84
被虐待児個別対応職員　179
被措置児童等虐待対応ガイドライン　104, 105
ヒヤリハットシート　110
病後児保育　127
びわこ学園　137
ファミリー・サポート・センター　168
ファミリーソーシャルワーカー ➡ 家庭支援専門相談員
ファミリー・ホーム　145
福祉事務所　157
普通養子制度　149
不登校　16
ブラインディズム　134
プレイセラピー　115
保育サービス　167
保育士　176
保育対策等促進事業　167
放課後子どもプラン　168
放課後児童クラブ　167
保健所　158
保護　132
母子指導員　177
母子生活支援施設　126
母子保健事業　170
母子保護法　31

補助保育　127
ホスピタリズム　32

ま行

盲児　133
盲ろうあ児施設　133
モラトリアム　79

や行

夜間養護等事業　165
養育里親　145
養護　23, 74

養子縁組制度　149
要支援児童　153, 154
幼児期　75
要保護児童対策　44
要保護児童対策地域協議会　201

ら行

ララ物資　33
リービングケア　69
離婚率　11
ろうあ児　133

シリーズ・福祉新時代を学ぶ
新選・児童の社会的養護原理

2011年4月1日　初版第1刷発行
2017年7月10日　初版第7刷発行

編　者	神戸賢次・喜多一憲
発行者	竹鼻均之
発行所	株式会社　みらい
	〒500-8137　岐阜市東興町40　第5澤田ビル
	電話　058-247-1227㈹
	http://www.mirai-inc.jp／
印刷・製本	サンメッセ株式会社

ISBN978-4-86015-236-9　C3036
Printed in Japan　　　　乱丁本・落丁本はお取り替え致します。

シリーズ 保育と現代社会

保育と社会福祉〔第3版〕
B5判　232頁　定価／本体2,100円(税別)

演習・保育と相談援助〔第2版〕
B5判　208頁　定価／本体2,000円(税別)

保育と子ども家庭福祉
B5判　224頁　定価／本体2,100円(税別)

保育と子ども家庭支援論
B5判　約184頁　予価／本体2,000円(税別)

保育と社会的養護Ⅰ
B5判　約240頁　予価／本体2,300円(税別)

演習・保育と社会的養護実践
―社会的養護Ⅱ
B5判　228頁　定価／本体2,100円(税別)

演習・保育と子育て支援
B5判　208頁　定価／本体2,200円(税別)

演習・保育と障害のある子ども
B5判　280頁　定価／本体2,300円(税別)

保育と日本国憲法
B5判　200頁　定価／本体2,000円(税別)

保育士をめざす人の福祉シリーズ

八訂　保育士をめざす人の社会福祉
B5判　204頁　定価／本体2,000円(税別)

新版　保育士をめざす人のソーシャルワーク
B5判　188頁　定価／本体2,000円(税別)

新版　保育士をめざす人の子ども家庭福祉
B5判　208頁　定価／本体2,100円(税別)

新版　保育士をめざす人の社会的養護Ⅰ
B5判　約176頁　予価／本体2,000円(税別)

新版　保育士をめざす人の社会的養護Ⅱ
B5判　168頁　予価／本体2,100円(税別)

改訂　保育士をめざす人の家庭支援
B5判　180頁　定価／本体2,000円(税別)

新時代の保育双書シリーズ

ともに生きる保育原理
B5判　192頁　定価／本体2,200円(税別)

幼児教育の原理〔第2版〕
B5判　176頁　定価／本体2,000円(税別)

今に生きる保育者論〔第4版〕
B5判　216頁　定価／本体2,100円(税別)

子どもの主体性を育む保育内容総論
B5判　208頁　定価／本体2,100円(税別)

保育内容　健康〔第2版〕
B5判　224頁　定価／本体2,100円(税別)

保育内容　人間関係〔第2版〕
B5判　200頁　定価／本体2,100円(税別)

保育内容　環境〔第3版〕
B5判　176頁　定価／本体2,100円(税別)

保育内容　ことば〔第3版〕
B5判　200頁　定価／本体2,000円(税別)

保育内容　表現〔第2版〕
B5判　176頁　定価／本体2,200円(税別)

乳児保育〔第3版〕
B5判　212頁　定価／本体2,000円(税別)

新・障害のある子どもの保育〔第3版〕
B5判　280頁　定価／本体2,300円(税別)

実践・発達心理学〔第2版〕
B5判　208頁　定価／本体2,000円(税別)

保育に生かす教育心理学
B5判　184頁　定価／本体2,000円(税別)

子どもの理解と保育・教育相談
B5判　188頁　定価／本体2,000円(税別)

図解　子どもの保健Ⅰ〔第2版〕
B5判　232頁(カラー口絵4頁)　定価／本体2,200円(税別)

演習　子どもの保健Ⅱ〔第2版〕
B5判　228頁　定価／本体2,200円(税別)

新版　子どもの食と栄養
B5判　248頁　定価／本体2,300円(税別)

株式会社みらい　http://www.mirai-inc.jp/
〒500-8137　岐阜市東興町40番地　第五澤田ビル
TEL (058)247-1227(代)　FAX (058)247-1218